FLIR Alois

Briefe aus Innsbruck, Frankfurt und Wien

Geschrieben in den Jahren 1825 bis 1853

FLIR Alois

Briefe aus Innsbruck, Frankfurt und Wien
Geschrieben in den Jahren 1825 bis 1853

ISBN/EAN: 9783744683852

Hergestellt in Europa, USA, Kanada, Australien, Japan

Cover: Foto ©ninafisch / pixelio.de

Weitere Bücher finden Sie auf **www.hansebooks.com**

Briefe

aus

Innsbruck, Frankfurt und Wien.

Geschrieben in den Jahren 1825 bis 1853

von

Dr. Alois Flir.

Innsbruck.
Druck und Verlag der Wagner'schen Universitäts-Buchhandlung.
1865.

Innsbruck, den 5. Jänner 1825.

Mein theuerster Freund!

Mit süßer Freude jage ich nun endlich die stoische Frau Mathesis von meiner Seite; meine liebe junge Muse will sich mit ihr nicht vertragen, und schmeichelte mir deßhalb so lange, bis ich dem Lispel ihrer Stimme und dem Zauber ihrer kindlichen Zärtlichkeit wich. Aber dafür soll sie nun auch mir auf ein Briefchen antworten helfen, das ebenfalls nur eine Muse Dir, mein Freund, vorsang. . . . . . Doch nun zur Sache. Ich will nun der Ordnung nach Dein Briefchen beantworten.

Was den Dichterklubb betrifft, so suche und werbe ich nun immer im Einzelnen; die sind sparsam gesäet, welche dem Gesange hold sind. Indessen hoffe ich doch, binnen 14 Tagen das Werk in Vollendung zu bringen. Wenn mir aber Jeder eine Antwort gibt, wie — — mein Freund, dann darf ich mit meinem Plane nicht mehr von Herz zu Herz hausiren gehen, dann kann ich ihn einpacken, und unter die alten oder ungestempelten Waaren werfen. Deine Gründe, welche Dich zu dieser wahrlich unverhofften Abschlagung meiner Bitte bewogen, sind folgende: 1. Bescheidenheit. — Nun ja, — sehr gut, sagt man, stehen solche Masken städtischen Gesichtern, wo man keine feine Seite der Charaktere unbemerkt lassen will; aber Freundschaft will von dergleichen Geschmeidigkeiten nichts wissen. Wenn Du — mein Freund, mit einer solchen Schüchternheit meinen Antrag zurückweisest, was soll ich von Andern erwarten, die ich vorher nicht einmal gekannt, nicht einmal gesehen habe? Was soll ich endlich von mir selbst denken bei dem Anblicke dieses Verfahrens von Deiner Seite? Muß ich mir nicht als ein tollkühner, kurzsichtiger, plumper Thor erscheinen, wenn ich nicht erröthete, einen Plan zu machen, den mein Freund schon anzunehmen erröthen möchte — so zu sagen? 2. Abgang der Muße. — Das ist kein Grund. Davon will ich schon gar keine Sylbe hören. 3. Dein Hang zur Satyre. Was dies betrifft, so muß ich Dich eben erinnern, daß Du Dich für Dein gewiß originelles Genie um einen größern Wirkungskreis umsehest, und Du wirst Stoff in Fülle finden, den Dein Witz ordnet und schärft, und Dein fleißiger Vers produzirt. Und somit harre ich zuversichtlich Deiner Einwilligung entgegen. Ich habe zwar den Plan noch nicht genauer überdacht, aber beiläufig wird er so ausfallen:

Alle 14 Tage ist in einem bestimmten, ruhigen Zimmer Versammlung. Da erkürt man durch das Loos einen Vorsteher, welcher die Namenverzeichnisse erhält, und jeden Einzelnen um den Stoff befrägt, den er bearbeiten will, und allenfalls auch selbst Jedem einen vorschlagen muß. In der künftigen Versammlung hat er zu sehen, ob Jeder erscheint, und liest dann zuerst sein Gedicht vor, ihm folgen die Andern in alphabetischer Ordnung. Nach Beendigung der Vorlesung legt er seine Consulwürde nieder, und überreicht sie einem andern durch das Loos Gezogenen sammt dem Namenverzeichniß, wo er jedoch noch früher das jedesmal gelieferte Stück bei jedem Namen hinzuschreiben muß. Es kann aber das Loos auch ihn selbst wieder in seiner Würde bestätigen. Vielleicht daß ich auch noch Lektüre vorzüglicher Dichter veranstalte — kurz — das ist nur einmal so hingeschrieben — ich werde Alles erst theils selbst, theils mit Andern planmäßig überlegen. Schreibe mir als Mitglied auch Deine Meinung.

Heute wurde ein Gedicht — das „Vaterland" — das ich gemacht hatte, deklamirt. Ich setzte mich ganz voran, um die Kritik darüber zu hören. Professor Tangl lobte das Gedicht außerordentlich, und wünschte mit Gewalt den Verfasser zu kennen, der ihm gerade an der Seite saß, und in die hohle Faust lachte. Er bat sich dann das ganze Büchlein meiner Gedichte zum Durchlesen aus, und ich erwarte künftigen Sonntag die Kritik darüber. Ich glaube, ich darf nun doch nicht mehr lange anonym bleiben — denn wozu? — Professor Tangl wird mir gewiß für meine Muse nicht ungünstig, und gibt mir manche Hülfsmittel, um was mir eigentlich zu thun ist.

Doch laß mich nun wieder zu Deinem lieben Briefchen
zurückkehren. — Voll Zärtlichkeit mißräthst Du mir den geist=
lichen Stand. Ich bitte Dich, laß das, mein Freund.
Unsere Maximen sind zwar formell unterschieden, und eben
deßhalb scheinen sie auch manchmal verschiedene Richtungen
zu nehmen; allein im Ganzen zusammengefaßt, sind es doch
ein' und dieselben Realitäten, nach welchen wir unsere Thätig=
keit richten und reflektiren. Ich weiß nicht, wie es kommt —
entweder ich nähere mich immer mehr dem Ideale, oder —
ich weiche unwillkürlich immer mehr davon ab. Das Jüng=
lingsalter — ich fühle es wohl —

>Ist ein Schwanken, ist ein Schweben,
>Und es wogt und wallt das Leben
>Auf und ab in stetem Streben.
>Sind wir denn der Lüfte Spiel?
>Sind wir denn nur Schaum der Welle,
>Der jetzt schwillt, und jetzt zerplatzt?

Uebrigens aber meine ich, eine zu große Neigung für
die bloße Ideenwelt zu haben, als daß ich, damit nicht zu=
frieden, nach Wirklichkeit strebte. Und warum? Weil jene
dem Geiste eine weit höhere Richtung gebeut, und weil mir
jene kein Unfall rauben kann, der Verlust dieser aber leicht
den jammernswerthen Wunsch erregen könnte, jenen Gegen=
stand nie gesehen — geschweige verlangt zu haben.

Mein Plan ist immer nur ein stilles, ruhiges Leben, wo
ich aber doch viel nützen kann. Wissenschaften werden meine
Muße beschäftigen, und Gefühl meine Leyer stimmen, und
uns'rer Freundschaft pflegen. Und nun lebe wohl!

Dein Freund A. Flir.

———

Innsbruck, den 18. Jänner 1825.

Gestern wurde auf dem Theater die „Ahnfrau" auf=
geführt; ein Stück, das mir theils schon durch seinen Ruf,
theils durch eigene Ueberzeugung von seiner Kunst nicht wenig
interessant war, und um so mehr meine Neugierde und Auf=
merksamkeit spannte. Ich weiß, daß es auch Dir nicht miß=
fallen wird, wenn ich ein wenig Dir meine Ansichten theils
über das Stück selbst, theils über seine Aufführung vorschwätze;

zudem glaube ich da meine Urtheilungskraft anfänglich üben zu können, ohne meinen Charakter zu gefährden.

Was also das Stück selbst betrifft, so scheint mir die Ausarbeitung mehr Werth zu haben, als die Wahl des Stoffes. Denn mußte der Dichter auf dem weiten Felde der Geschichte gerade auf eine Mähre stoßen, die statt die Brust zu erheben, nur auf menschliche Schwäche hinweist, die noch um so gefährlicher wird, da sie als Maske — und geschminkt auftritt? Edel ist zwar der Charakter des alten Boorotin, ein Mann, von dem man wohl sagen kann:

Etsi fractus illabatur orbis,
Impavidum feriunt ruinae.

Aber die Hauptcharaktere sind und bleiben doch immer Bertha's und Jaromir's. Bertha ist ein Frauenzimmer im vollsten Sinne — verliebt und schwach. Gewiß fühlt sich Jeder gezwungen, diesem holden Fräulein eine stille Wehmuthszähre zu weihen; denn rein, unschuldig ist ihr Sinn, naiv und zärtlich ihre Liebe zum greisen Vater, und glühend ihr Herz für einen Mann, den ihr Dankbarkeit in das Herz hineinschmuggelte. Aber so sehr wir sie auch bisher bemitleiden und schätzen, so schleicht doch trotz unserm Sträuben eine gewisse Unzufriedenheit in unser Herz, wenn wir sie der Leidenschaft ihre Tugend opfern, wenn wir sie ihren alten, hülflosen, gebeugten Vater verlassen sehen, um einem gebrandmarkten Räuber sich hinzugeben! — Viele Entschuldigungen lassen sich zwar anbringen, und viele sucht unser Gefühl und unsere Sympathie, aber — aber — es ist nicht mehr reines Mitleid — die Thräne wird gehemmt, — und das Herz wagt es kaum noch einen Seufzer zu entsenden, in der Furcht, er töne dem Laster! — Was endlich den Jaromir betrifft, so regt sich in ihm, bäumt sich in ihm zwar die größte Heldenkraft, die, verhöhnend jede Mittelbahn, nur auf die Extreme hascht, die durch eine weise Richtung ihn zu einem eben so großen Heroen hätte schaffen können, als sie ihn unter der Räubererziehung selbst zu einem Ungeheuer machte, das seine Brüder zerreißt und nach Blut dürstet! Das Mitleid weicht da schon dem Abscheu, der uns bei seinen Thaten durch unsre Seele schauert! Und eben dadurch, meine ich, fehlt dem Drama ein Haupterforderniß, welches der Zweck desselben und die Kritik nothwendig machen: man verläßt das Theater

mit engem, beklommenem Herzen, noch von dem Schauder
der Scenen ergriffen, ohne dafür durch Thaten wahrer Größe
und menschlicher Freiheit einigermaßen entschädigt zu werden.
Allein nur die Wahl des Stückes mußte den Dichter auf
diese Charaktere führen, welche in dieser Sphäre gewiß
vollkommen getroffen, gemalt und ausgedrückt sind. — Vor=
züglich meisterhaft scheint mir Jaromir's Charakter in
dieser Hinsicht. Denn wir sehen da einen Räuber, der sich
durch sein Gefühl abgezogen von seiner teuflischen Verbindung
fühlt, aber dennoch sein Herz den Räubern nicht entreißen
kann, das die ersten Eindrücke, also auch die stärksten,
unter diesen erhielt, und somit den Jüngling so eisern an
seine Horden schmiegte. Er will sich aufraffen, richtet sich
schon ringend empor, und sinkt wieder ohnmächtig nieder.
Auch Bertha's Charakter ist als solcher gewiß ein Werk,
das eben so sehr auf Kunst als Menschenkenntniß hinweist.
Doch — wohin verschlug mich mein Sturm? laß mich schnell,
schnell umkehren, und Einiges von der Aufführung dieses
Stückes sprechen. Ein gewisser Weidmann hatte die
Rolle des Jaromir. Seine Jugend, seine schöne, hohe Hel=
bengestalt, seine kräftige Stimme, seine geschmackvoll und an=
passend gewählte Garderobe ließen gleich anfangs viel erwar=
ten, und er entsprach vollkommen. Seine Fehler sind: ein
Keuchen, das er den Tönen nachschleppt; oft zu ungestüme
Hitze, und somit Uebereilung. Uebrigens äußerte aber jeder
Ton, jede Geberde, daß er fühlte, was er sprach. Bei seinem
ersten, nächtlichen, ungestümen Hineinbrechen in den Saal,
wo er ganz von dem Schrecken der Flucht vor den königlichen
Spähern noch stöhnte und bebte — erhob sich seine Stimme
zu schnell — zu einem Grade, den man in einem solchen
Zustande nicht beobachten wird. Ausgezeichnet spielte er aber
den Akt, wo er vom Gemache herausstürmt, sich noch von
Gespenstern umrungen wähnt — und in dem Augenblicke, wo
er seine Bertha zu umfangen glaubt, vor der kalten Geister=
gestalt betäubt zurücktaumelt. Ueberhaupt ist in jenem Akte
eine so gewaltige Kraft, daß sie uns jetzt emporreißt, jetzt
sanft wieder herabläßt — daß jetzt die Welle himmelan sich
bäumt, jetzt zurückwallend mit sanftem Gerieſel die Fläche
durchschlüpft. Bertha's Rolle hatte Mad. Berninger, des
Direktors Gemahlin, die seit langer Zeit erst vor einigen

Tagen wieder die Bühne betrat. Sie ist bekannt als eine gediegene Schauspielerin. Indessen glaubte ich doch, Folgendes an ihr zu vermissen: 1. war sie, als eine Frau von 29 Jahren für diese Rolle zu alt, und trotz ihrer geborgten Reize konnte sie doch nicht vollkommen das Auge täuschen; 2. eben durch diese geborgten Reize verlor sich die Natur — ein naives Fräulein in schlichtem, unkünstlichem, aber nettem Gewande hätte sie uns vorstellen sollen; allein ihr Kleid schien dazu nicht geeignet zu sein; 3. ist ihr Stimmorgan nicht ganz glücklich; 4. sind ihre Mienen und Gesichtszüge, wann sie spricht, nicht ganz gefällig, indem sie den Mund zu weit öffnet und dadurch die Wange hinaufzieht, und die ganze Reihe der Zähne zeigt; 5. findet ein fleißiger Beobachter, daß sie oft Körpersbewegungen macht, welche zwar dem Affekte zu entsprechen scheinen, aber doch eigentlich nur ein **Werk geübter Kunst** und nicht des **Gefühles** sind. Vorzüglich glücklich spielte sie im 4. Akte: — denn eine auch noch so lebhafte Phantasie vermag gewiß keine Schauspielerin in Bertha's Gefühl zu versetzen; also muß hier die **Kunst** gewaltig unterstützen, und das war bei Mad. Berninger in einem so hohen Grade der Fall, daß sie uns vollkommen täuschte, und man sie wirklich betäubt und in ihren Sinnen verwirrt zu sehen wähnte. Den alten Boorotin spielte ein jüngst von München angekommener Akteur, **Schmiedl** — vortrefflich bis zum 4. Akte, wo er verwundet auf dem Sessel lag, und da so gewaltig in Affekt kam, daß er zu vergessen schien, daß ihn die Wunde quäle und schwäche, und daß er in einigen Augenblicken sterben müsse. Die übrigen Rollen sind unbedeutend; vorzüglich schlecht wurde der Hauptmann gespielt; die ganze Figur war dazu nicht geeignet; die Verse herabgeplappert wie von einem Schulknaben. Nun will ich Deine Ungeduld nicht länger mehr reizen.....

Innsbruck, den 24. März 1825.

..... Ich habe jetzt einen weitläufigen Plan entworfen, und auch schon vier bis fünf Wochen her meine kleine Muße zu dessen Realisirung verwendet. Es ist — **ein Theater.** — Allerdings ein kühnes Unternehmen für einen **Jüngling,**

der noch so wenig Erfahrung und Menschenkenntniß besitzt;
aber auch für ihn ein beständiger Antrieb, auf alle Menschen
aufmerksam zu sein, um ihre Charaktere aus ihren Worten
und Geberden zu entwirren, und dann selbst aus Worten
und Geberden Charaktere zu bilden. Alle Gesellschaften, in
welche ich komme, benütze ich nun contemplativ, mir Stoff zu
sammeln; Manches zeichne ich mir dann auf, was ich vorher
nie that. Ferners habe ich hier auch Gelegenheit, in jeder
Gattung der Gedichte meine schwachen Fähigkeiten zu üben
und zu bilden. Und überdieß mag es ja auch ausfallen, wie
es will: Du wirst mich nicht zum Spotte nehmen, und An=
dere sollen mir keine Sylbe davon hören. Mein Stoff, glaube
ich, ist nicht unglücklich gewählt: „Alfred der Große, König
von England." Denn dieser Mann vereinte Tugenden in
sich, welche den großen, vergötterten Karl klein herabdrücken.
Alfred war ein sehr kluger Feldherr, ein tapferer Soldat; ein
Vater des Vaterlands; ein friedeliebender, thätiger, angebeteter
König; ein großer Begünstiger der Wissenschaften, und selbst
ein berühmter Philosoph, Philolog und Dichter und Theolog;
ein aufgeklärter, und sehr frommer, aber nicht bigottischer
Mann. Dieß ist so ein matter Schattenwurf vom Charakter
meines Helden, den seine Schicksale für die Bühne noch ge=
eigneter machen. Denn in seiner Regierungszeit herrschte
jener Jammer Britanniens — die verheerenden Streifzüge
der Dänen. Alfred hatte sich schon als Prinz äußerst helden=
müthig gegen sie ausgezeichnet; und als er gegen seinen
Willen nach dem Tode seines Bruders die Krone sich auf=
setzen lassen mußte, schlug er mit einer kleinen Macht die
unendlichen Schaaren der Feinde, warf sie in acht Schlach=
ten, und befreite so sein Vaterland. Allein eben durch diese
Siege war er so entkräftet, daß er dem Feinde bei einem
abermaligen, plötzlichen Einfalle keine Truppen entgegenstellen
konnte, und genöthigt war, seine Reichsinsignien abzulegen
und als Flüchtling herumzuirren. Als Hirte diente er einige
Monate bei einem seiner Hirten; doch als er endlich ver=
nahm, daß ein tapferer Vasall seines Thrones eine Abthei=
lung der Feinde geschlagen, und daß jetzt seine Briten wieder
Muth bekämen, sammelte er einige Getreue um sich, und
baute sich auf der Insel Athelney eine ziemlich befestigte
Wohnung, von wo aus er manches, freilich nichts entschei=

denbes, Gefecht mit den streifenden Feinden gewann, welche Alfreden schon für todt hielten. Allein Alfred ließ in der Stille in allen Theilen des Landes Truppen bereiten, sammelte sie dann plötzlich; doch ehe der Held sie angreifen wollte, fand er für nöthig, Alles auszukundschaften. Zu dem Zwecke ging er selbst, verkleidet als Balladensänger, in das Lager der Dänen, und machte sich so beliebt, daß ihn der feindliche Führer zu sich in's Gezelt nahm. Wie Alfred Alles nach Willkür erfahren hatte, kehrte er zu den Seinen zurück, und überfiel unvermuthet die Dänen, welche nicht wenig staunten, als der todtgeglaubte Alfred an der Spitze eines Heeres vor ihnen stand; sie wurden geschlagen, und so geschlagen, daß sie sich ganz ergeben mußten. Viele ließen sich taufen, und ihr Anführer Guntrum wurde ein treuer Anhänger Alfreds. — Dieß wäre nun so eine kurze Skizze. Ueber den Plan der Ausarbeitung ein andersmal . . . . .

Innsbruck, den 8. April 1825.
Theuerster Freund!

Endlich bin ich wieder mir und der Freundschaft geschenkt, endlich bin ich wieder in jene angenehme Sphäre zurückgekehrt, aus der mich die fatalen Examina gleichsam mit grausamen Händen zogen! Heute machte ich die letzten — aus der Geschichte und dem Griechischen: Alles ist nun glücklich vorüber.

Drei Tage habe ich nun frei, bis die Lektionen wieder beginnen; ich will nun diese Tage benützen für meine Gesundheit, welche vielleicht nur großentheils aus leerer Einbildung, vielleicht auch aus wirklicher Zerrüttung mir trotz meinem guten Aussehen sehr geschwächt scheint; ich will diese Tage benützen für ästhetische Lektüre, und vorzüglich für meinen „Alfred." Wahr ist es, kaum würde ich es ohne Erröthen einem Andern, als Dir sagen können, daß ich mir einen so erhabenen Helden, einen so massiven Stoff wählte, um daran meine ungeübte Kraft zu prüfen; billig könnte mir Jeder zurufen, höhnend auf mich hinblickend:

Ceratis ope Daedalea
Nititur pennis, vitreo daturus
Nomina ponto.

Aber erstens bin ich ein Jüngling, der noch seine Ent=
schlüsse auf keine Einheit und Dauer zu bringen, der sich noch
an keinen Charakter festanschmiegend zu halten weiß, wenn
nicht ein gewaltiges Motiv durch seine Kraftfülle meiner
Schwachheit steuert, und sich nicht ein Haltpunkt mir dar=
beut, an dem es mir leicht wird, mich fest zu halten. Hätte
ich einen unbedeutenden Stoff mir ausgewählt, so würde ich
zwar, der Biene gleich, eine Zeit lang mit großer Emsigkeit
daran hängen, aber auch wieder davonflattern, und einem
neuen Reize folgen. Zweitens — vermuthlich gab Dir unsere
Freundschaft Gelegenheit, jede Falte meines Herzens zu durch=
schauen, und zu erfahren, daß ich für die Gesellschaft, für
das Joviale u. s. w. nicht geeignet bin, und unter andern
Gründen auch deßhalb nicht, weil ich selten Nahrung darin
finde. Ich weiß nicht, sage ich es zu meinem Lobe oder
Tadel, wenn ich Dir sage, daß ich mich durch das Gemeine
äußerst schwach angezogen fühle. Ein Lustspiel, das alle
Zwerchfälle beinahe zerplatzen macht, kann mir zwar wohl
ein Lachen, aber keinen, oder nur einen mittelmäßigen Her=
zensbeifall abnöthigen. Sollte ich also für meinen Gegen=
stand eingenommen und begeistert sein, was doch eine Haupt=
bedingung bleibt, — so mußte ich auch einigermaßen die
Berücksichtigung meiner Kräfte der Berücksichtigung meiner
Neigungen und Grundsätze opfern. Aber drittens selbst auf
meine Kräfte glaube ich dadurch, daß ich kein Trauerspiel,
sondern ein Schauspiel wählte, etwas gesehen zu haben.
Denn hier bedarf ich nicht jene Klippe vorbeizufahren, an der
die meisten Schriftsteller scheiterten; hier bedarf ich nicht jener
Kunst, wo das traurige Resultat der Entwicklung dem
Leser die Gefühle hebt und stärkt. Ich darf nur den fast
natürlichen Gang verfolgen, einige Abwege ausgenommen,
und ich werde dennoch zu meinem Ziele gelangen, indem der
günstige Ausgang mich gewaltig unterstützt. — Ich werde nun
in Zukunft in jedem Briefe mehr oder weniger von meinen
Plänen Dir beifügen, Dich dann um Deine Meinung bitten;
weil Dein Gefühl mir ein zuverläßigerer Richter ist, als die
kalten Kunstregeln, und weil ich nur bei Dir reine, heuchellose
Aufrichtigkeit suchen kann. Habe indeß die Güte, mit geschicht=
lichem Studium und geschichtlichen Beiträgen mir an die
Hand zu gehen; denn, ob ich gleich halbe Nächte Geschichte

studiere, so werden mir doch noch manche Quellen mangeln, die vielleicht Du, mein Freund, mir finden kannst; denn ich kann auch nicht bei e i n e r Stelle verweilen . . . . .

———

Innsbruck, den 25. April 1825.

Da sitz' ich einsam, sitz' ich düster —
Vor mir des Arztes bitt'res Glas;
Der Leichenzug verstorb'ner Freuden
Wallt schweigend meinen Geist vorbei.

So sitzt der Schiffer auf der Klippe,
Auf die des Sturmes Grimm ihn warf;
Noch triefend, schaut er, wie die Trümmer
Des Glücks sich treiben in der Fluth.

Wie in der Grüfte dunkler Halle,
So schauernd ist's in meiner Brust,
So ausgestorben ist's da drinnen,
So öde ist's, und gräßlich stumm.

Ach, anders war's vor wenig Jahren —
O selige Erinnerung! —
Da wallte es so froh, so wohlig,
So schmelzend durch das weiche Herz. — —

Doch fühl' ich weggewälzt den Jammer
Von meinem Geist, — vom Munde weg;
Mein Schicksal ist nicht zu beweinen: —
Ich hab' ja sel'ge Träume noch!

Und diese kann mir nichts entreißen, —
Ja, diese Träume bleiben mir!
Und sinkt mein Aug' zum ew'gen Schlummer,
Die Träume gaukeln noch um mich!

Verzeihe, mein Freund, daß ich scheinbar ohne Rücksicht auf Dich ganze Briefe Dir vorphantasire. Die obigen flüchtig hingeworfenen Zeilen sind in einem Briefe an den Freund nicht ganz so am unrechten Orte, wie man meinen könnte. Denn macht nicht eben dieß das Wesen der Freundschaft aus, daß wir ungehemmt, frei — Brust in Brust überwallen, und Gefühl in Gefühl verschmelzen lassen? —

Wenn ein Affekt meine angenehm oder unangenehm lebende Seele faßt, wenn der Busen nicht mehr vermag, ihn zu hemmen und seine Fülle zu umschließen; wenn ich ihn also ablegen muß von meiner Seele, wohin soll ich ihn legen, als in das zärtliche Herz meines Freundes, der durch die Zauber der Sympathie meine Gefühle in die seinen verwebt? — Doch meinem Triebe genügt es nicht, nur Gefühle zu vertönen, und nicht auch Gefühle zu erhalten, um sie sanft, wie mit Tönen der Aeolsharfe, nachzuklingen. Und doch — mein Freund, zögerst Du wirklich lange, solche Gefühle mir wieder zu vertrauen: worin liegt der Grund? Habe ich Dich in früheren Briefen beleidiget, weil der Anstand, die Grazie von der censorischen Freundschaft wich? Was fange ich an, um Dich wieder vollkommen zu versöhnen, um Dir wieder einmal ein Liebchen zu entlocken? . . . . .

... Nun erlaube, noch Einiges über unsern „Alfred." — Der erste Akt ist vollendet. Die Mühe, die er mich kostete, ließ mich fühlen, was zu einem solchen Unternehmen erfordert werde. Mit vielem unnützen Zeitaufwande muß ich die Schuld büßen, daß ich den ganzen Akt mir Anfangs nur oberflächlich — dem Faden der Geschichte nach punktirte. Mit pompös poetischem Aufwande flochten sich Episoden und Beschreibungen und bunte Nebenflecke hinein, daß ich, bevor der Akt zu Ende war, den Umfang desselben schon zu dem hinreichenden Umfange eines vollständigen Theaters herangewachsen sah. Aber mit einer Kälte, die mich fast zu einer kleinen Selbstschmeichelei, die erste Stufe des Reifwerdens berührt zu haben, strich ich jene Floskeln aus, setzte manches Nothwendigere hinein, und suchte für Inhalt und Oekonomie des Stückes so zu sorgen, daß ich in keinem von beiden einen groben Mißgriff gemacht zu haben glaube. Dieser erste Akt war mir nun eine Schule, in welcher ich mich für die künftigen üben konnte. Jetzt zage ich vor dem Erfolge nicht mehr. — Doch laß mich noch Einiges vom ersten Akte sagen, den ich Dir hiemit übersende. — Die historische Aufgabe in diesem Akte ist, zu zeigen, wie Alfred sich flüchtig machen mußte. Natürlich müssen im ersten Akte immer die Quellen angegeben werden, woraus die meisten Handlungen der folgenden Scenen fließen — die Charaktere müssen schon zum Theile entwickelt werden, um erkannt zu werden, und später eine Erwartung und eine Beurtheilung ihres Wirkens anwendbar zu machen. Ein Grund von Alfreds Unglück muß da sein; aber dieser Grund ist der Geschichte nach kein anderer, als der plötzliche Einfall der Dänen. Aber ist dieser für ein Theater und für die Poesie wohl nicht zu einfach? —

In Labyrinthe muß der Geist geführt werden, wo er sich lange nach einem Auswege umsucht, und plötzlich durch das Entgegenstrahlen des Lichtes überrascht wird. Nur durch den magischen Zauber der Ueberraschung wird das Entzücken geboren. Ich suchte also mit dem Einfalle der Dänen einen Mann zu verweben, der in dem ganzen Stücke eine kräftige Rolle spielen soll; und dieser ist Egbert, oder eigentlich Hinguar. Schon früher kam dieser als Dänenanführer nach England, raubte dort die Prinzessin Ethelswith, zu Rottingham, ward aber eben da von Alfred, der noch nicht König war, geschlagen, und seiner Beute beraubt, welche nun die Geliebte Alfreds, seine Braut und später Gemahlin wurde. Racheglühend sann nun Hinguar auf Mittel, sich zu rächen. Aber in acht Schlachten wurden die Dänen besiegt, und über das Meer zurückgeworfen. Hinguar konnte nicht ruhen; er ging verstellt nach England, ließ sich taufen, und erhielt den Namen Egbert, und ward der Liebling des Volkes, der Geistlichkeit und Alfreds. Indeß brütete Jener immer schwarze Pläne aus. Meucheln wollte er Alfreden deßhalb nicht, weil Alfred dadurch nur das Leben, nichtsweniger aber als seinen Ruhm und seine Größe verloren hätte. Und konnte das dem Todfeinde wohl genügen? — Er rief die Dänen, welche sonst kaum eine Landung mehr gewagt haben würden; wies ihnen einen verborgenen Landungsplatz an, und beschloß, am Tage der Vermählung Alfreds mit Ethelswith seinen Plan auszuführen. Wenn Alles vom Taumel des Festes eingewiegt ist, will er die Thore öffnen, die Dänen einlassen, und so Alles lebendig oder todt in seine Macht bringen. So hoffte er den Sieger Alfred zum Sklaven zu machen, und reichen Lohn seiner Mühungen zu ernten. Noch wußte er nicht, ob die Dänen ihm willfahrend kommen würden, und schon war der bestimmte Tag im Anbruch, als endlich ein Bote zum verabredeten Platze hinkam, und dort mit Hinguar (jetzt Egbert) sich besprach. Egbert eilte in die Stadt zum Feste zurück; und eben zog man im hochzeitlichen Zuge zur Kirche, als ein

Bote heranstürmte, mit der Nachricht, der Feind sei nahe — die Barbaren konnten sich nämlich im Hinterhalte nicht hemmen, und machten Räuberzüge herum — gewaltig groß, verheerend. Das erschütterte Volk floh, die Beispiele rißen Andere fort, so daß nur noch Alfred, der alte Osrick und der junge feurige Held Obban, Egbert, der Heuchler und verlarvte Wütherich, und die halbentseelte Ethelswith auf dem Platze waren. Da saß sich nun Alfred verlassen — ganz verlassen! — Da vertraut er seine Braut an den edlen Osrick und den verschlagenen Egbert, sie zu flüchten; er aber will mit Obban den Heldentod einer schimpflichen Flucht vorziehen. Aber mit Gründen hält ihn der erfahrne Osrick davon ab, und bewegt ihn, im Lande sich zu verbergen, einen günstigen Augenblick abwartend. Osrick und Egbert ziehen mit Ethelswith weg, und Alfred und Obban stehen allein noch erschüttert da, und treten endlich die jammervolle Flucht an — bis daher der erste Akt. Ob ich die Geschichte natürlich mir fingirte, laß ich Dich beurtheilen; warum ich es that, ebenfalls. Ich bemühte mich vorzüglich den Held Alfred herauszuheben, und zwar durch Schattirungen vorzüglich. Erstens im Kontraste mit dem verruchten Egbert, und dann in der Mitte eines jugendlichen, zu raschen Helden, und eines alten stehend — oder gleichsam schwebend. Ich muß abbrechen. — —

Innsbruck, den 11. März 1826.

Theuerster Freund!

..... Die Lotterie habe ich besorgt; willst Du, daß ich Dir das Loos sende? — Ich wünsche Dir Glück dazu, muß aber ein wenig in die Hand lachen über Deine kaufmännische Spekulation und Gewinnsucht. Glaubst Du um Einen Zoll Dein Glück zu vergrößern, wenn Du auch Land von zehn Meilen gewinnst? Willst Du ein glückliches Leben genießen, so halte Dich ruhig in Deiner Heimath; freue Dich dort der ländlichen Stille, der Fluren, der keimenden Pflanzungen, der künftigen Gattin, der künftigen Söhnlein! — —

Was übrigens mich anbelangt, so bin ich jetzt nicht in so ruhiger Verfassung, als Du vielleicht glaubst, oder sicher wünschest. Denn der Augenblick, wo ich am Scheidewege stehend, einen Pfad mir wählen muß, ist nahe. Zwar meine Wahl wäre beschlossen, könnte ich Priester sein, wie ich den Priester will: o — ich wollte gerne in das tiefste Thal mich verbannen lassen, und auch dort streben, den Menschen zu lehren, was er ist und sein soll. Aber Priester nach meinen Ideen darf ich nicht sein; und deßhalb wankt mein Entschluß, und das Resultat meiner Wahl schwebt noch auf gegenseitig sich messenden Kräften der mannigfaltigen Ansichten und Zweifel. Medizin — dagegen sträubt sich meine Neigung; Jus — dafür will ich mich nicht bestimmen. Nicht Theolog, nicht Mediziner, nicht Jurist — was soll ich denn werden? ein Nichts ist zu leer. Höre, wie gefällt Dir dieser Vorschlag: ich studiere zwei Jahre Theologie, benütze aber diese zwei Jahre zur Erlernung der italienischen, hebräischen und chaldäischen Sprache und rüste mich mit Kenntnissen, und gehe dann nach Wien, gebe Instruktionen, und mache bei Gelegenheit Professur-Concurs. Mein Plan möchte freilich ziemlich gewagt erscheinen; aber darum ist er auch noch nicht Entschluß. Sage mir Deine Meinung, mein Freund — äußere aber gegen Niemand etwas darüber. Ich war heute bei der Prüfung wirklich verlegen mit der Antwort, als ich vom Gubernialrath Sondermann gefragt wurde, zu welcher Fakultät ich mich entschließe . . . . .

Innsbruck, den 12. August 1826.

Theuerster Freund!

. . . . . Ich soll nun schon im September in Wien sein. Chüeny*) sah mir um eine Hofmeisterstelle um, und Alles ist richtig, wenn nur mein Brief noch früh genug an Chüeny kommt, denn er bringt gewaltig auf eilige Antwort. Die nähern Umstände meiner Condition sind mir noch nicht bestimmt, doch im Allgemeinen vortheilhaft geschildert. Ich liebe zwar Hausinstruktionen nicht, aber als Reserve ist diese Condition immer gut; ich gedenke also dort zu bleiben, bis ich mich ein wenig bekannt mache, und dann suche ich Stundeninstruktionen, wodurch ich mein eigener Herr werde.

*) Chüeny, k. k. Professor in Innsbruck, dann in Wien. A. d. H.

Also die Ferien — worauf ich mich lange schon sehnend freute — sind mir entrissen — und Du mit ihnen! Höchstens fünf Tage kann ich in meiner Heimath weilen, um das Nothwendige noch haftig zu ordnen — und dann fort — in die Welt! — Mich ergreift eine schwärmerische Jugendidee; aber wenn ich sie ausführe — Freund, dann gehts gut! — Aber noch Eines. Du ludest mich zu einer Reise durch Bayern; ich kann nicht dorthin reisen; ich lade Dich jetzt zu einer Reise nach Wien und Ungarn, wo Du Deinen Herrn Vetter besuchen kannst; oder ist Dir diese Reise zu weit, bis Passau, wo Du die Reise rückwärts durch Bayern nach Lindau machen kannst.

Etwas Neues muß ich Dir noch beifügen, was Du vielleicht nicht erwartest: Alfred ist auferstanden. In zwei Monaten habe ich ihn ganz neu — fix und fertig — bearbeitet, und Professor Niederstätter hat gegenwärtig den ersten Akt in der Censur. — Ich konnte diesen angelsächsischen Helden unmöglich von meiner Brust loswinden, an die er sich schon hing, als ich noch Knabe — in der 3. Klasse des Gymnasiums — war. — Den Plan des Ganzen will ich Dir voranschicken, und dann das Stück selbst. — Ich muß Dir aber noch vorläufig eine Ansicht kurz voraussenden.

Mit sehr vielen Tragödien, die man bewundert, weil sie rührende Scenen enthalten, oder anstaunt, weil ein Ritter sich mit hundert Feinden tapfer herumschlägt, bin ich ganz und gar nicht einverstanden. Ein bestimmter Zweck muß dem Dichter vorgezeichnet sein, eine Idee dem Ganzen zu Grunde liegen. — Diese Idee darf aber weder eine Maxime der Häuslichkeit, wie bei Iffland, noch die Idee der menschlichen Gutmüthigkeit sein, wie bei Kotzebue; der Kampf zwischen Freiheit und Nothwenigkeit soll in der Tragödie ausgedrückt werden. Und da ist eine Tragödie der interessanteste Anblick, den es für den Menschen geben kann. —

Ich glaube, Alfred bietet hinlänglich Stoff, diese meine Idee zu verarbeiten und durchzuführen.

Was die Form betrifft, suche ich — lächle nicht meiner kühnen Unbefangenheit — den Mittelweg zwischen Göthe und Schiller; denn Jener scheint mir die Form oft zu sehr vernachlässiget, Dieser — sie beinahe allezeit junonisch geschmückt zu haben. Der britische Dramatiker leitet mich hlerin, (obgleich auch dieser für die Form nicht sehr bekümmert war.) — Aber wenn ich unparteiisch meinen poetischen Styl kritisire, so finde ich einen gewissen harten, aber zugleich starken Klang, so daß es fast scheinen möchte, ich gehöre mit meiner Sprache unsern Großvätern, oder wenigstens Vätern an. — Aber ich suche diesen Fehler nicht abzule.en; theils, weil ich schwerlich mit Natur sonst schreiben könnte, theils weil der Fehler mir keine Schande bringt. — Ich übersende Dir hiermit eine Handschrift von Schiller — ein Dir gewiß nicht unwillkommenes Blättchen. Lebe wohl und schreibe bald. A. F.

Wien, den 2. Oktober 1826.
Theuerster Freund!

Ein noch nie empfundenes, schmelzendes Gefühl löset gleichsam mein Herz auf, in diesem Augenblicke, wo ich zu Dir, mein lieber Freund, spreche, von dem mich so viele Berge und Thale scheiden! Wie einsam bin ich im Menschengewühle, weil ich von Dir und den Meinen so ferne bin; wie sehr fühl' ich mich gleichsam aus dem Kreise der Gesellschaft gebannt, weil ich von Dir losgerissen bin! Doch stille, — nicht dieses wollte ich Dir schreiben.

Meine Reise ging zwar im Ganzen genommen glücklich, aber sehr langsam vor sich. Am 25. September kam ich hier an. Besonderes will ich Dir von der Reise nicht viel schreiben, weil es nicht interessirt. Nur Folgendes: Von Hall bis Wörgl genoß ich mit zwei Polen, reisenden Studenten, die angenehmsten Stunden meiner Reise. Ich habe noch wenige junge Männer gesprochen, die so viel Bildung als diese Krakauer gezeigt hätten. Wir schlossen uns in warmen Gesprächen über Geschichte, Klassiker und Philosophie bald nahe an einander, und wenn die Erzählungen vom Zusammentreffen und dem geheimen Bunde der Kosmopoliten einigen Grund hat, so bietet mir jetzt meine Erfahrung eine treffende Bestätigung dar. Diese zwei Herren reisten von Krakau nach Wien, und über Triest und Venedig nach Florenz. Sie mußten sich leider nur zu bald von mir trennen, weil sie bei Graz ihre Pferde ließen. — Vor Rosenheim wären wir bald verunglückt, denn unser Schiff

fuhr Abends um 5 Uhr auf, und ferne von aller Hülfe
mußten wir bis 9¼ Uhr an demselben Fleck hangen. Ich
arbeitete zwar selten mit Stangen, übernahm aber die Rolle
des Feldpaters; und einige Frauenzimmer geständen mir
nachher dankbar, daß ich meine Rolle als Tröster gut spielte.
Dürnstein, der Kerker Richards, war mir ein schauder=
voller Anblick, den nur die Erinnerung an Blondel mildern
konnte. Da hast Du nun meine Reisegeschichte. — Zufällig
war ein Wiener auch auf dem Schiffe, der sich erbot, mich
in sein Quartier zu nehmen, und an den Ort meiner Be=
stimmung zu führen. Aber fatal war es, das Haus in der
großen Kaiserstadt zu finden, das mir Chüeny so unbestimmt
bezeichnete. Einen ganzen Tag mußte ich an der Seite eines
Wieners suchen. Am 26. Morgens fand ich Hrn. Chüeny
in einem Wirthshause noch im Bette. Der Empfang war
sehr kynisch: bittere Vorwürfe machte er mir, daß ich am Tage
nicht erschien; alle Entschuldigung war da umsonst, bis ich
endlich mich setzte, ihm seinen Brief und seine herrliche Adresse
vorwies, — worauf — er sich ergab, und auf einmal eine
andere Seite zeigte. Ich fand in den kurzen Stunden, welche
ich noch bei ihm sein konnte, einen biedern, äußerst freund=
lichen Mann an ihm. Er führte mich schnelle in das be=
stimmte Haus, wo mir Alles gleich Anfangs gefiel, und wo
ich am 27. einstand.

Die Familie ist hebräisch, und besteht aus einer Witt=
frau und drei Söhnen, von welchen zwei meine Zöglinge sind.
Ich kann Dir kaum sagen, wie angenehm ich meine Condition
fühle bei meinen talentvollen Herren. Beschäftigung aber habe
ich freilich mehr, als ich wünsche, und nur der Sonntag=Abend
ist meine Zeit. Uebrigens fehlt es mir doch nicht an mannig=
faltiger Unterhaltung. Doch laß Dir jetzt von Wien Etwas
erzählen. Jüngsthin stand ich auf einem etwas erhöhten Stand=
punkt in der mittleren Stadt, und schaute um mich, und den
weiten Horizont begränzten noch Gebäude — urbs ubique et
aër! Die Stadt selbst ist nicht groß; die Rundung um sie
herum, auf der Bastei, wähle ich mir oft zu meinem Spa=
ziergange: in Einer Stunde umgeht man sehr leicht die
Stadt. — Die Gassen sind finster und schwer, und hallen
dumpf vom Gerassel der Fiaker. Freund — diese Menschen=
masse! Aeneas staunte, wie er das Gewimmel im neuen

Carthago sah; aber ich versichere Dir, da wäre der pius heros in Ohnmacht gesunken. Wenn ich etwas ferne stehe, und das Gewühl vor mir vorüberwogen sehe (versteht sich durch meine Gläser), so fühle ich, wundere Dich, in mir eine lebendige Freude! Der blasse Hebräer, der ernste Grieche, der korpulente Türke, der eitle Wiener, der tölpelhafte Slavonier, der stumpfe Ungar, der geschwätzige Italiener, der affektirte Franzose ꝛc. — Freund, das ist Dir so ein tragisch-komisches Gewühl! Die Vielfältigkeit des Lebens zeigt sich da recht offenbar. Wenn ich aber selbst durch die Menge mich durchdrängen und um jeden Schritt gleichsam kämpfen muß, wenn die Dampfluft mich drückt, und mein Auge Nichts sieht, als hochgethürmte finstere Gebäude, und einen kleinen Raum des dunstüberzogenen Himmels, dann seufze ich aus der beklemmten Brust: O, wäre ich in Tirol! — Die liebe Natur vermisse ich doch hart, obgleich die Kunst sich bestrebt, dieselbe zu ersetzen. Wenn man behauptet, daß Wien in Hinsicht von Kunstkleinodien und andern Gegenständen der Ergötzung sich beinahe jeder Stadt Europa's an die Seite stellen kann, so glaube ich es. — Ich hatte in dieser kurzen Zeit schon Gelegenheit, manches Interessante zu sehen.

Staunend und begeistert stand ich vor Canova's göttlichen Gebilden! Hätte Wien sonst Nichts, so wäre Wien schon eine berühmte Stadt! Der gewaltige Theseus, einen Kentauros erlegend, und das wehmuthhauchende Grabmal der Gattin des Prinzen Albert — ha, welche Schönheiten — welche himmlische Bilder — welche Wesen — welche lebendige Ideale! Das Belvedere, wo die Bildergallerie ist, ist jetzt gerade — leider — verschlossen. Die Kleinodien vom Schlosse Ambras erregten in mir unruhiges Gefühl, und Scham über Tirol, wenn es nicht so viel Kraft behauptet, seinen Perlenschmuck, den unvergleichlichen, zurückzufordern. Sehr viel Interessantes sah ich auch in dem Kriegszeughause — Scanderbegs, Maximilians I., Friedrichs mit der leeren Tasche ꝛc. Rüstungen; Gustav Adolphs Koller, und andere Gegenstände — von welchen ich Dir in der Folge umständlicher schreiben werde. Das Theater besuchte ich bis jetzt zweimal: das Kärntnerthor-Theater, wo ein herrliches Ballet gegeben wurde, und das Hofburgtheater, wo Shakespeare's Romeo und Julie mich ergötzte. Auch darüber in der Folge; denn soll

ich in der Außenwelt diese ganze Stunde herumvagiren und
nicht in die Engen der stillen Freundschaft mich zurückziehen?
Mein lieber Freund, jetzt — sind wir gewaltig getrennt —
ich fühle es oft schmerzhaft — sehr schmerzhaft! Aber es
muß so sein. Die Stunden unserer harmlosen Freundschaft
sind vorüber — unsere Schifflein gleiten nicht mehr so nahe
neben einander durch die stille Fläche der Spiegelfluth, daß
wir einander die Hände zureichen und sie drücken können;
auseinander sind die Kähne getrieben, und mit der sehnsuchts=
vollen Brust kämpfe ich mich auf unsichern, stürmischen Wellen
weit — weit von Dir entfernt, herum! Aber die Entfernung
knüpfe unsere Bande nur noch näher, trennen — soll sie
selber die Ewigkeit nicht! Schreibe mir bald, von Allem,
was Dich näher und am nächsten betrifft. Ich bin und
bleibe Dein treuer Freund   Flir Alois.

Wien, den 4. Dezember 1826.

Theuerster Freund!

Schon lange sehnte ich mich nach einem antwortenden
Briefe von Dir, und suchte umsonst die Ursachen, die ihn
zurückhalten könnten; als das gute Glück mir die Erinnerung
eingab, daß Du mir sagtest, dann erst wollest Du mir schrei=
ben, wenn ich meine Empfehlungen verwendet hätte. Sogleich
also soll dieser Brief mit seinen Kunden fortfliegen, um den
Deinen zu mir zu fordern. Denn die Welt ist so tonlos,
wenn des Freundes Töne verstummen; sie ist so einsam,
wenn man nicht jedes Gefühl und jeden Pulsschlag mit einem
Vertrauten austauschen kann. Was Du vorzüglich erwartest,
will ich Dir zuerst vorstellen.

An eben jenem Tage, wo ich mein Empfehlungsschreiben
zu Herrn Wikosch tragen wollte, — starb er. Du kannst
Dir denken, daß mich dieser ungünstige Zufall nicht ange=
nehm überraschte. Herr v. Hormayr war noch auf Reisen,
so daß ich ihn erst vor einigen Tagen sprechen konnte. Er
nahm mich äußerst freundlich auf, und erlaubte mir, wann
immer und in was immer für einer Angelegenheit zu ihm zu
kommen. Er ist ein Mann von großer Statur und ziemlich
schön gebaut. Sein Auge verräth seinen Geist; aber seine

nicht ganz fest männliche und offene Stirn, und ein gewisses
Etwas um seine Miene machten auf mich einen minder be=
geisternden Eindruck. „Ich kann Ihnen helfen und will Ihnen
helfen!" waren seine Worte, die mich auffordern, diesem
Manne in gewissen Beziehungen mein Zutrauen zu schenken.
Aber ich muß ulyssisch klug sein, wenn ich mit meinen Zu=
traulichkeiten nicht mein ganzes Spiel verlieren will. Denn
ich stehe zwischen zwei Männern, die mir Beide gleich noth=
wendig, sich selbst aber gerade entgegengesetzt sind. Ich meine
Herrn Chüeny und Herrn v. Hormayr. Vom Erstern
will ich meine Bildung, vom Zweiten mein Glück; beim
Erstern bin ich Schüler, beim Zweiten — Mann; Jenen —
frage ich, wie ich den Geist bilde; Diesem — zeige ich, was
mein Geist leistet; Jenem — enthülle ich meine Bedürfnisse;
Diesem — bring' ich meine Produkte.

Mit Herrn Chüeny einmal — stehe ich jetzt auf sehr
gutem Fuße. Wer diesen Mann erforschen und ergründen
will, muß wahrlich selbst Genie und Biedersinn haben: jenes,
um ihn zu verstehen; diesen, um ihm zu nahen. Er ist eine
Eiche, die allein aufwuchs, und mit den Wurzeln tief in die
Tiefen hinabsteigt, mit dem Haupte aber zum Himmel sich
hebet; Stürme wollten sie brechen, aber sie stärkten sie nur,
und gaben ihr jene kernvolle Kraft, in der sie jetzt unter dem
heitern Aether — ein Wunderstamm — dastehet. Was ich sage,
ist buchstäblich zu nehmen, denn es ist buchstäblich wahr.
Er ist zwar nicht der liebevolle, theure Niederstätter, er
ist aber ein hochgeachteter, heiliger, verehrter Sokrates. Seine
Rede ist zwar rauh, aber der Sinn ist schön; er ist zwar
ziemlich zurückhaltig mit seinen Ideen, gibt er aber eine, so
macht diese schon reich. Das feige, fremdartige Gevögel flieht
zwar, wenn die Eiche etwas finster rauscht, aber der Adler
und Adlerähnliche setzen sich darauf, und wiegen sich stolz und
wonnig auf den gewaltigen Aesten. — Das von ihm aufge=
schlossene Alterthum will ich jetzt schauen, und will in mich
ziehen seine Gebilde, und sie sollen neu in meiner Seele auf=
blühen und in das Leben hinauswachsen. Auf klassischem
Boden will ich mich erziehen — da will ich reifen — auf
diesem Eilande des Zeitoceans, wohin man rittern soll —
da will ich stark werden, und dann zurückkehren in mein
Mutterland!

Meine Dichtungen muß ich jetzt in die Brust zurück=
drängen: vor Chüeny dürfen sie noch lange nicht offenbar
werden. Er liebt zwar die Kunst, hält sie aber für so hoch,
daß er den verlacht, der Künstler werden will. Nichtsdesto=
weniger wird er mich, weil er hörte, daß ich Zeichner sei, zu
einem Künstler führen, und mich mit ihm bekannt machen;
so viel ich bisher muthmaße, zum berühmten Kupferstecher
John. —

In einigen Tagen werde ich wieder Herrn v. Hormayr
besuchen, und ihn allmählig mit meinen Absichten bekannt
machen. Ich werde ihm meine Dichtungen zur Kritik geben,
und vorzüglich meinen „Alfred." Denn nur ein Mann, wie
Hormayr, vermag einem jungen Werke eine gastliche Auf=
nahme in der Außenwelt zu sichern. Aber früher habe ich
noch sehr Vieles in meinem Drama zu verbessern — theils
nach Deinen Bemerkungen, theils nach meinen eigenen, er=
höhten Ideen. Die Grundfläche bleibt, nur an den aufge=
tragenen Farben will ich noch veredeln. — Du siehst, mein
Glück faßt jetzt die ersten Wurzeln — wenn es wächst, so
wollen wir uns in wonniger Umarmung darüber beugen. —
Daß ich nicht praktischer Arzt werde, weißt Du ohnedieß, aber
wisse, daß es mich nicht reuet, diesen Zweig der Wissenschaft
ergriffen zu haben.

Meine Condition ist vortrefflich. Mein größerer Zögling
ist ein vortrefflicher Jüngling, und vielleicht der erste Student
seines Kurses. Will ich bleiben, so kann ich 4 bis 5 Jahre
bleiben. —

Jetzt laß mich einmal zu Dir und Deinen Verhältnissen!
Wie lebt Dein Herz mit allen seinen Gefühlen? Schreibe
mir recht bald und recht viel — über alles Theure . . . . .
— Deines Herrn Vaters wegen möchte ich Dir noch gerne
einige Neuigkeiten schreiben, aber ich weiß nicht viel.
Don Miguel wohnt seit der Anerkennung der Kon=
stitution in der Burg und speist mit dem Kaiser. Er
ist ein Mann von beiläufig 30—33 Jahren: mittlerer
Statur, schwarze Haare, länglichtes Gesicht, schwärzlich ist
seine Farbe, sein Auge ist schwarz und schön. Er ist
sehr rüstig, schwimmt und jagt. Der Sohn des Napoleon,
jetzt 15 bis 16 Jahre alt, ist schon in Deiner Größe, aber
natürlich deßhalb sehr schmächtig. Täglich begegne ich ihm

auf der Bastei mit seinem Hofmeister. Sein Gesicht ist etwas breit, aber blaß. Sein Auge verräth nicht die große Seele, aus welcher er stammt. Uebrigens aber scheint er sehr gesprächig zu sein, denn immer sah ich ihn mit seinem Hofmeister sich unterreden. Seine Stimme ist im ersten Brechen, wie man zu sagen pflegt. — Noch Eins: Chüeny ist Lehrer eines Prinzen vom Prinz Carl . . . .

———

Wien, den 17. Juli 1827.

Geliebter Freund!

Auf Ihre Forderung und die meines Herzens — lege ich alle meine Geschäfte zur Seite, und bin nun nichts Anderes, als Ihr Freund, und rede als solcher. Zuerst will ich Ihnen auf die Stellen Ihres lieben Briefes antworten. Ich freue mich Ihres thatkräftigen Strebens zum Wahren und Guten: Ihre warme Seele treibt gewaltig, und die Blüthen sind schön, und die Frucht wird gut! Aber Sie sollen in mir nicht nur den Lobredner finden, sondern auch den Tadler — jedoch etwa keinen Zoilus. Sie wissen schon, in welchem Gefühle ich rede. — Ich meine, Ihre Gluth treibt Sie an ein Ende hinaus, wo man etwas von der rechten Bahn sich verliert. Ich sah mich gerade in der nämlichen Lage: ich wollte nämlich in einer Umarmung die halbe Welt zusammennehmen; ich las Cicero und Demosthenes, Xenophon und Cäsar, Herodot und Livius, Pindar und Horatius — und weiß Gott noch was Alles. Ich freute mich einer gewissen Rüstigkeit, und wähnte, dabei mich recht wohl zu befinden. Aber das viele Aufnehmen des Vorgeworfenen ist nicht gesund. — Die Pflanzen geben bei weniger Nahrung viel frühere und schönere Blüthen; der Körper erhält seine Kraft und Jugend bei einfachem Genusse von Speise und Trank viel reiner und länger; und die Seele? auch diese will in männlicher Selbstthat wachsen, und nur im Nothwendigen von der Außenwelt abhängig sein. — Erst wenn das idealisch fühlende Leben des Jünglings in sich und durch sich eine feste und bestimmte Gestalt — eine in sich und durch sich begründete Individualität gebildet hat, mag er kühn in Verbindung treten mit Alterthum, Außenwelt und Natur;

seine Verbindung damit ist dann keine Hingabe seiner
Selbstheit, sondern Liebe, d. h. reine Identität zwischen
ihm und dem Aeußern. — Ich habe daher gegen den Aus=
gang des vorigen Jahres ein gewisses Mißbehagen gefühlt:
ich bestaunte nur Fremdes, ohne des eigenen Thuns mich
freuen zu können, und hatte doch das Bewußtsein, daß die
Andern auch nur als Menschen jenes Große vollbrachten.
Ich schaute mich von allen Seiten und Berührungspunkten
an, und ward endlich gewahr — erst ahnend, dann über=
zeugt, — daß ich mehr von Außen, wie die Steine, als von
Innen, wie die Pflanzen — zu wachsen strebte.

Ich beschränkte deßhalb mein Lesen, und versuchte nun
selbst: mich machte ich zu meinem Gegenstande. Und da
schaute ich aufmerksam auf alle meine Regungen und Vor=
stellungen, auf mein Fühlen und Wollen, und auf — mein
Ziel, und suchte dieß Alles, so viel mir möglich war, zu er=
gründen und zu verfolgen; ich warf fort und fügte an; suchte
manche Auswüchse auszurotten, und manche Keime aus dem
Schlummer zu wecken, zog eine gewisse Gränze, und suchte
mich darin zu behaupten. Und in diesem Wachsthume ve=
getire ich jetzt noch. Ich fühle, daß mir meine Kur gesund
ist, ich fühle mich stärker als früher, und tauche nun langsam
und leise heraus an die Außenwelt. Der erste Mann, an
den ich mich wende, wird Homer sein; dann Hesiod, dann
Herodot, dann Xenophon, dann Plato, dann die Dramatiker,
dann Pindar, und am Ende Demosthenes. An die deutsche
Literatur will ich behutsam gehen. — Heuer nehme ich die
alte Geschichte — oder vielmehr die Entwicklung der Charaktere
einiger alten Völker, aus Virgils Aeneis (unter Thüeny's
Leitung), aus Livius, aus Xenophons Cyropädie und Ana=
basis und zum Theile aus den Memorabilien, und aus He=
rodot — und aus Tacitus, an dem ich jetzt — noch zu jenem
Zwecke — bin. Dadurch will ich aber nur die Elemente
einer Anschauung der Außenwelt begründen; die bestimm=
tere Lektüre beginnt nach obiger Reihe, und zwar mache ich
den Anfang mit Homer auf meiner Reise ins Vaterland. —
Ich schreibe Ihnen dieß Alles, weil ich Ihnen keinen bloßen
Wink geben, sondern mich selbst entgegenstellen wollte. Ich
bringe Ihnen Nichts auf, und am wenigsten meinen oben
angesetzten Studienplan; aber nur das sage ich Ihnen, daß

Sie sich bei Zeiten merken, welche üble Folgen das zu viele Lesen an mir erwirkte, und welche weit größere noch es hätte erwirken müssen. Glauben Sie nicht, daß ich mit jener Selbstgenügsamkeit auf eine Einsiedelei des Lebens hinauskomme: ich will nur, daß wir wachsen — von Innen nach Außen. — Und lassen Sie mich gerade da die Ordnung des Briefes unterbrechen, und Einiges über die Medizin sagen. Das Studium der Theologie und Medizin — wenn ich schon so reden darf — halte ich für die Elemente jenes ausgesprochenen Grundsatzes der Bildung. Unter dem Studium der Theologie verstehe ich aber hier weder jene Dogmatik, noch Pastoral, oder wie diese Dinge alle sich taufen mögen, sondern ein religiöses Anschauen und Ahnen des Göttlichen in stiller Einsamkeit, und einen Wald oder eine Kirche halte ich dazu für vorzüglich passend — oder einen einsamen Platz unter nächtlichem Himmel. Die Zweifel versammeln sich, und zerrinnen; die Anschauung erhebt sich und verklärt sich zur Anbetung. Da ist die Seele in ihrem innersten Innern — sie ist kaum mehr im Leibe, sondern schon himmlisch. — Nun dazu — meine ich — kommt die Medizin noch recht geeignet. Der Buchstabe ist Anfangs zu matt; das Wirkliche, Grünende, Duftende, Wachsende, kurz — alle Formen des Körperlichen treten vor das Auge, und an diesen bestimmten Umrissen bestimmt sich der Geist, und Alles um ihn und in ihm ist lebendig, und er gedeiht so in einer jugendlichen Kraft und in fröhlicher Unschuld und klarem Bewußtsein. Die Anatomie nur möchte für den Anfang nicht vollends passen; sondern man sollte mit der Botanik, Mineralogie und Zoologie und Chemie vorangehen. Dann aber würde auch die Anatomie in ihrer Würde erscheinen. Ich habe eben deßhalb heuer nur so viel Anatomie studiert, als mein Stand fordert. Ob in Bezug dieser Gegenstände gute oder schlechte Professoren sind, kümmert mich wenig: fit via vi! — Sie sehen nun daraus, daß ich große Neigung für das medizinische Studium fühle, und haben somit eine thatsächliche Billigung Ihrer eigenen Neigung dazu. — Daß es Ihnen und dem edlen Niederstätter so gut geht, freut mich. Hüten Sie sich aber, daß Sie durch unvorsichtige Anhänglichkeitsbezeugungen — durch Musik u. dergl. die Spannung zwischen ihm und den Uebrigen nicht zum —

Bruche bringen. Man deutet weiter, als an der Sache ist, weil man durch den Tubus der Scheelsucht und — Furcht schauet. War's nicht so bei Herrn Chüeny? Empfehlen Sie den Pacher und mich bei dem wackeren Manne! Pacher grüßt Sie recht warm, und jetzt geht es ihm endlich gut. Gestern begann er eine Instruktion, und eine zweite wird er im Anfange des Schuljahres beginnen. — Pfefferkorn ist seit 6 Wochen Hofmeister bei der Tochter von der Frau, wo ich bin. Beer ist in Baden und studiert privat; Natter kommt nach Brixen. Der gute Schneller ist etwas kränklich; doch läßt er sich in seiner unermüdeten Emsigkeit nicht hemmen. — Lieber Freund, vor dem Schlusse empfehle ich Ihnen noch den W., meinen Freund. Wenn Sie mit ihm noch in keinem Verbande stehen, so bitte ich Sie, daß Sie sich ihm nähern. Er ist werth, daß wir ihn lieben! Nun leben Sie recht wohl, und wenn Sie können, so schreiben Sie mir noch einmal vor Ihren Prüfungen. Ich freue mich auf jene Unterredung, wo das Sie Du heißt! — Ich bin Ihr Freund Alois Flir.

Wien, den 6. Februar 1828.
Mein inniggeliebter Freund!

Mit vielem Vergnügen habe ich gestern Dein werthes Schreiben erhalten. Was nun die Hauptsache anbelangt, so gebe ich nach, aber nicht aus den angegebenen Gründen, die nicht bleibenden Stand halten, sondern aus dem Grunde, weil Du zur Sache nicht Lust hast. Denn Jemanden zur Erziehung zu bewegen, ohne daß er selbst will, kommt mir nicht anders vor, als wenn man Einen zwingen wollte, ein Künstler zu werden. Denn diese beiden Geschäfte sind so zart und so tiefbegründet, daß man nicht Erlerntes, sondern Angeborenes dazu bringen muß. Ich — für meine Person — habe einen gewissen Trieb zur Erziehung; ob nun dieser bloß aus einer klarern Anschauung des sich entwickelnden Menschenlebens, oder ob es gar der Keim zu einem wichtigen Unternehmen ist — weiß ich nicht recht zu unterscheiden. — Indessen bemerke ich diesen pädagogischen Trieb bei vielen Andern, die sich gerade nicht als Pädagogen qualificiren: bei Göthe, bei Steffens, bei Niederstätter ꝛc. und ich glaube, es liegt dem Ganzen eine tiefe Sucht zum Grunde, einen Menschen als Ideal nach seinen Ideen im Wachsen und Sein zu schauen und darzustellen; eine Sucht, die ja auch die Ursache alles literären und künstlerischen Getriebes ist.

Soviel in dem Betracht. — Daß Du aber in eine gewisse melancholische und behagliche Lebensruhe, in jenes stille und zurückgezogene Wohlthun Deine Bestimmung setzen willst, geht mir unmöglich ein. Denn ich glaube, einen **festen Punkt** muß man setzen, um den sich das Leben in seinen verschiedenen Gestalten bewegen soll. Sei Literator, sei Handelsmann, sei Landmann, sei — Gatte, — sei was immer, aber sei etwas **Bestimmtes.** — Es sind viele und schöne Lebensformen, und es wird sich sicher Eine daraus finden, welche Du umfangen kannst. — Doch mit **einem** Griffe läßt sich so etwas freilich nicht fassen, benütze daher Deine stille Muße dazu. — Was aber Deine jetzige literäre Bildung betrifft, so schreibe mir, was Du Dir aus der klassischen Welt wählest. Nimm einen Auktor — wir wollen ihn mit einander studieren. Du scheinst mir den Horazius nicht zu vernachlässigen. Wollen wir uns vielleicht diesen wählen — den vielfach mißkannten? Ich würde nur zuerst einige Oden entwickeln, und dann — mehr Dein Kritikus sein. Horaz ist von **vielem** Gehalte und wäre nebstdem bequem für den Briefwechsel. Ich danke Dir zugleich bei dieser Gelegenheit für die Beifügung der Ode. An ihrer Aechtheit ist so wenig zu zweifeln, als am heitern Natur= frohsinn des Horazius.

Ich möchte auch wissen, wie es mit Deinem Vorhaben, **griechisch zu lernen,** steht. Denn falls Du diese Sprache sammt Gehalt, die Blüthe der menschlichen Produkte, erlernen willst, so will ich noch ernstlich darauf denken, wie Du es am besten angehest. Ich würde Dir, so viel ich nur kann, dazu rathen, denn selbst die Lateiner können kaum hinlänglich ohne griechische Kenntniß erkannt werden, und die Geistes= kraft des Deutschen, die oft so arm und einfach erscheint, kann nirgends (wenn schon von Büchern die Rede ist) sich mehr bereichern und vielfach gestalten, als durch die Sprache der Hellenen. — Die Mühe ist nicht so groß, als Dir viel= leicht vorkommt, denn die Sprache ist hell und gesangmäßig

klingend, und macht somit tiefere und bestimmtere Eindrücke
auf das Gedächtniß; zudem scheinst Du mir eine günstige
Anlage zur Sprachenerlernung überhaupt zu haben. — Was
Dein Testament betrifft, so ergriff mich ein melancholischer
Schauder. Ei mein lieber Freund! Du bist doch gar zu
bedächtig! Was aber jenen Auftrag anbelangt, so verstehe
ich ihn, und freue mich um so mehr darüber, als mich jener
Umstand in meinem Gewissen öfters beunruhigte. Denn ich
habe an dem Gang der Sache ja auch meinen Antheil, ja
ich habe mir sogar einigemal die ernste Frage vorgelegt, ob
es denn recht war, daß ich mich still und neutral verhielt und
Dich nach Gutdünken mit dem Dinge schalten ließ? Ich
tröstete mich aber immer mit Deinem Betragen in der Zukunft,
und sieh' — ich bin nun beruhiget.

Ich muß doch über die klösterliche Fastenbetrachtung
meines Bruders über den Sieg des N. lachen — herzlich
lachen! Ha! ha! ha! — Das wäre wieder einmal eine Ex-
pedition, die ein Alex. Mayer*) besingen könnte. — Da
gäb' es Charakterschnitte! da gäb's Grimassen! Kniffe und
Ränke! Schlingel und Schlingen! ha! ha! — Alex. Mayer
soll also Euch seine Unsterblichkeit zum Theile verdanken?
— Die Gedichte des Alex. Mayer, insoweit ich sie kenne, be-
dürfen einer l a n g e n und g e s c h i c k t e n F e i l u n g, und
der beste Saft ist fort, wenn die Personalitäten fort sind.

Indessen bin ich mit Eurem Unternehmen doch einverstanden, und wünsche Euch glücklichen Erfolg. Alex. Mayer
hat wirklich eine ganz eigenthümliche, seltsame Individualität,
seine Satyrik scheint mir aus seinem Innersten zu kommen,
und dieses I n n e r e s o b e s c h a f f e n gewesen zu sein, daß
es als Satyr durch alle äußeren Umstände sich gestalten
m u ß t e; ich glaube, er hätte auch unter Engeln satyrisirt.
Doch um ihn zu beurtheilen, müßte ich ihn näher kennen. —
Ich ersuche Dich, von meinem Bruder oder von Dir — eine
k l e i n e A b s c h r i f t meiner Ballade „F r i e d r i c h in L a n d e c k"
zu senden. Denn ich ordne und feile an meinen Gedichten,

---

*) Der Priester Alex. Mayer, ein geborner Innsbrucker, gestorben
im Jahre 1817, war seiner Zeit in weiten Kreisen berühmt oder — berüchtigt
wegen seiner Gewandtheit in Spottgedichten, von denen noch manche im Manu-
skript hie und da zu finden sind. A. d. H.

und habe jetzt den „Max" unter den Händen. Obgleich dieses Gedicht, als das Produkt eines poetischen Vormittags, den Affekt ansprechen kann, so hat es doch ungeheure Mängel. Aber ich werde Dir dann, wenn es gereiniget ist, dasselbe zur Beurtheilung und Vergleichung mittheilen. Mein Bruder möchte mit Gelegenheit den Herrn Kuraten von Landeck oder Stanz fragen, ob man die Namen der Jungfrauen von Schrofenstein nicht wisse? Doch viel liegt nicht daran, derlei Sachen lassen sich am Ende fingiren. —

Wien, den 29. Februar 1828.
Innig geliebter Freund!

Dein Stillschweigen ist mir unbegreiflich und macht mich bekümmert. Ich will daher nicht länger mehr warten, sondern Dir zuvorkommen. — Ich habe mir schon einige Mal gesagt: Sehen, ob Gott auch mich bald heimsucht, da er die, welche ich liebe, so hart prüfet! — Aber ich rufe Euch die Worte des Odysseus zu: „Traget Geliebte, und harret nur einige Zeit noch!" — Du wirst mir verzeihen, daß ich den Ithaker zum Apostel schlage. Doch man findet des Guten überall, wenn man nur Augen hat, es zu sehen. Ich habe meinem Bruder eine Ode über die Wesenheit des Schicksals gesendet; — wenn Du willst, lies sie: theils, weil sie auch für Dich paßt, theils um meinen jetzigen poetischen Stand zu ersehen. — Denn mein Vorsatz, trotz aller Hindernisse mich vorzüglich der Kunst zu widmen, manet alta mente repostum. Nur will ich mich nicht übereilen, und früher mit heiligem Wasser die Augen reinigen, daß ich sehe, was ich besinge. — Gegenwärtig übrigens studiere ich vorzüglich aus den Quellen die griechische Geschichte, denn eine klare Uebersicht der Natur und Menschheit ist ein Bedürfniß des Geistes und nothwendig für meine Absichten. Ich möchte auch gerne wissen, wie es mit Deinem klassischen Studium stehet, worüber ich im letzten Briefe Erwähnung gemacht. — Aber verzeihe mir, mein lieber Freund, wenn ich Dir — jetzt — mit solchen literären und fremdartigen Sachen immer komme. Wähne nicht, mein Herz sei der Liebe und der Theilnahme erstarrt und verschlossen! Aber da Du, der Leidende,

den Schmerz zu besiegen vermagst, wie sollte ich mit Klagen
Dich neuerdings erregen? Du stellest Dich mir in einer ach=
tungswerthen Haltung und Festigkeit gegenüber: ich muß
mich zusammennehmen, um eine gleiche, eine würdige Brust
an die Deine zu drücken. Was Andere niederbeugen würde,
hat Dich erhöhet; und ich muß somit auf Deine Beschaffen=
heit schauen, alles Geschehene gleichsam als eine heilige Weihe
betrachten, und das kommende Leben als etwas Vollendetes:
Deine jetzige Zeit als die R ü s t z e i t zu einem tüchtigen Thun.

Gestern wurde ein neues Stück von Grillparzer,
„Ein treuer Diener seines Herrn" aufgeführt. Ich sah es
noch nicht. Es ist aus der ungarischen Geschichte entnommen.
Das Thema gefällt mir durchaus nicht, wie es mir erzählt
wird. Indessen erhielt es doch großen Beifall, besonders von
Seite der Magyaren. Das Publikum rief den Dichter so
anhaltend vor, daß Herr Hofrath und Theaterdirektor Czernin
zu ihm aus der Loge ging, und alle Verantwortung auf sich
nahm, denn es soll ein solches Vortreten verboten sein. — Ich
ersuche Dich, Beiliegendes meinem Bruder zu geben — dem
Unglücklichen! Ich bitte Dich, tröste ihn, und sei mein Stell=
vertreter. Empfiehl mich Deinem Herrn Vater, und lebe
wohl! Es küßt Dich Dein Freund   Alois Flir.

Wien, den 8. März 1828.

Wackerer Freund!

Schon lange hatte ich einen Brief für Sie geschrieben,
aber aus eintreffenden Gründen wurde er untauglich, und
somit in Ruhestand versetzt. Diese vorgeblichen Gründe aber
sollen Sie, so Gott will, h ö r e n und nicht l e s e n. Aber daß
ich so lange meine Antwort zurückhalten mußte, schmerzte mich
schon lange, und jetzt um so mehr, da ich fürchte, meine Freund=
schaft möchte Ihnen etwas verdächtig geworden sein. Aber
ich versichere Ihnen, daß ich trotz meines Stillschweigens mit
warmen Herzen recht oft an Sie gedacht, und diese Versiche=
rung sei das Pfand unserer Ausgleichung, so Sie meine
scheinbare Nachlässigkeit etwa befremdet hätte. Somit nun
getrost zur Sache! — Sie schrieben mir voll Begeisterung
von dem, was Sie Schönes in W i e n gesehen. Ich freue

mich, daß Sie nicht zu jener Menschenklasse gehören, die nur nach des alten Zoilus Weise zu tadeln und zu schelten wissen, sie mögen hinkommen wo sie wollen, und sehen, was sie verlangten. Ich meine, es sind vier Lebensabtheilungen in dieser Hinsicht. Die Kinder freuen sich an kleinen Dingen, und lächeln mit Puppen und streicheln das geschnitzte Rößlein. Der heitere Knabe kommt jetzt unter die Regierung seines weisen Präceptors, und seine Metaphysika führt ihn, wie einen Ganymed, in die Regionen der Geister, zum Absoluten, zum Unendlichen strebt er, der Erdball ist dem großartigen Träumer ein Sandkörnlein, „ein Tropfen am Eimer," und Sonn' und Mond und alle Sterne Raketen, die der Allmächtige etwa steigen ließ. Was seine Augen sehen, ist tobte Materie, was er höret, ist leerer Schall, was er tastet, ist starr Metall, die Menschen sind ihm alle Narren, und die ganze Sinnenwelt verpufft er ins Blaue, seiner Metaphysika zu Lieb'. Stolz schreitet der Träumer auf und ab, und meint, er sei ein Gott, und ein Anhänger des weiland ehrenwerthen Spinoza, bis — endlich ein ernsteres Jahr kommt, und ihn langsam aus seiner Mondsichtigkeit wecket. Jetzt schauet er um sich — auch die Sinnenwelt hat jetzt eine Anziehungskraft für sein feurig Herz — er heftet den Blick auf das Beste und Schönste — seine Träume sieht er da und dort verwirklicht, aber nicht überall. Aber was er da und dort entdecket, ahnet er überall und sucht es überall, und findet es überall, und freuet sich wieder an geringen Dingen, und wird wie die Kleinen, nach des Herrn Spruch, und erbet das Himmelreich. — Aber diese Perioden kann freilich nur Jener durchzeuchen, der unter günstigen Auspizien des Lebensgenius den ersten Lichtstrahl in's Auge empfing.

Warum schalt ich aber früher die Alles Scheltenden? Weil sie meist zu schelten sind. Wenn Sie schelten würden, so thät' ich's Ihnen nicht verargen, denn Sie ständen dann in der zweiten, kräftigen Periode. Da aber Sie in Wien etwas Lobenswerthes finden, so freu' ich mich, denn Sie stehen schon in der dritten Periode, und bringen vor in die vierte, auf die Höhe des Menschen! Dahin müssen, mein lieber Freund, müssen wir streben, denn so nur rechtfertigen wir uns und unser Hauswesen mit den Talenten. — Sie fragten mich, ob ich noch immer so viele Freude und Lust an der Poesie habe? — Weitläufig möcht ich diesen Punkt umgehen, aber ich habe nicht Raum und Zeit dazu. Das nur sage ich Ihnen, daß ich Poesie nicht für Unterhaltung, nicht für tändelnde Erholung halte, sondern für die Lebensseele, die unsere Kraft nähret und erziehet. Früher hab' ich sehr geirrt in dieser Hinsicht. Jetzt aber hab' ich die Meinung, jeder ehrliche Mensch soll gewissermassen Poet sein; passive und produktive Poesie sind die beiden Zweige des ewigen Lebensbaumes. Aber Verse und Reime und Rythums sind da ja nicht gemeint. — Sie schrieben mir, ich soll Ihnen mittheilen, wie es mit der Medizin hierorts stehet. — Ob ich passe, Ihnen in diesem Stück Bescheid zu geben, weiß ich nicht. Denn ich gestehe Ihnen, ich bin mehr dem Worte, als der That nach Mediziner. Medicinä Studium — wäre freilich wohl eine herrliche Sache, aber von dem ist hier auch gar keine Rede. In 5 Wochen studiert man die tausend Kleinigkeiten zusammen, und sucht sie bei der rigorosen Prüfung gut an seinen Mann zu bringen, und hiemit Punktum und den Doktorhut auf den Schädel, der sich nicht ersinnet, wie er unverhofft zu solcher Ehre gelangt. — Doch weiß man das Kind zu ziehen, so wird es doch gut und wacker. Wer Etwas werden will, muß es durch sich werden, denn der Geist versteht sich nicht auf Promotionen von fremden Launen. Und so freut es mich, wenn Sie Mediziner werden — aber vorzüglich wird es mich deßhalb freuen, weil wir einige Jahre mit einander recht tüchtig durchleben können. Denn das ist schon ein für allemal ausgemacht, daß nichts unter diesen Erdengütern über einen F r e u n d geht. — Aber ich muß jetzt abbrechen, so gerne ich noch lange mit Ihnen reden möchte. Grüßen Sie mir einige wackere Studenten unseres Vaterlandes — ich denke mich noch recht oft mit Sehnsucht in ihre Mitte. — Den übrigen Tirolern geht es hier sehr gut. S c h n e l l e r und P a u l m i c h e l studieren recht fleißig Medizin. Jetzt — leben Sie wohl, d. h. muthig strebend und wirkend! — Schreiben Sie mir bald wieder. Ich bin Ihr Freund Alois Flir.

Wien, den 12. März 1828.

Innig geliebter Freund!

Obgleich noch keine Nachricht unter allen, die ich je be=

kam, mich mehr überraschte, als die aus Deinem letzten Briefe — (Eine ausgenommen), so will ich doch darauf jetzt nichts erwiedern, weil — ich jetzt nicht kann, weil ich nicht allein am Tische sitze. Darum will ich einen Gegenstand hernehmen, zu dem mich Dein Brief berechtigt, und der allgemeinen Paß bekommt — ich meine den Bezug auf die griechische Sprache. — Die Sache ist von größter Wichtigkeit, denn sie fordert einen ziemlichen Theil des Lebens und wirkt auf das ganze Leben. Ich will mich hier nicht einlassen in den Einfluß der klassischen Bildung auf die Entwicklung des Menschen nach unserem Tag und Schlag; aber nur Einiges über die griechische Sprache oberflächlich. „Griechische Sprache" ist einmal ad literam eine ganz falsche Benennung. Denn Gräkus war ein Nachkomme des Pelasgus, und somit ein Pelasger, und wanderte nach Italien aus, woher die Römer die Einwohner des sogenannten Griechenlands ebenso Gräken nennen, als die Asiaten nach den Nachkommen des Jon, den Einwohnern der Küste, auch alle Stammvölker Jonier nennen. Aber die Pelasger, wie aus Thukydides, Pausanias und insbesondere aus Aeschylus und Herodot mir bisher zu ersehen war, hatten eine fremde (barbarische) Sprache, d. h. eine von der hellenischen verschiedene. Nach Thukydides stammte der Name Hellas von Hellen, dem Sohne des skythischen Deukalion; aber die Sprache — wenn ich noch gesund denke — wird dieser Hellene doch nicht erfunden haben? — Die Pelasger sind nach meiner Meinung (ich studiere daran schon ziemlich lange) Phöniker; als Beweise dienen ihre Religion, ihre fremde Sprache, ihre Verwandtschaft mit den Aegyptern, ihre bewohnten Gegenden (der Peloponnes), ihre Fremdesucht (Herodot) und überhaupt (nebst einigen Belegen aus der heil. Schrift, insonderheit aus Mosis 1. B.) ihr Charakter. — Die Nachkommen des Deukalion stammen von Prometheus, der am Kaukasus seinen Standort hatte, und lassen sich als Skythen erweisen, gemäß der Sage, daß Deukalion ein Sohn des Prometheus sei; weil die Hellenen zuerst sich in Thessalien zeigten, also von Thrakien über Makedonien gekommen zu sein scheinen, und zu einer Zeit, wo die südlichen Skythen einen Stoß bekamen; weil die Hellenen von den Pelasgern (Herodot) die Bildung lernten (obgleich diese vermöge der Uebermacht in Sprache und Herrschaft den Kürzeren zogen).

— Aber diese Pelasger und Skythen haben schon Eingeborne (Autochthonen) in Griechenland angetroffen — davon findet man tausend Stellen in jeder dazu gehörigen Urkunde. — Ich glaube daher, die hellenische Sprache ist dem Grunde nach eingeboren, erhielt aber durch die eingewanderten Völker Modifikationen. — Denn (nebst anderen Gründen) die Sprache der Hellenen ist nicht skythisch, denn sie ist nach ihrer Wesenheit das Produkt einer bildervollen Natur; sie ist zum Theil skythisch, das zeigt ihre Gleichheit mit skythischen Zweigen. — Sie ist nicht phönikisch, denn das sieht man ja; sie ist zum Theil phönikisch, denn viele Wörter (nebst anderen Gründen) beweisen es. — Soviel in Kürze über den Urboden der griechischen Sprache. Indeß ist die Untersuchung über Altgriechenland noch jetzt meine mühevolle Aufgabe, womit ich wohl dieses Jahr zubringen muß; table mich deßhalb nicht voreilig. — Was nun aber euer Studium dieser Sprache betrifft, so ist Folgendes meine Meinung. Leset das Allgemeinste und Vorzüglichste von der Grammatik des Thiersch, und übersetzt mittelst des Nitzsch'schen Lexikon sogleich einige Sentenzen der Gnomiker vom Schulbuche, das mein Bruder in duplo haben wird. Die Grammatik vor der Sprache ist eben so unsinnig, als Geometrie vor Wesen, und Logik vor dem Denkakt. Schlagt auf, was ihr nicht wißt, und jagt die Endungen der Wörter durch. (Wohl würde ich es mit einem Knaben anders machen!) Auf einmal, ihr wißt nicht wie, kommt ihr zur Sprache. — Aber damit gleich dieser Embryo schon eine Seele bekomme, so fordere ich euch auf, nebenbei diesen oder jenen Punkt näher zu erwägen, und ich will dazu mein Zinslein beitragen. — Wenn von Sprache die Rede geht, und man will von Anfang anfangen, so muß man mit dem Hauptworte beginnen. — Wie der Mensch entstanden ist, so ist die Sprache nicht ewig. Gelernet fällt aber Keiner vom Himmel; nur die Anlagen bringt der Mensch mit sich. Des Menschen Geist und Leben entwickelt sich an der Außenwelt. Je ungeübter die Kraft ist, desto mehr ist sie an den Gegenstand gebunden und erfaßt ihn, wie er sich gibt, nicht in (matteren) Relationen. Eine Vorstellung eines Dinges an sich, durch ein Wort ausgedrückt, ist ein Hauptwort. Und wirklich, um gleich an die Sache zu gehen, finden wir in der griechischen Sprache das Hauptwort als Grundwort. Die Darstellung dieser Behauptung das nächste Mal. — In Kurzem werde ich dir zum Danke für die mühevolle Abschreibung meiner Ballade eine Ode auf den Tod Deiner Verlobten senden. Ich danke dir nebstdem für die Mittheilung in Bezug auf Schrofenstein. Nur Schade, daß die Geschichte nicht so poetisch wie die Sage nur zwei Jungfrauen angibt; doch ich erschaffe die dritte dazu. Denn drei müssen sein. — Nun wieder was Neues. — Ich habe bereits Grillparzers Stück gesehen und berichte Dir hiemit, daß es keine Letter werth ist. Keine tragische Idee, keine Einheit, keine Phantasie, keine Sprache. —

Nachtrag. Man spricht hier, daß die Mächte ein Ultimatum an die Pforte ergehen lassen, und man hofft (mit ziemlich kurzem Blicke) wieder Frieden. Cochrane ist jetzt in Paris. Sein Portrait zeigt einen Mann von 38—40 Jahren, ein wenig länglichten Gesichtes, mit gemeinen, schustermäßigen, nichtssagenden Zügen und Augen. — Cannings Portrait ist das Bild eines zarten, obgleich etwas aufgeblähten Körpers; die Stirne hoch und kahl, das Auge scharf und mild; die Gesichtszüge ernst und liebevoll.

Wien, den 28. März 1828.

Innig geliebter Freund!

Vor einer Viertelstunde habe ich Dein kleines, aber schweres Brieflein erhalten. Mein lieber Freund — ich wünsche mich mehr, als ich nur je konnte, jetzt an Deine Seite; ich weiß nicht, ob dieß aus meinem eigenen Bedürfnisse und Drange kommt, oder aus dem Gefühle, daß mein Herz nun wetteifern muß, um Dich über die Entziehung eines anderen zu trösten. Und trotz diesem meinem Wunsche muß ich mich doch anklagen, daß Du schwerlich mit mir zufrieden sein wirst. Denn obgleich ich Dich nicht nur mit jenem jugendlichen Feuer, sondern mit einem noch wärmern liebe, so habe ich doch oft — die Pflicht der Freundschaft anderen Geschäften nachgesetzt, und wenn ich auch in einem Monate einige Stunden aus meiner Fabrik mich stehle, so fallen doch Schatten von meinen früheren Getrieben auf das Blatt, wo ich die Gefühle der reinen Liebe hinhauchen soll. Es ist wohl wahr, daß ich —

in Gedanken — oft lange ausschließlich um Dich weile; aber ich will in Zukunft auch **schriftlich** mich wieder **reiner** ausdrücken. Wie — oder stärkt und hebt ein staubiges Buch den Geist mehr, als Ideen der Freundschaft? Hat das, was oft fast zufällig uns erreicht, mehr Anspruch an uns, als das Eigene, Ewigvereinte und Eingewachsene? Bei Gott — gewiß nicht. — Aber **wie mag es jetzt um Deine Gesundheit stehen?** — Obgleich Du alle Kennzeichen zu verbergen suchest, so bin ich doch in keiner kleinen Furcht. Denn wenn mich früher eine Krankheit von Dir traurig machte, so versetzt mich ein übler Körperszustand — bei Dir — jetzt — in Besorgniß. Denn **ganz** kann ich Dir jene heroische Gemüthsruhe, die Du mir kundgabest, für alle Stunden — keineswegs glauben. Und der stärkste Körper ist zu schwach, wenn ein Feuer von innen zehrt. — Ich bitte Dich daher für's Erste, alle Mittel ungesäumt anzuwenden, und für's Zweite sei unser Grundsatz: „**Wir sind in Gott.**" — Beide sind wir noch jung, und doch haben wir Beide die Erfahrung, daß das Irdische **unbeständig** ist. Aber Gott sei Lob, daß uns zukam, was uns zugekommen. Denn eine ernste Hinweisung auf den Geist und die Wahrheit des Lebens — war uns Beiden nöthig. Was mich betrifft, so habe ich aus meinem bisherigen Leben dieses Resultat, wie ich es gerade ausdrücken kann, entnommen: Gott ist das unendliche, schaffende und ordnende Wesen; Alles lebt in Gott; der Mensch mit Bewußtsein. Die besondern Wesen haben ihr besonderes und allgemeines Leben. Somit auch der Mensch. Daher erscheint das Leben als ein Menschliches und Göttliches. Insoferne aber auch alles Besondere in Gott ist, ist **alles** Leben dem Grunde und Wesen nach — göttlich. — Der Mensch soll in Gott leben, und nichts außerdem fürchten noch suchen. Nach diesem Leben folgt ein anderes; der Mensch besteht persönlich — nach Würde seines Thuns. — Bald hätte ich mich schon wieder, ohne Wissen und Willen, in Philosophemata, oder wie man derlei Sachen nennen will, verloren; aber ich kam noch bei Zeiten zu Sinne. Denn da für Dich jetzt keine Zeit zu solchen Geschäften ist, so gehören sie auch nicht hieher. —

Mir geht es, wie immer. Ich studiere fortwährend (einerseits) an der griechischen Geschichte, und lese zu **dem** Zwecke (insbesondere) die hellenischen Dramatiker, die ganz anders sind, als ich mir früher dachte und Andere mir sagten. Dieses Studium ist für mich von großer Wichtigkeit. Die Resultate werde ich Dir zur Zeit getreulich mittheilen. Ueberhaupt würde es uns studierenden Christen nicht unnöthig sein, das Heidenthum in seiner Wesenheit aus sich darzustellen. Wenn Gott mir Alles zutheilt, was ich brauche — so werde ich wahrscheinlich in einigen Jahren mein selbständiges literäres Leben beginnen. Der Zweck ist vorgesteckt, und der Grund ist nun bald gelegt. Nur wünschte ich mehr Muße, als ich hoffen kann. — Gott erhalte Dich Deinem Freunde Al. Flir.

Wien, den 6. April 1828.

Innig geliebter Freund!

„Versprechen macht halten" — sagt das Sprichwort, und sieh', ich folge ihm, und will zuwege bringen, daß ich — Dein Freund — oft ein Theil Deiner Gedanken sei, die auf Deinem Krankenlager um Deinen einsamen Geist sich gestalten. Meine Brust ist bange um Dein Wohl. Wenn ich nur wüßte, bestimmt wüßte, wie Dein Zustand ist! Wenn ich Dich nur sehen, Dir die Hand drücken, mich über Dich neigen, und Dich fragen könnte um Alles, was Dein Herz in sich verschließt und trägt! — Doch es ist nun schon einmal so — und ich kann nichts thun, als Dir in schwachen Zeichen bedeuten, was ich fühle und denke. Doch es könnte sich wohl geben, daß wir einander in Zukunft näher kämen. Meinst Du — oder scheint es Dir unmöglich? Können sich nicht, wie unsere Herzen und unsere Endziele, so auch unsere Bildungs- und Lebens-Pläne freundlich nahen, verbinden, und gesellig fortschreiten? Sieh', der Gedanke unserer Freundschaft, die nun schon lange mit gleichem Feuer und gleicher Kraft besteht, hat jüngst meine Vorstellungen solchermaßen auf unser jetziges und künftiges Leben gerichtet, und wie ich jetzt, da mir Manches klarer ist, als vorhin, überhaupt nach Ueberschauung einer wichtigen Erscheinung das Wesen derselben zuerst suche, und dann in einem Gesange ausdrücke, so habe ich es auch mit der Freundschaft gemacht. Da Du die Veranlassung und das Hauptbild im Liede bist, so schreibe ich Dir dasselbe hier auf:

Viel der schönen
Freudigen Gaben
Sendet mit Huld der
Gute, unsichtbare Vater
Unter die Sterblichen, seine Kinder.

Und die schönste
Nenn' ich von allen
Stärke der Tugend.
Doch zunächst das Höchste, was da
Unter dem Himmel uns sproßt und blühet

Ist die Freude,
Einen zu finden
In den Geschlechtern,
Der uns gleichet, wie ein Bruder,
Und zu dem Bunde mit uns sich weihet,

Brust an Brust, und
Seele in Seele,
Alles zu theilen,
Wie es bringt der Flug der Stunden,
Heiter und trübe, daß Beide sie in

Einem Geiste
Streben und wirken.
Heil der Beglückten!
Denn in ihnen ist erfüllt der
Ewigen Liebe Gesetz, das seit der

Urzeit, wo die
Wesen erstanden,
Alle verbündet.
Und wie dort in Einem Tag' und
Einem Gedanken der Mensch aus Gott, so

Sei auch Eins das
Leben in Allen,
Das in der Zeiten
Flücht'gem Wechsel, und durch weite
Flächen der Erde, in tausend Künste,

Reiche Städte,
Und in beglückte,
Kräftige Völker,
Freudig bildend sich entfaltet,
Gleich der Natur, die ewig blühet!

Doch ich beb', und
Höre das Wiehern
Stampfender Rosse,
Und des Waffenstromes Rauschen —
Und die Eroberer schau ich — blut'ge

Tiger, nach den
Winden des Himmels,
Ueber der Felder
Düstre Oede, durch der Trümmer
Glimmenden Dampf, in der Hand die Flamme,

Rasend stürmen.
Unter der Mordschlacht
Zittert die Erde:
„Weh!" stöhnt aus den Klüften, und der
Sterblichen Bund ist zerrissen. Und des

Schwarzen Abgrunds
Neidende Geister
Waffnen den Bruder
Gegen Bruder, bieten Saft des
Schierlings dem Grolle des Weib's, und heben

Aus dem Todes-
Schlummer zum schweren
Fluche den Vater. —
An dem Berg' dort brechen sich die
Treibenden Wellen, das Spiel der Winde,

Dumpf und thatlos: —
Das sind die Menschen. —
Doch aus dem Dunkel
Raget Morja's heller Tempel,
Und auf des Oceans weitem Rücken

Samothrake's
Heilige Felsen;
Aber im stillern
Thale, fern vom Weltgeräusche,
Wo nur geweihete Bäume säuseln,

Ruht Eleusis.
Seid mir gegrüßet.
Geisterumschwebte,
Weitverehrte Stätten, wo die
Wenigen, die noch im Leben wandelnd,

In der Brust den
Göttlichen Lichtstrahl
Reiner bewahrten,
Zu einander hingezogen,
Freudig sich fanden und sich umarmten,

In der Begeist'rung
Himmlischer Wahrheit,
Die da dieselbe
Durch die Zeiten, durch die Lande!
Denn es erkennen sich bald die Guten;

Doch ihr Wort ist
Dunkel dem Pöbel.
Aber der Tage
End' wird kommen, wo die Liebe
Siegend vollendet: zusammen strömen

Da die Zeiten;
Fort sind der Völker
Scheidende Schranken;
Eins nun Alle — selig Alle —
In dem unendlichen Geist der Liebe!

Unnennbare,
Selige Wonne, —
Die wir, Geliebter,
Ueber der Erde
Auch einst finden, deren Abglanz
Jetzt schon verklärend uns neues Leben.

Und den Odem
Hehrer Begeist'rung
Durch die entzückte
Seele ausströmt, wenn wir einsam
Freudig erschüttert ans Herz uns stürzen,

Mit dem festen
Glühenden Handdruck
Ehre für Tugend,
Muth für Wahrheit, Kraft für Thaten,
Ewige Liebe — vor Gott uns schwörend! —

Schreibe Du mir nicht, aber laß den Bruder Deinen Zustand mir umständlich schreiben. Gott gebe Dir Frieden und Gesundheit. In Bälde werde ich Dir wieder schreiben.
Lebe wohl — Dich umarmt Dein Freund Al. Fl. — Sei standhaft und geduldig! —

Wien, den 26. April 1828.
Mein inniggeliebter Freund!

Wohl war Dein Brieflein klein, aber mir doch von großer Freude; denn ich glaube Euch, daß Deine Gesundheit sich wieder hergestellt hat. Du bist von Gottes Vorsicht auf einen steilen Weg gestellt, aber durch Deine Standhaftigkeit kommst Du nur desto schneller zur Höhe. — Du schreibst mir übrigens, daß die griechische Sprache zurückgelassen werden müsse. Gut; aber so bitte ich Dich, mir Dein anderseitiges Studiumvorhaben mitzutheilen, damit ich weiß, wie ich mich in dieser Beziehung gegen Dich zu verhalten habe. Denn unser Bund fordert von uns: Gemeinschaft unseres Lebens — Antheil und Wechselwirkung im Wissen und Handeln. — Alles, so gut wir können, immerwährend und unausgesetzt wachsen und blühen! — Eben in diesem Gefühle habe ich es mir zum Grundsatze gemacht, das Leben als das Ganze (der Erdenperiode) zu betrachten, jeden Augenblick als einen Athemzug desselben und jede Handlung als einen Pulsschlag anzusehen. Eine That soll in die andere einwirken, damit nicht leer ausgehende Staubfäden, sondern ein vollendet und bestehend Gewebe daraus werde. Ruhe —

nenne ich nicht Tod, (der ist was Besseres in Mensch und Natur); — Ruhe — regelloses Versinken in ein dumpfig Nichts — ist die frevelhafte Verläugnung und Unterdrückung seiner Natur. „Ihr möget essen oder trinken, oder was Anderes thun — es geschehe Gott zu Liebe!" So ist's recht, so will's die Wesenheit in uns — so die Natur in Allem! — Darum, mein lieber Freund, wollen wir mit vereinter Kraft uns anstrengen und immer das Ziel im Auge, dorthin rudern, und nur dorthin! Muth ist im Busen, Stärke quillt durch den Arm, das Ziel winkt helle, und Gottes Odem umweht uns! — Eben deßhalb möchte ich wissen, welchen Weg Du wählest, und für welchen Du Dich im Stillen rüstest. Denn rüsten muß man sich: Gegensatz und Kampf ist draußen; rüsten für Ein Bestimmtes; denn nur gesammelte, vereinte Kräfte bringen tüchtige Wirkung. — Weise jede Entschuldigung und Ausflucht und Aufschiebung als eine Feindin von Dir; ruhe nicht, bis Du die Wesenheit und Form Deines künftigen Lebens erkennest und bestimmst, auf daß Du im ruhigen Thale dazu Dich bereitest. — Ich sehe wohl aus Deinen Briefen, daß Du schöne Pläne in Dir trägst, aber ich weiß nicht klar, was denn insbesondere Deine Absicht ist. Du kannst vielleicht nichts sagen? Du mußt, die möglichen Fälle kannst Du bestimmen, und wenigstens das daraus ableiten, ob Dein Leben dem Wissenschaftlichen, oder Praktischen gewidmet sein werde. — Meinen Plan, glaube ich, habe ich Dir schon mitgetheilt, oder nicht? — Ich weiß es nicht mehr gewiß. Doch was insbesondere mein Schriftstellerisches anbelangt, so gedenke ich, meine Hauptideen in sogenannten Oden darzustellen. Nicht Landphantasien, Blüthenbeschreibungen, Märchen ohne Sinn, u. dgl. Tändeleien: das Leben in seiner Verklärung soll die Dichtkunst und besonders die Lyrik darstellen. Ideen, die ich mit Anstrengung gefunden, will ich in freudiger Begeisterung ausströmen, und wie ein Anderer durch den Beweis den Verstand gewinnt, so ihn durch die Gewalt überwältigen, und das Leben, wie einen geschiedenen Geist, an das Tageslicht hervorrufen. — Diese Ideen sollen das Leben in seiner Wesenheit und Einheit und Würde darstellen: in seiner Höhe. Aber wie die Menschheit dahin sich entwickelt, das stelle mir die Geschichte dar. Epos und Drama sind die beiden Gesänge, die dahin gehören: das Epos gibt an, wie der Mensch in eigner Kraft und mit Gottes Hülfe zum Ziele strebt; das Drama hingegen offenbart die innerste Wesenheit des Verbandes zwischen Endlichem und Unendlichem: das Geheimniß des Alllebens. Im Epos ist der Mensch der Held, im Drama — Gott selber; dort das Individuelle, hier das All; dort das Erscheinen und Entwickeln, hier das Verschwinden und Verschlingen; dort das Leben, hier der Tod!

Doch ich habe jetzt nicht Muße und nicht Vorhaben, darüber mich näher einzulassen. Nur das muß ich Dir noch sagen: mein Drama muß mit der Geschichte des deutschen Volkes fortschreiten. In der Mythenzeit mache ich den Anfang. Ein herrlicher Stoff kommt mir entgegen: Balders Tod. Die Hauptidee ist entwickelt; manche Quellen habe ich schon gefunden in der Edda und in Görres' asiatischer Mythengeschichte. Doch das Nähere über meinen Plan werde ich Dir das Nächstemal mittheilen. Aber behalte die Sache bei Dir; nur mein Bruder darf es wissen. Untersuche mir Deine Magie, denn ich muß mir einige Kenntnisse hierin verschaffen — meinen Zwergen zu Lieb, die im Werke vorkommen werden. In drei bis vier Jahren möchte ich die Sache vollenden: im ersten Jahre beginnen, im zweiten arbeiten, in dem dritten endlich feilen. Die Idee ist so herrlich, daß sie an mir zehrt und mich kaum ruhen und kaum denken läßt, und ich fühlte das Hemmende meiner Verhältnisse, des Hofmeisterwesens, Stadtwesens, Schulwesens u. s. w. noch nie so unerträglich, als eben jetzt, wo ich schaffen möchte! — Denke Dir übrigens, ich habe Dir im ganzen halben Blatte herab nichts gesagt, sondern nur sagen wollen . . . . .

Lebe nun wohl und schreibe mir bald — viel, und suche mir nach Umständen mit Forschungen über Magie in die Hände zu arbeiten.

Wien, den 24. Juni 1828.
Mein innigst geliebter Freund!
Wahrlich, unsere Seelengespräche hatten eine lange Pause bekommen, und ich habe jetzt beinahe einen neuen Grund,

Deine Kaufmannschafterei Dir vom Halse zu wünschen, da ich nun für das Erstemal erfahren habe, wieviel ich bei dem ganzen Handel einbüßen müßte. Jedoch schönen Dank für Dein liebes Brieflein, das all' sein Möglichstes that, mich wieder zufrieden zu stellen . . . . .

Was unsere Zukunft betrifft, so wolle Gottes Vorsicht Alles so lenken, wie es zu unserem Heile gereicht. Daß Du aber zu Deiner vollen Bildung mich als Ingredienz ansehen willst, kann ich in keinem Bezuge verstehen, als etwa in dem wahren classischen Studium. Bewahre und stärke aber Du auf jeden Fall in Deiner ländlichen Stille Dein Streben und Deine Kraft; denn jetzt müssen wir uns entwickeln, um als Männer zu wirken. — In der Beurtheilung, die Du über mich machst, ist Etwas wahr, aber — Etwas muß ich Dir erläutern. Ich bemerkte schon oft, daß Dir meine Gleichgiltigkeit gegen meine Knabenbilder und Liedchen ungerecht vorkam. Aber höre! — Ich meine wohl auch, daß die Poesie j e d e Lebensform in dem schönen Lichte, und so auch insbesondere das H e i t e r e des Lebens darstellen soll, und ich freue mich innig an dem zarten, unschuldigen und doch so wollüstigen Anakreon. — In unseren Zeiten aber hat das Lustige und Unterhaltende und Scherzende in der Poesie so ein Uebergewicht bekommen, daß die meisten w a h r e n, moralischen Menschen eine Art von Verachtung, dagegen die S c h u f t e eine Art Liebe und Nahrung an Gedichten zu finden anfingen. Siehe, welchen Quark der herrliche G ö t h e zusammenschreibt und dem neugierigen Publikum wie einen Köder zum Verschlingen gibt! Diesen Unfug nun kann ich nicht sehen und nicht ertragen, und obgleich ich manche meiner zarteren und einfacheren Gedichte für zierlich und nicht unangenehm halte, so will ich sie doch, des Ganzen und der Consequenz wegen unterdrücken, und, um als ächt wahrer Mann mit Kraft und Vertrauen zu erscheinen, selbst den Schein von d e r Partei, die ich nach Leibeskraft faktisch bekämpfen will, vermeiden. — Die beiden Gedichte, die ich Euch sandte, sind nur so ein Vorspiel von der Art, wie ich meine Dichtung in mir will erwachsen lassen, und auf eine tüchtige Weise muß den Menschen gezeigt werden, daß die Kunst eine Himmelstochter und keine irdische Buhldirne ist! . . . . .

Wien, den 29. Juli 1828.

Innigst geliebter Freund!

Wahrlich, Ihr müßet mich schon im Grabe vermuthen, da ich Euch so lange auf meine Antwort warten lasse, und doch versichere ich euch, daß ich selten mich so angenehm befand, als jetzt, denn die immanen Prüfungen sind glücklich überstanden, und ich sehe mich an dem Eingange in eine freie, weibervolle Zeit. Nur bin ich noch schwächlich von einer Unpäßlichkeit, an der ich gegen fünf Tage litt. — Ich erinnere mich nun freilich an das vergangene Jahr, und an die Freude, mit der ich dem Heimatboden zuwanderte, und an die Stunden, die ich mit Dir und meinem Bruder und meinen Aeltern zubrachte, aber ich fühle mich stark genug, dem Heimweh die Brust zu verschließen, und dafür den Entschluß zu fassen, diese zwei Monate desto besser zuzubringen. — Ganz bestimmt kann ich Dir heute aber noch nicht sagen, wie ich meine Studien einrichten werde; aber ich werde diese Sache heute und morgen noch vollends überlegen. Sorget übrigens für meinen Körper keinen Nachtheil: ich werde ihn gehörig berücksichtigen.

Du aber, mein lieber Freund, hast mir ein gar sparsames, karges Briefchen geschrieben, und dazu noch auf eine Art geschlossen, daß ich zuerst beinahe etwas verwirrt geworden wäre. Ich sehe wohl, daß Deine Umstände Dich hart in die Enge nehmen, aber desto mehr muß man mit der Gesammtheit der angestrengten Kräfte sich stellen, und sich behaupten. — Du scheinest mir zwar durch Dein neuerliches Schicksal sehr gefördert zu sein, indem das geistige Leben Dir noch mehr, als früher, zum Drange wurde. Deine Sehnsucht in eine wirksame, thatenvolle, rege Zukunft ist schön und löblich; aber mit demütigen Bekenntnissen von jetzigen Mängeln würde ich die Sache nicht ruhen lassen. Ich merkte schon lange, daß Du die Wichtigkeit dieser Zeit, die Du auf dem Lande zubringst, nicht vollends erwägest, und Deine Vorwürfe mit der Aussicht auf künftige Bildung beschwichtigest. Indeß kann ich mich hierin irren, und es kann sein, daß Du in Deiner Stille weit mehr studieren, als ich bei Wiens Bibliotheken. Falls ich mich aber nicht irre, so ersuche ich Dich, fahre auf, rege Dich, und mache Dich zum tüchtigen

Manne! — Die Unbestimmtheit Deiner Zukunft kann jetzt Deinen Versuchungen zum Müßiggange keinen Raum mehr gestatten, indem Du soviel als unabänderlich beschlossen hast, großentheils wissenschaftlich zu leben. Groß und leuchtend stehet dieses Ziel vor Dir, und Du willst noch warten und zweifeln, ob Du wohl ein Ziel habest? — Wahrscheinlich findest Du das Haupthinderniß aber darin, weil Dir die ersten Versuche eines durchbringenden wahren Studiums schwierig vorkommen. Aber merke Dir in diesem Betrachte nur vorzüglich das, daß Du nicht auf die Quantität Deines Thuns, sondern auf Dein Streben schauest, und auf das Wenige, das Du dann desto wärmer liebest. Beinahe nothwendig wird es auch sein, daß Du Dir eine vollends passende Lektüre aus dem deutschen oder lateinischen Bereiche auswählest, und lange eine Stelle ec. überdenkest, bis Du die Wahrheit derselben gleichsam mit eigenem Lichte anschauest, als quölle sie im Strome anderer Vorstellungen aus den Tiefen Deiner Seele, und, wenn Du den aufnehmenden Leser allmählig in den selbstthätigen Denker umgewandelt, dann — schreibe. Und siehe — solcher Maßen wird sich ein wirksames Verhältniß zwischen Dir und Deinem Autor entwickeln, und Deine Kraft wird sich in ihrem Wirken stärken, et mox sine cortice nabit! — Unter den lateinischen Autoren würde ich Dir Cicero's philosophische Werke oder die Schriften des Seneca empfehlen; denn Historiker selbstthätig zu studieren, erfordert weit größere Anstrengung. — Unter den deutschen Werken, obgleich Du aus Ursachen füglicher lateinische vorziehen könntest, würden Garve's Schriften für die ersten Versuche nicht sehr undienlich sein, obgleich sie Dich auf weite Wege verleiteten. — Wenn Du also noch nichts begonnen hast, so mache — ohne Ausrede — den Anfang; in kurzer Zeit wirst Du Deine Fortschritte fühlen, und eine höhere Luft wittern. — Laß Dich übrigens durch mein zubringliches Treiben nicht beleidigen; ich hätte Dir die Sache schon milder und versteckter in die Nase reiben können; aber Du hast mein Pülverchen schon öfters, weil es nur leise kitzelte, wieder herausgeniefet, und herausgelacht, und somit habe ich eine Verstärkung der Dosis für nöthig ermessen. Aber bringe mir keine Ausflucht!!! . . . . .

Klosterneuburg, den 24. August 1828.

Innigst geliebter Freund!

Dein lieber Brief traf mich nicht mehr in der Stadt, sondern auf dem Lande. Denn wir wohnen jetzt seit dem 19. August ober Klosterneuburg, auf einem Hügel, in einer wunderschönen Gegend: rebengrüne Anhöhen vor uns, und das große herrliche Donauthal hinter uns. Alles ist nach Wunsch; nur wehen die Winde beständig etwas störrisch. — Wie uns hier zu Muthe ist, kannst Du Dir leicht vorstellen: frei und einsam! — Bis in die Hälfte des Oktobers werden wir wahrscheinlich hier verbleiben, und ich habe den festen Vorsatz, diese, wie von Gott gegebene Zeit recht lebendig und thätig zu gebrauchen. — Für die Medizin verwende ich erst gegen das Ende hinaus einen kleinen Theil der freien Stunden, indem ich Schellings physikalische Zeitschrift zu lesen gedenke. Mein Hauptstudium ist eigenes Denken und Platons „Theaitetos." — Jenes wird mir immer mehr zum Drange, und ich werde nicht ruhig sein können, bevor ich nicht meine Ideen, die sich einander so brennend zu sehen und zu verbinden wünschen, wirklich vereine, und die Geschwister, die in ihren Chor gehören, ihnen verschaffe. Im Grunde genommen ist mir aber hier ein etwas zu hoher Ton entschlüpft. Ei was Ideen? Weiß Gott, ob ich auch Ideen schon habe! Mir fällt ein weit passenderes Bild von mir ein: $\varepsilon \gamma \kappa \nu \mu \omega \nu$ $\varepsilon \iota \mu \iota$, $\kappa \alpha \iota$ $\eta \delta \eta$ $\omega \delta \iota \nu \omega \cdot$ $\kappa \lambda \nu \vartheta \iota$ $\mu \varepsilon$ $A \rho \tau \varepsilon \mu \iota \varsigma$ $\alpha \gamma \iota \alpha$! — Indeß gereicht mir dieser unruhige Drang nicht zu Wehen, sondern ich freue mich vielmehr, daß ich aus der Bewegung der Embryonen spüre, daß ich empfangen habe, und daß meine $\psi \upsilon \chi \eta$ nicht $\sigma \varepsilon \rho \iota \varphi \eta$ ist. Und meine $\omega \delta \iota \nu \eta$ besteht nur in der Anstrengung und Sorgfalt, mit der ich meine $\varepsilon \iota \delta \omega \lambda \alpha$ an das Licht bringen muß. — Platons Dialog aber ist gleichsam ein $\delta \alpha \iota \mu \omega \nu$, $o \varsigma$ $\varepsilon \pi \alpha \delta \omega \nu$ $\varepsilon \gamma \varepsilon \iota \rho \varepsilon \iota$ $\omega \delta \iota \nu \alpha \varsigma$ $\kappa \alpha \iota$ $\mu \alpha \lambda \vartheta \alpha \kappa \omega \tau \varepsilon \rho \alpha \varsigma$ $\pi o \iota \varepsilon \iota$, $\kappa \alpha \iota$ $\varepsilon \mu \varepsilon$ $\rho \alpha \delta \iota o \nu$ $\tau \iota \kappa \tau \varepsilon \iota \nu$. — Uebrigens lese ich noch einiges Andere, als Nebensache, was somit in keinen Anschlag zu nehmen ist, sondern nur als Vorreiterei zu etwas Künftigem dienet.

Verzeihe, daß ich so unhöflich war, und zuerst von mir sprach, da ich doch auf Deinen Brief zuerst hätte antworten sollen. — Daß Du Anfangs viele Zerstreuungen hattest, ist leicht vorzustellen, doch ich zweifle nicht, daß Du jetzt allmählig die gewünschte und nothwendige Ruhe wieder findest. Eine körperliche Erholung schadete Dir nicht, und Du kannst nun desto rüstiger an Dein Leben und Weben gehen. Freilich möchte ich Dir zuschauen, und mich an Deinem stillen und tiefheraus bringenden Wachsthum erfreuen, aber, da dieses nicht mehr sein kann, so eröffne mir manchmal Deinen inneren Zustand: τετο δε εςι συμπαρα κλη'θηναι εν σοι δια τι,ς εν έκατερω ζωη,ς, σε τε και εμη. — Daß Du auf Bestimmtheit des Denkens hinausarbeitest, hast Du vollkommen recht, und Du kannst dieses desto gefahrloser wagen, da Du ein so glückliches Gefühl hast; und daß die Dialektik der einzige Weg zu jenem Ziele ist, muß Dir entweder schon völlig klar sein, oder bald werden. — Wenn Du den Heros Schelling angeschaut hast, so beschreibe uns denselben recht genau, und suche auch, mittelst des Niederstätter oder Rost, denselben zu sprechen. Hast Du Muth? Doch ich darf Dich nicht an alte Neckereien erinnern. Grüße mir den Herrn Niederstätter recht warm, und ich bin froh, daß ich Falsches hörte. — Nun komme ich wieder auf mich. — Glaube nicht, daß ich in dieser großen Zeit ein nachläßiger Freund war; denke Dir, ich habe Dich zum Helden einer hochtönigen Ode gemacht, die ich Dir senden wollte, aber nicht sende, denn erstens ist sie für Dich nicht nöthig, für's Zweite müßte ich die längste Zeit mit Abschreiben zubringen, was ich gar so ungerne thue. Ich sage, daß sie für Dich nicht nöthig ist: weil die Gedanken, die etwa darin sind, entweder Dir schon völlig klar, oder gewiß im Klarwerden sind; es ist nämlich die Anschauung als das Alpha und Omega eines tüchtigen Lebens aufgestellt. — Wie steht es aber mit unserem Briefwechsel? Denn bei dem ersten Anblicke muß es wohl scheinen, als wenn er unmöglich wäre, da wir aus Liebe zur Selbstständigkeit keine Ideenaufdrängung begehen wollen. Allein zwischen dieser und einer philosophischen Wechselwirkung ist offenbar ein großer Unterschied, und wir können in Briefen weit behutsamer sein, als in geselligen Unterredungen, indem das einmal entschollene Wort nicht wieder durch den ἑρκος οδοντων zurückkehret. Berichte mich daher manchmal mit dem Gange, den Dein Streben hat, und mit den Resultaten sammt deren Entwickelung. Denn ein Einwurf erregt oft eine scharfsinnigere und durchsichtige Anschauung seiner Behauptung; zudem habe ich erfahren, wie die Ansichten durch Darstellung für Andere — an Deutlichkeit in uns selbst gewinnen. Und dann — bekömmt man noch dadurch einen äußeren Maßstab seines Wachsthumes. Diese — obenhin geworfenen Ursachen — sind schon gewichtig, um wie viel mehr endlich jener innerste heitere Lebensdrang einer blühenden Seele, der so gerne hinaustreibt an das Licht der Sonne und an die Wärme einer verbündeten Brust. —

Lebe nun wohl, mein geliebter Freund, an Seele und Leib! Ich bleibe Dein Freund   Al. Flir.

Wien, den 24. Oktober 1828.

Innigst geliebter Freund!

Die Zögerung Deiner Antwort bewirkt, daß ich muthmaße, mein letzter Brief sei nicht nach Deinem Behagen ausgefallen.*) Bei der Kürze nämlich, in welche die Briefe eingeschränkt sind, ist es oft nicht leicht ausführbar, ohnedieß etwas ungangbare Gedanken zugleich deutlich darzustellen, und gegen alles Mißverständniß zu sichern. — Da ich daher durch die Güte des Herrn Flatz,**) meines achtungswerthen Freundes, den Du dem Namen nach schon kennest, eine so passende und angenehme Gelegenheit habe, so will ich sie gut gebrauchen, um zu unserer Ausgleichung und zu Deiner Beruhigung, wenn ich vermag, Etwas beizutragen. — Wenn Du meinst, daß ich im letzten Briefe aussprach, Du sollest mir so lange nicht mehr schreiben, bis Deine Wahl entschieden ist, so irrest Du; — nur von Plänen und Vorschlägen will ich nichts hören, bis Ein Plan, als Wendepunkt aller übrigen, festgesetzt ist. — Daß Dir übrigens jene Entscheidung hart vorkommen mag, so Du sie annimmst, glaube ich wohl; aber eben so gut weiß ich, daß sie nothwendig ist. — Und ich kann mich, vermöge meiner Liebe zu Dir, noch nicht enthalten, so, wie ich im vorigen Briefe in Dich gedrungen bin, Einen bestimmten Stand zu wählen, auch Dich

---

*) Es bezieht sich bloß auf ein früheres (hier nicht mitgetheiltes) Schreiben vom 3. September 1828, worin Flir seinen Freund dringend ermahnt, doch so bald als möglich zu einem bestimmten Berufe sich zu entschließen.

**) Gebhard Flatz, Maler in Rom.   A. d. H.

zu bitten, daß Du mit aller Sorgfalt und Entschlossenheit
untersuchest, warum Du diesen wählest, und jenen ablehnest.
— Mir kommt das Leben wie ein Gewächs — wie ein Or=
ganismus vor. Denn wie die Pflanze ihre eigene Lebens=
kraft in sich hat, und nur die Erscheinung dieser Kraft ihre
Gestalt ist, so denke ich mir das Leben auch als Etwas, das
wirkt, aber eben durch das Wirken seine Gestalt bestimmt;
und eben, da es verschieden wirken kann, in verschiedenen
Erscheinungen an das Licht tritt. — Das Wirkende und das
Bewirkte ist Eines und Dasselbe; denn das Bewirkte ist ein
Unding ohne Wirkendes, und das Wirkende ist kein Wirken=
des, wenn es nicht ein Bestimmtes ist, z. B., das, was
sich ausdehnt, kann nicht ohne Grenze sein, eben weil es
immer weitere Grenzen bildet.

Eben deßhalb habe ich das Leben nicht mit einem Kunst=
werke verglichen; aber es könnte damit verglichen werden,
wenn dieses sich selbst hervorbringen würde. Daraus meine
ich — erhellt nun der Zusammenhang, oder richtiger — die
Einheit des inneren und äußeren Lebens, der Kraft und der
Bildung, des lebendig Schaffenden und des Hervorgebrachten.
Aber eben daraus geht auch hervor, daß keines ohne das
andere gleichsam für sich allein vollendet — sein kann, und
daß man diese Bildung, die da das Schaffende unternimmt,
nicht vernachlässigen soll. — Denn überläßt man die Bestim=
mung seiner Kraft dem Zufalle: richtig — so wird diese auch da
noch fortwährend wirksam sein, weil sie das sein muß; aber
ihre Thaten werden wild einander durchkreuzen und zu keinem
Ganzen sich fügen, und somit auch kein Bild, sondern nur
ein Chaos vorstellen, und das Leben selbst ist ein finsteres, be=
deutungsloses Gewirre: ohne Bildung. — Die Bedingung
der Bildung ist also Bestimmung der Kraft. — Aber selbst
diese Bestimmung muß wieder so sein, daß sie der Kraft
in ihren Verhältnissen angemessen ist; sie muß jene
Richtung der Kraft sein, in welcher sich diese am schönsten
bilden kann. — Wenn Du daher Deiner Kraft eine Bestim=
mung aufdrückest, die sie sich sträubt anzunehmen: so wird
erstens die Bestimmung nicht vollends ausgeführt, und zwei=
tens — das Leben nur ein innerer und äußerer Zwiespalt,
ohne That und Ruhe. — Ich weiß wohl, daß Dir dies Alles
schon lange so gut als mir bekannt ist; eben deßhalb will ich

durch das Gesagte Dir auch nur jene Gedanken, die schon
in Dir sind, aufregen, da sie nothwendig zur Vornehmung
der Standeswahl gehören. — Prüfe daher Deine Kraft und
Deinen Trieb, und **führe den Vorsatz — durch eine
stäte Entwickelung — zum Produkte hinaus**: so, daß Du
das Ganze vor das Auge bekommst, und sicher wählen kannst.
Freilich mußt Du Dich hüten, daß Dir die Einbildungskraft,
inwieferne sie auch gerne träumend herumschwärmt, bei der
Construction Deiner Lebensformen nicht in das Spiel komme.
— Sei daher nur aufrichtig mit Dir, und theile mir Deine
Zweifel und Resultate mit. —

3. B. Ueberdenke, wo Du als **Handelsmann** hin-
auskommest, ob Dein Leben dadurch einen tüchtigen Gehalt
aus sich entwickeln kann — worin das Gute dabei bestehet;
— überdenke, wo Du als **wissenschaftlicher** Mann hin-
auswillst — wie Du Dich entwickeln, wie Du wirken willst;
— überdenke auf ähnliche Weise die **anderen Stände**,
die Dich etwa anziehen. — Aber verschiebe durch das Ueber-
denken nicht den Entschluß, daß an Dir nicht das Sprichwort erwahret werde: Roma deliberante Saguntus perit. —
Bin ich Dir zu ungestüm? zu störrisch? zu pünktlich? zu
sorgsam? — Aber bei Gott, ich fühle und weiß, daß das,
was ich sagte, recht und nothwendig ist! . . . . . Ich umarme Dich. Dein Freund   A. F.

Wien, den 1. November 1828.
Junigst geliebter Freund!

Die Freude, nach der ich so lange mich sehne, die ich
völlig ungestüm verlangte, hat mir endlich Dein liebes Briefchen gebracht. — Es ist mir nun, als stände schon Dein
ganzes Leben in seiner Entwickelung und Gestaltung vor
mir, da ich weiß, daß Deine Kraft nun sich zusammengenom-
men und zum Wirken entschlossen hat. — **Ich bin überzeugt, daß dies die Grundlage des Lebens ist.** — Die Beschaffenheit Deines Vorsatzes aber hat eben so meine völlige
Beistimmung, und ich will hoffen, daß Du mein Benehmen
gegen Dich in dieser Angelegenheit nicht mißkennest, wie es
mein Bruder zu mißkennen scheinet. Denn wenn Ihr meine
Briefe vergleichen wollet, so wird sich die klare Folge daraus

ergeben, daß ich in Dein Leben keinen Eingriff zu machen, sondern Dich vielmehr zur Selbstbestimmung zu ermuntern strebte; daß ich in dieser Absicht **beide Pläne** Dir vorhielt, und ausdrücklich von **Dir selbst** die Entscheidung forderte; daß ich mich für keinen von beiden erklärte, sondern mein Urtheil immer zurückhielt; daß folglich mein Bruder ungründlich handelte, da er sich so ausdrückt, als wenn ich mich **für den Wissenschaft-Stand** ausgesprochen hätte. Denn daß ich Dich zum Betriebe Deiner wissenschaftlichen Bildung ermunterte, beweiset nicht, daß ich darin Deinen Hauptberuf setzte, und hat seinen anderweitigen, nicht gar dunkeln Grund. — Wie Du aber aus allen Hindernissen, Zerstreuungen, Spaltungen, Phantasiegestalten — Dich entschlossen losgerissen und selbständig auf Deinen Platz Dich hingestellt hast, eben so — wünsche ich — mögest Du nun mit Kraft, mit Wahrheitsliebe, mit Andacht und Begeisterung die neue Periode Deines Lebens antreten und vollenden. — Ich aber schaue Dir zu, wie der Naturforscher der wachsenden, blühenden, reifenden Pflanze: ich freue mich, wenn es in Dir vorwärts geht; ich reize Dich, wenn Du ruhen wolltest; ich würde Dir rufen, wenn Du seitab lenktest. — Schaue Du hinwieder auf mich, und thue mir Dasselbe: so sind wir dann zwei aufwärts strebende Eichen, die gesondert hinaufsteigen und dann über den Wolken ihre Wipfel freundlich zusammenneigen. —

Damit Dir aber Deine Gedanken, welche Du durch Thaten verkörpern und zu Deinem Leben gestalten willst, desto deutlicher und klarer vor das Auge schweben; damit ich zu dieser Verdeutlichung das Meinige beitragen und mich daran erfreuen kann — wäre es gut und zweckmäßig, Dein künftiges Leben zu entwerfen, und gleichsam wie ein Baumeister, den Umriß zum Gebäude zu zeichnen. — Aber ich will damit keineswegs sagen, als wenn unser Leben **vorhergesehen** und auf bestimmte Pläne beschränkt werden könnte; vielmehr bin ich überzeugt, daß eine **unaussprechliche Macht**, die eben so **in ihm**, als **außer ihm**, eine Ordnung und Vollendung in das Ganze bringt, die über unseren Absichten liegen, und außer unserem Bewußtsein entstehen! Aber eben diese Macht fordert von uns Nachahmung ihres Thuns, daß das, was in uns nothwendig zu sein und zu werden scheinet, übereinstimme mit dem, was wir mit Freiheit sind und schaffen. — So viel nun wieder in Betreff Deines Standes. —

Ich befinde mich immer sehr gut, und meine Absichten gehen immer mehr und mehr in's Reife, obgleich ich Dir gestehen muß, daß der Früchte, die ich eigentlich als solche betrachte, äußerst wenige sind, und durch Thorheiten noch ungeheure Lücken ausgefüllt sind. Ja, mein Freund, das Leben von allen Teufelspestilenzen, in denen die Erde schwimmt, zu reinigen, und in seiner Natur es aufblühen zu lassen — das kostet eine Mühe! Aber Gott, der das Vollbringen zu allem wahren Wirken hinzuschickt, der Schöpfer und Ordner des ganzen Lebens, der allgegenwärtige Geist — möge uns stärken und zum Ziele leiten, zu dem wir sonst nicht gelangen würden . . . . .

Ich umarme Dich, und bleibe Dein Freund Al. Flir.

Wien, den 17. Nov. 1828.
Innigst geliebter Freund!

Deinen Brief habe ich mit desto größerem Vergnügen erhalten, je sehnlicher ich ihn erwartet hatte, und der Inhalt war ebenfalls durchaus von der Art, daß ich mich wahrhaft freuen kann. Denn Du stellest mir Dein äußeres und inneres Leben dar, die beide in der $κινήσει$ begriffen, beide zu Deinem Ziele heranstreben. — Als ich Herrn Chüeny Dein Vorhaben nach Italien zu reisen, mittheilte, wollte er geradenwegs von mir haben, ich solle Dich mit meiner ganzen Federkraft überzeugen, daß Du wieder nach Wien müssest. Denn er fürchtete, Du möchtest jenseits der Alpen allmählig in die weiche Milde des italischen Bodens hinsinken. Das, was Chüeny überhaupt und insoferne auch von Dir fürchtete, fürchte ich wohl nicht; aber dafür etwas Anderes, das beinahe gerade das Gegentheil ist. Dein ganzer Körperbau zeigt, daß Dein Nervensystem vorherrscht, und das vegetative Leben zurückdrängt; zugleich aber hat Deine Sensibilität ihre Richtung mehr nach Innen, als in das äußere Leben hinaus, und kommt ein Reiz von Außen, so schnellt sie ihn nicht zurück, sondern nimmt ihn auf, und verbirgt ihn in der Tiefe des Lebens: also kurz gesagt, mir scheint, Du hast Anlage zur Melancholie, und ich fürchte, daß Du, ohne es zu wissen und zu glauben, ihr

53

Anhänger wirst, wenn Du ihr nicht die Wege abschneidest
— und zwar vorzüglich in diesem Jahre, wo Du alle Gesell=
schaft meiden willst — wahrscheinlich in alterthümlichen, fin=
steren Tempeln Deine Erholung suchest, wo die offenbare
Nichtigkeit des umgebenden Getriebes Dich noch mehr von
der Außenwelt abkehret und nach Innen weiset; wo vielleicht
das Klima selbst Deiner vertieften Stille die Ruhe gönnt, die
sie verlangt. — Wenn Du meine Vorsicht begründet, und
meine Erinnerung beachtenswerth findest, so kannst Du nun
selbst die gehörige Stellung Deines äußeren Lebens einrichten;
bist Du aber nicht einverstanden, so würde es auch zwecklos
sein, wenn ich meine Meinung in's Lange und Breite zöge,
wie Du jene Vorkehrungen treffen könntest. Ich schließe da=
her mit diesem Punkte, gerade nicht rechthaberisch meine Sache
behauptend, sondern nur wünschend, daß wir immer die Hei=
terkeit, jene angenehme Gespielin der Thatkraft, bewahren
und erhalten.

Ich komme nun $\pi\varrho o\varsigma$ $i\epsilon\varrho\alpha\nu$ $\epsilon\varsigma\iota\alpha\nu$ $\nu\alpha v$! — wo in hei=
liger Stille das Leben schafft und bildet, immer in Wirken
und Weben begriffen. — Und ich sehe, Dein Leben ist wie
ein Frühling — durchdrungen vom Hauche Gottes, und in
Gestalten erblühend! — Ich sehe, daß Du in dem Leben
einen Unterschied machest, und das, was das $\alpha\gamma\alpha\vartheta o\nu$ ist, vor=
aussetzest, und darauf dann erst die Wissenschaft bauen
willst: ein Unterschied, den ich ebenfalls mache, der seine
Nothwendigkeit und Ursache hat. — Denn wir haben und
zeigen den innersten Drang, der Bewegung die Ruhe, dem
Umkreis den Mittelpunkt, der Zeit die Ewigkeit gleichsam
unterzusetzen, als Grund und Träger, als Anfang und Ende.
Oder war es nicht dieser Drang, der — insoweit wir die
Sache bloß menschlich nehmen — in den letzten Zeiten diese
ungeheure, große, weitumherrschende Wissenschaft hervorbrachte?
— Gibt sich dieser Drang nicht ebenso im Gemüthe des Land=
mannes kund, der den Glauben hat, daß man in jedem Alter
und in jeder Stunde des Himmels sich versichern kann?
Ist es nicht dieser Drang, den wir als das Ebenbild von
der Schöpferidee Gotttes annehmen, und als Gesetz unseres
gesammten Lebens betrachten sollen? — Rafft uns das Schick=
sal vor der Reife unserer Blüthen dahin — wir dürfen nicht
beben: — wir tragen einen unveräußerlichen Haltpunkt in

uns, der uns Zuversicht, Stärke, Zufriedenheit und Hoffnung
gibt; uns ist, als hätten wir schon ein vollendetes Leben in
der Brust, das von der Zeit und vom Raume nicht abhängt.
Bei derlei Gedanken kommt mir oft der leidende Werther*)
zu Sinne — der wahrscheinlich nur eine Geschichte des innersten Zustandes des Dichters selbst ist. Denn da ist der
Mensch hergestellt — in seiner Furcht vor der Naturgewalt,
in seiner Unruhe in der Herrschaft des Schicksales, in seiner
Verzweiflung, — eben weil jenes Ewige, Ruhende in ihm sich
nicht aufgerungen und in reinem Lichte erhalten hat. — Daher — glaube ich, kommt jenes Finstere, das im Hintergrunde der heidnischen Freuden ist, — daher wird
ihnen die Vorsicht zur eisernen ἀναγκη; daher ist ihre Gottheit ein φϑονερον und ταραγωδες; daher trug man das
Todesbild um das Lager der heiteren Gäste (in Aegypten);
daher schlichen Furcht und Gedanken über die Vergänglichkeit des Lebens mitten unter die bekränzten Pokale. — —

Wie Du von der Wissenschaft sprichst, beginnest Du mit
der Darstellung Deiner Ansicht über das Vermögen des
Wissens, und mich freuet es, daß Dein Stern Dich so sicher
leitet. — Denn Du weißt, welche Hemmung der Dogmatis-
mus (oder die Philosophie ohne Kritik des Wissens selbst)
in der Wissenschaft hervorbrachte, und wie siegreich sich der
Skepticismus bis in die neuesten Zeiten erhob. Wenn das
Wissen ein Hervorbringen solcher Gedanken ist, deren Wahrheit und Grund es einsieht und nachweisen kann; so muß
es nothwendig seines eigenen Bestandes und Wesens sich
vorhin versichern. — Du handelst daher nach meiner Meinung vollkommen zweckmäßig, indem Du erstens das Wissen
mit dem Wissen des Wissens beginnest; indem Du zweitens
in der Dialektik Deinen Geist gleichsam baden und reinigen
willst. — Nur wäre es, wie ich glaube, noch zweckmäßiger,
wenn Du den „Meno" bald vollenden könntest, um an den
„Theaitet" zu gehen. Denn dieser ist eigentlich unser Re-
präsentant — der Jüngling an dem Eingange in die Wissenschaft; nicht als wenn wir daraus die Gedanken, die wir
suchen, entnehmen könnten, sondern nur, daß wir das herrliche παραδειγμα anschauen, und nach diesem Muster uns

---
*) „Werthers Leiden" von Göthe

dann selbst fragen: τι ποτ' εςι επιςημη; — Ich bin nun seit einigen Wochen mit dem Theaitet zu Ende, und bin schon vollends im „Sophisten" begriffen, wo eben wieder Theaitet den Lehrling vorstellet, — und der frühere Dialog gewaltig erweitert und gleichsam verklärt wird . . . . .

Lebe nun wohl, Du, mein herzinnig geliebter Freund! Ich bleibe Dein Freund   Flir.

Wien, den 12. Dez. 1828.
Innig geliebter Freund!

Deine beiden, mir sehr werthen Schreiben aus P. habe ich richtig erhalten, und auf das Erste auch zur gehörigen Zeit geantwortet; kümmere Dich aber nicht, wenn mein Brief gänzlich verfallen wäre, denn der Inhalt ist andererseits Jedermann lesbar, und diesseits für Dich wohl sehr leicht ersetzbar. — Ich habe nämlich darin hingeworfen, daß Du Dich vor Melancholie hüten sollest; daß ich Dir vollkommen beistimme, indem Du vor allem weiteren Klügeln und Denken auf Tugend bringest; daß es mich freue, zu sehen, wie Du die Begründung Deines Wissens mit dem Wissen selbst beginnest; daß ich Dir rathe, sobald als möglich an den „Theaitet" überzugehen, als den Repräsentanten unserer Zeit und Entwickelung. — Und nun wieder an die Antwort auf Deine letztere Zusprache! — Wahrlich, kleine Mißverständnisse sind bei guten Freunden gar angenehm und regend, denn aus Deinem Gemüthsergusse habe ich wohl wieder gesehen, wie herzig, wie innig, wie lebendig Du mich liebest! Und bei derlei Gelegenheiten werde ich zum Guten, zur Wahrheit, zum Leben — so ermuntert und entflammt, wie nur selten oder nie durch Denken oder Lesen! Darum habe Dank, für Deine wohlthätige Einwirkung in mein Inneres! Unsere Liebe soll, wie bei uns nicht an Haut und Bau, so auch bei Allem nicht an Schein und Umriß hangen! Sie soll sein — das begeisterte Anschauen der von Gott gegebenen Natur, und der glühende Wunsch, diese in ihrem Wachsen und Blühen und Treiben zu schauen und zu fördern! Daraus ergiebt sich nun die Pflicht, einander zu betrachten, zu zeigen und zu beurtheilen; gegenseitig so zu leben, wie ein zwiefaches Ich —

so, wie wohl Alle miteinander leben sollten — Jeder in Allen, und Alle in Jedem, nach dem Ausspruch des ewigen Mittlers! Ja, lieber, inniger Freund, laß uns in treuer Freundschaft leben bis zum letzten Athemzug, und **dann** — neuerdings die leuchtenden Arme umgeworfen — Brust an Brust — und — **nimmer** getrennet! Doch mir kommen fast Zähren ins Auge — denn, weiß Gott, ob die Zukunft unseren Wünschen, unserem Verlangen so freundlich begegnen wird; denn neben der Begeisterung trage ich auch ein gewisses Bangen in der Brust, — ein düsteres Gefühl der Sündhaftigkeit — gerade wie Du! — Mag sein, daß Manche, die den Grund übersehen, uns **Schwärmer** nennen; aber für uns wenigstens wird es ausgemacht sein und bleiben: daß eine uralte Erbsünde ihren finsteren Schatten in unser Geschlecht hineinwirft; daß des Menschen Freiheit nicht in spielender Willkür, sondern in wirklichem Dasein des Keimes zum Guten und Bösen beruhe! Wir Alle sind böse — von Geburt aus; und wie das Leben der Natur in der Vergeistigung und Bildung der Masse besteht, so ist auch unser Leben nur dann lebendig, wenn es den finsteren Grund bezwingt und zum Guten treibt. — Doch mit **Gottes Beistand** werden wir siegen und vollbringen, was wir allein nie vollbringen könnten. Diese Zuversicht sei der glänzende Leitstern am nächtlichen Himmel für uns irdische Waller! Der Gedanke an Gott erschüttert mich nicht, trotz meiner Sünden, denn ich fühle und glaube ihn als den liebevollsten Erbarmer, der nicht den Tod des Sünders will, sondern, daß er sich bekehre. Mir ist daher nach der Beichte, oder nach einsamer Bereuung meiner Sünden auf einmal oft so wohl, als wenn ich keine Sünde mehr hätte, und — durch Gott gereiniget — an dem Eingange eines neuen Lebens stände. — Je öfter ich diese Reinigung vornähme, desto freier, zuversichtiger, muthiger und beständiger würde ich werden, und ich zweifle nicht, daß Du hierin Dasselbe schon erfahren und erkannt hast. Daher finde ich auch für unnöthig, Dir eine Tröstung und Ermunterung zu geben: Du weißt schon, wo die Quelle des Trösters und der Belebung quillt! Dorthin wende Dich — senke, wirf Dich hinein, und Du wirst gesund, rein und fröhlich heraussteigen! —

Das in dieser Hinsicht. Nun komme ich an das Wissenschaftliche, das unserem Leben die Form gibt, in der es wachsen und reifen soll. Ich betrachte stets das Denken und Streben nach Erkenntniß und Wissenschaft als nothwendig zu unserem Leben gehörend, als von Gott geboten: und haben wir einmal die Wissenschaft selbst, dann wird diese von unserem Innersten — das ich Religion nennen will — nicht mehr verschieden — hell und warm zugleich wird es in unserer Seele sein! Aber noch haben wir (wie Parmenides zu Sokrates sagte) die Philosophie nicht ergriffen, und hängen noch an fremden Ideen;*) unser eigenes Wissen ist noch beschränkt, und unsere Wissenschaft, nach der wir streben, fordert eine lange Entwicklung. Das Gefühl dieser Unvollendung soll uns aber kein bitterer Vorwurf, sondern nur eine unablässige Ermunterung zum Fortschritte sein: sind wir auch noch nicht im Besitze der Wissenschaft, der Vollendung des Strebens, so sind wir doch in jeder Stunde schon Vollendete, wenn wir in jeder nach der Vollendung streben und nach Kräften darnach drängen. — Aber auf Nichts beinahe laß uns mehr aufmerksam sein, als auf die Wegwerfung der Hindernisse und Mißbräuche in der wissenschaftlichen Bildung: wir gewinnen Jahre und ein höheres Ziel. Und ich glaube, daß es am sichersten ist, wenn wir so mit uns selbst zu Werke gehen, wie uns Plato zeigt, nämlich: Wenn wir den dialektischen Weg einschlagen, und, wegen der festeren Handhabung der Gedanken — unsere einsamen Dialoge niederschreiben. Dadurch entwickeln und erschaffen wir uns Ideen, und aus diesen dann wird sich ein System bilden — die Wissenschaft selbst. — Uebrigens lese ich gegenwärtig den „Parmenides", nicht um Gedanken zu gewinnen, auch nicht um ihn historisch zu wissen, sondern nur wie die Form des wissenschaftlichen Ganges in dieser Periode denn aussieht. — Ich werde versuchen, so fortzuschreiten, daß die Lektüre des Plato jedesmal mit meinem Standpunkte übereinstimmt, und daß ich ihn somit immer als Lehrer der Form der Philosophie vor mir habe. — Und ich rathe auch Dir noch einmal, Dich bald an den „Theaitet" zu machen; theile mir dann auch die vorzüglichen Ergebnisse Deines philosophischen Strebens mit. Ich werde das Gleiche thun, und so wird Einer dem Andern eine

---

*) Mißdeute mir diesen derben Ausdruck nicht: bei mir ist er wahr; denn der größte Theil meines jetzigen Wissens wurzelt noch in Schelling.

Anregung zur Thätigkeit und zum Vollbringen sein. — Der Themata liegen genug in unserem Innern! —

Uebrigens bin ich gesund. Das Studium der Medizin eckelt mich an; doch ich will aushalten und — der Zukunft wegen — vollenden. Hartmann ist ein ausgezeichneter Lehrer und konsequenter Denker, obgleich ich seine Philosophie zweifelhaft ansehe. — Hormayr ist nun in München, als bayerischer Staatsrath und Lehrer des Kronprinzen! Vielleicht benütze ich ihn einmal! . . . . .

Ich umarme Dich! Dein Freund   Flir.

Wien, am Weihnachtstag, 1828.
Innigst geliebter Freund!

Zwei Briefe — und kein Laut! Gut — so will ich den dritten sein Glück versuchen lassen. Ich frage Dich daher in vollem Ernste: warum so verschlossen? — Denn daß ich Dich beleidigt habe, weiß ich nicht; und wenn ich auch ein Wort Dir geschrieben hätte, das Dich auf dieser oder jener empfindlichen Seite reizen könnte, so wäre es — bei unserem Verhältnisse — wo eine Beleidigung in Wahrheit eine Unmöglichkeit sein soll, Krankheit des Herzens entweder in Dir, oder in mir, je nachdem Du oder ich uns beleidiget meinten. Uebrigens kann ich über Dich in diesem Briefe nichts schreiben, da ich von Deinem Leben und Weben nichts weiß; weßhalb ich mir allein übrig bleibe. — Mein äußeres Befinden also ist so in der Mitte zwischen gut und schlecht; denn obgleich ich gerade nicht krank bin, so ist meine Gesundheit doch etwas geschwächt, so, daß ich mich ziemlich schonen muß. — Das medizinische Studium raubt mir auch die schönsten Stunden aus meinen jungen Tagen heraus; aber dem Allem zum Trotze habe ich mich dennoch in einen Kreuzzug ins heilige Land einverleibt, und will ringen und kämpfen, bis ich das Ziel erreicht, oder wenigstens, wie Moses, nur gesehen. Denn meine Entwicklung bricht jetzt von Tag zu Tag in größeres Bedürfniß aus zu philosophiren, d. h. mir Rechenschaft zu geben vom Grunde des Wissens, von Anfang, Entwicklung und Ende der Wesen und Dinge, und ich werde, wenn ich Einen ;Gedanken, der nun im Gange, ausgeführt, die Art und Weise, wie er in mir entstanden und sich bis zur Ueberzeugung erschwungen hat, in einem Dialoge darzustellen versuchen, und solchermaßen dann fortfahren. — Ich studiere eben daher, um ein Muster vor dem Auge zu haben, den göttlichen Plato. — In der Geschichte studiere ich den Heeren, der mir aber wie ein fleißiger Anatom, nicht wie ein begeisterter Lebensbeschauer vorkommt. Am meisten zurück bin ich in der Naturwissenschaft, weil diese erst Möglichkeit hat unter einer Bedingung, die durch den philosophischen Standpunkt entschieden werden muß.

Obgleich mir bei diesen Beschäftigungen, wozu noch die Erlernung der italienischen Sprache gehört, sehr wenig, oder besser — keine Zeit übrig bleibt zu poetisiren, so habe ich dennoch den alten Drang darnach, und setze mir, in meinen Phantasiestunden, schon immer die Themata fest, worüber ich einst emporfliegen will. — Da seh' ich dann den Mann der finsteren zerstörenden Vergangenheit, den gewaltigen, Regnar Lobbrocke im Schlangenthurme in Northumberland; den Attila, den Sohn der streitenden, gewaltigen, gerüsteten Mittelzeit, die da die Zukunft, als deren Vorläuferin verkündete; den Bruno, in dem das himmlische Licht schon sich offenbarte, das zu seiner Zeit erst zu dämmern begann. Diese und noch andere Heroen schweben mir oft, wie wirkliche Gestalten vor dem Auge, und ich freue mich auf die Zeit, wo die Stimme erschallen darf! Die lyrische Dichtung aber wage ich jetzt schon; zugleich mache ich kleinere Gedichte dramatischen Gehaltes, d. h. Balladen. Doch der Name ist albern für das, was ich darunter verstehe: ich will sagen, kleine dramatische Erzählungen, deren Sinn aber tragisch oder komisch sein kann. So habe ich in der Ferienzeit zwei solche Erzählungen aus dem Leben Carls des Großen versucht; aber eine dritte ist im Gange, die meine Idee von berlei Erzählungen klarer und lebendiger ausdrücken soll. — Es wäre mir lieb, hie und da eine Satyre von Dir zu bekommen; zugleich rathe ich Dir, die Satyren des Horatius, Juvenalis, Persius, zu studieren und metrische Uebersetzungen daraus zu versuchen. — Sieh', so schweben unsere Ideale an dem Horizonte unseres Lebens; — ob wir sie erreichen, ob wir in ihnen wirklich einmal uns freuen werden? — Dieser Gedanke ist voll Wehmuth und Wonne, und löst sich auf — in Gebet! — Ich vertraue zwar, daß ich dahin kommen werde, wohin ich will, aber mein ganzes jetziges Leben kommt

mir vor, wie ein Gedanke zum Wort, oder besser — wie
eine Idee zum Kunstwerk. — Doch auch mein jetziges Leben
suche ich so einzurichten, daß ich bereit stehe, für jeden Tag
wo der Richter mir rufen kann. — Aber ich kann Dir, mein
geliebter Freund, kaum genug ausdrücken, welche Aufmerk=
samkeit, Standhaftigkeit und Innigkeit man braucht, um nur
einige Stunden gut zuzubringen. Aber es muß sein, — wie
mit Feuer muß man sich rein brennen, will man hinüber,
wo man's hat, „wie die Engel, die mit Entzücken sich über
den Ocean beugen und schauend anbeten!" Tugendhaft, rein,
unschuldig — das möchte ich vor Allem sein, und dann
erst, singen und lehren, bilden und weben!

Aber noch bin ich, wie ein Gefangener, dem Gott nur
zu manchen Stunden erlaubt, aus dem Kerker ins Freie zu
gehen und frische Lebensluft zu schöpfen. — Aber das „rein
werden" ist kein Traum; es kann dazu kommen, es soll —
es muß dazu kommen, oder — ich bin nichts, bin werklos,
leblos! O holde Zeit, o himmlisch Erdenleben, wo Sein Reich
uns zugekommen — wann — wie lange noch?! Heute hoffe
ich auf morgen, und jeder Tag bringt neue Schwäche; zwar
besser werde ich, das weiß' und fühl' ich — aber gut bin ich
noch lange nicht!

Verzeihe mir, daß ich dies Alles da niederschrieb, denn
wo soll man sein Herz ergießen, als — vor Gott — vor
sich selbst — und vor dem Freunde?!

Fürchte deßhalb nicht, daß ich in Frömmelei verfalle;
denn Das geschähe nur, wenn man dabei das Denken zurück=
dränge, und Das Leben in bloßes Gebet setzte; aber das thue
ich nicht, nur will ich ein reines Gemüth dem Schaffen
und Weben, das dann hervorgehen muß, nach Möglichkeit
bereiten. — Strebe Du ebenfalls nach dem Leben, das Deine
herrliche Natur von Dir fordert und Dein Gewissen billiget,
und werde Dir, Deiner Familie, Deinem Vaterlande und
der Menschheit der Mann, der Du werden kannst, wenn Du
— aufrichtig und ernst willst! Ich sage — aufrichtig
und ernst, weil wir uns nur zu oft nicht kennen, und ein
Zauberschein, der uns die Sache in anderer Form und Farbe
zeigt, über uns sich spinnt und breitet: wir träumen oft selbst,
wir seien gut, und sind böse; wir wirken oft Jahre lang —
aber dies Wirken ist nur ein Frohndienst der Gefallsucht für

sich und Andere — die scheinbare Tugend wird Sünde! Wach, wach muß man an's Werk, und seinen Herrn kennen lernen, unter dem man dienen will! — Freund, lebe wohl, und schreibe mir bald, was Dein Herz Dir sagt, was Dein Gemüth hervortreibt — ströme Dich her — ich stehe und harre mit offenen Armen!

Dein Freund Flir.

Wien, 18. Jänner 1829.

Geliebtester Freund!

— — Die meisten Briefe gleiten, wie Wasser über Felsen, über die Außenseite herab; andere gehen weiter hinein, zu Dingen, die nicht Jeder kennt und einsieht; aber nur wenige bringen so in das Innerste des Lebens hinein, in das Heiligthum, wie der, den Du mir diesmal geschrieben. Ich weiß nicht, ob ich je eine Seele so offen vor mir sah, und mir ist fast, als wäre ich von dem Irdischen entbunden und stehe in der Geisterwelt, und sehe das Unsichtbare. Mich durchbringt ein seltsamer Schauder! — Freund, wenn einmal das Wissen so tief und lebendig in uns wurzeln sollte, wie da in Dir der Drang nach Tugend — das müßte ein himmlisch Leben sein! Wenn wir einmal in Allem so wären, daß wir vor einander schaudern, und eher als Geister jener Welt, denn als Sterbliche dieser Erde, uns betrachten, da müßten wir begeistert und selig sein! — Doch der Weg zu diesem Ziele ist weit schwerer, als jener des Ikarus zwischen Sonne und Erde; denn kaum merkt man's, ist man schon drunten, und die Flügel sind schon schwer vom Wasser, in das sie schlugen. Kaum merkt man's, und man verliert die Mittelbahn, und die Flügel schmelzen, und man hat da nur das Gute, daß man im Falle noch begeistert rufen kann: Et dulce est periculum fecisse! — So ist es nicht genug, daß man jenes göttliche Feuer, das wie ein Odem Alles durchdringt und belebt und bewegt, in sich habe, man muß es auch, wie ein Sonnengott, zu tragen vermögen, will man nicht, wie Phaethon, von den Flammen verzehret, vom Himmel stürzen. — Davon gehe ich nun auf Dich über, und rede, wie es mir erscheinet, gerade aus; nicht um Dir Fremdes aufzubringen, als vielmehr durch den Vergleich Dir die eigene Ueberzeugung zu erleichtern.

Im „Theaitetos" sagt Sokrates, das Staunen sei der Anfang der Weisheit; und mir kommt vor, daß auf ähnliche Weise die Reue der Anfang zu einem heiligen Leben ist. Denn bei uns Allen bildet sich das Leben, wie wir dasselbe schon in ungeheuren Erscheinungen in jener Urzeit sehen, wo Uranos und Gaia, die Titanen und der Himmel im Kampfe standen, wo die Söhne des Lichtes mit den Töchtern der Erde buhlten — in gewaltiger Umwälzung und Zerstörung Alles zusammensinken mußte, und erst aus den Fluthen der alten die neue Welt empor tauchte, über die dann der Bogen des Friedens mit der Verheißung der ewigen Versöhnung aufging! Sieh', in Dir ist jetzt Sündfluth; aber vertilge nicht Alles, laß noch ruhig und unverletzbar, wie jene Arche, Dein Vertrauen auf Gott und Dich — über die stürmischen Wogen einherschweben: über dem Kampfe die Ruhe, über dem Schmerz ob des Alten die Freude auf das Kommende, über der Reue die Hoffnung! — So wirst Du glücklicher leben, und sicher, mit Gottes Hilfe, zum Ziele kommen. —

Glaube übrigens ja nicht, wie Du im letzten Briefe vorgabst, Andere, und unter diesen auch ich, seien mehr frei von Mängeln, denn Du; aber ich will Dir sagen, wie ich's habe, und was mich glücklich macht. Wohl vergesse ich nicht, daß mein jetziges Leben nur Gottes Gnade sein Dasein verdankt, durch die allein es aus dem todten Schlafe wenigstens einmal so sich erhob; daß jedes Jahr, jeder Tag nur aus Irrthümern und Fehlern heraufsteigt mit dem wenigen Guten, wie ein Licht, das unten noch Finsterniß nachstreift: aber ich strebe statt jenes alten ein neues zu schaffen, denke mir z. B., ich fange mit diesem Tage ein ganz neues Leben an, schlage mir alles Frühere aus dem Sinne, und höre nur auf jene Stimme, die da gebeut und führt; durch die That wächst mir die Zuversicht, und was vorhin quälend vor dem Auge stand, macht hie und da einem Freudigeren Platz; und falle ich, was mir oft genug geschieht, so schmerzt es mich wohl, aber ich mache mir gleich wieder einen Abschnitt, und hebe wie von Neuem an, mich durchzukämpfen, und das, was ich will, auszuführen. — Vielleicht paßt Dir diese Methode auch; versuch' es einmal: dränge Deine Reue so zurück, daß sie Dich nicht überwältige und im weiteren Schaffen hemme; beginne jeden Tag von Neuem; gelingt der erste nicht, so nimm Dich desto mehr für den zweiten zusammen. Um desto gesammelter zu sein, schreibe Deine Gedanken, Deine Uebersetzungen, oder was Du da unternehmen willst, nieder. Wenn Dir das Klima nicht ungesund ist, so würde ich ohne Weiteres bleiben: Du hast Ruhe, und könntest, von Niemanden belauscht und gestört, im Stillen durch tüchtiges und inniges Studium des Plato Dich für die kommenden Jahre zur Erschaffung der eigenen Philosophie vorbereiten. — Daß Dir aber Plato am geeignetsten von allen Büchern ist, daran zweifle ich nicht. — Wenn auch Deine Gesellschaft gerade nicht die beste ist, so würde ich doch hie und da dazu gehen, und mit dem Lustigen nach Möglichkeit eben so mitmachen, wie über das Nichtige und Böse so darüber hinausgehen, als ginge dies mich gar nichts an. Mit Deinen Freunden kannst Du ja im innigsten Verkehre durch einen fliegenden Briefwechsel stehen; schreibe mir ein= mal in jeder Woche, ich werde Dasselbe thun. Ha, was können wir da nicht einander Alles sagen! So bleibt ja nichts übrig, als daß wir uns die Hände drücken, und wir können auf diese Weise miteinander herrlich leben, da wir uns immer nur in der wahren Gestalt zeigen können, nicht in der, welche der Zufall gibt, der dem Einen den, dem Andern jenen Narrenfleck oft ansteckt. — So wird Dir, mein lieber Freund, Deine Düstere ohne Zweifel verschwinden, und Du wirst am Ende aus Deiner Einsamkeit, wie die Israe= liten aus der Wüste, gewaltig gestärkt, und mit Selbständig= keit ausgerüstet hervortreten. — Aber vor dem Schlusse noch einmal: „Betrachte jeden Tag als ein neues, ungetrübtes Leben!"

Sei standhaft und lebe wohl! Ich umarme Dich in Liebe, und bleibe stets Dein Freund   Flir.

Wien, den 9. Febr. 1829.

Innigst geliebter Freund!

Wohl kann ich Dir nicht aussprechen, welche Freude Dein letzter Brief in meine Seele strömte! denn obgleich ich

keineswegs zweifelte, daß Deine so herzergreifende Gemüths=
bewegung in heiteren Frieden bald übergehen werde, so war
ich doch besorgt, die Erschütterung, wenn auch nicht anhaltend,
möchte doch schon das zarte Nervengewebe Deines Baues
stören und verderben. Doch nun sehe ich, vor der Erwar=
tung, Dich schon gesichert, befriediget und gestärkt! Denn
wenn auch einzelne Wellen vom Meere, das kurz vorher sich
stürmisch bewegte, noch sich erheben, so kann man doch sagen,
der Sturm ist vorüber, nautaque reficit rates quassas, mox
ventis daturus vela secundis! —

Es ist doch wunderbar, wie das Leben, wo denn noch
eines ist, sich entwickelt! Mir kommt vor, daß es sich, wie
eine Pflanze in gegliederten Absätzen aufsteigt, fast so in zu=
sammenhängenden Perioden fortbewege. Eine Periode ist der
anderen, der Treibkraft und Form nach, im Allgemeinen gleich,
aber immer zarter, lebendiger, je weiter hinauf; schon er=
glühen einzelne Punkte — und Blätter sprossen, und Blüthen
keimen! Wir kämpfen mit Einem Uebel in uns, überwinden,
freuen uns: sieh', da tritt ein zweites aus seinem finsteren
Hintergrunde hervor, der Kampf erneut sich, und nach dem
neuen Siege kommt wieder neuer Kampf, so, daß uns das
Leben nie, οἷον ελαιϛ ῥευμα αψοφητι ρεοντος, dahingleiten
wird, so lange wir da herum auf den Flächen der Erde
wandern. — So wenigstens scheint es mir: daß die Perio=
den des Zwiespaltes in uns sich erweitern und ferner von
einander stehen, je höher der Fortschritt, wird wohl sein;
aber fort und fort ruhig, und freudig, und selig — kann
ich mir kein irdisch' Leben einbilden. — Verzeihe mir aber,
daß ich diesen Gedanken, der doch Allen so geläufig und
gewöhnlich ist, dennoch hier, wo man nur die κορυφας αρε-
ταν απο πασαν pflücken sollte, hineinfüge, denn mir schwebt
er seit einigen Tagen, wo ich in Schellings bekannter
Rede über die Kunst, die Entwicklung der großen Maler Ita=
liens wieder las, gewaltig lebhaft und ausgebreitet vor Augen,
und ich sehe ihn, jetzt einmal noch, nirgends so mächtig und
durchgreifend geoffenbart, als in der moralischen Entwicklung.

Uebrigens freue ich mich nun schon darauf, von Dir
bald zu hören, welche Fortschritte Du nun, nach dieser Feuer=
taufe, im Handeln und Denken und Studieren weiter machen
wirst, und ich zweifle nicht, daß Dir der Θεαιτητος sonderlich

ans Herz reden wird, so Du nach Art der Hellenen, selbstständig und frei und kühn, die Denkkraft antreibest und zum Ziele lenkest. Denn würden wir das vernachläßigen, so wären Plato's Dialoge für uns keinen Schuß Pulver werth, wie Du wohl selber weißt. Aber wie wir's auch wissen, ich merke es hier dennoch an, weil ich es mir einmal nie genug merken kann, indem ich, trotz dieser Grundsätze dennoch immerhin weit mehr Drang zum Lesen, als zu eigenem Denken zeige. Doch will ich nun sehen, wie die Sache etwa noch abläuft. Vorgestern habe ich einen Dialog angefangen; vom ersten Standpunkte der Philosophie ausgehend, und gedenkend, so dann fortzufahren. Freilich würde mich die strenge logische Form, wo jeder Satz einhergehen soll, wie die „Necessitas, clavos trabales et cuneos manu gestans ahena!" früher zum Ziele führen: aber ich ließe beim Philosophiren gerne mein ganzes Ich, und nicht blos die unfreundliche Denkkraft weben und bilden. — Mein Sokrates ist diesmal Arnold von Brescia; mein Theaitet ein Schweizerjüngling; mein Thema — die Unmittelbarkeit des Wissens.

Mit dem wöchentlichen Briefwechsel soll also nichts werden? Gut — so wollen wir doch den Bescheid da hinaus führen, daß wir uns recht oft schreiben. Ich meinte aber bei meinem Antrage nicht, daß Du mir jedes mal einen Brief von besonderem und neuem Gehalte schreibest, sondern nur, daß Du das schreibest, was Du mir, wenn wir beisammen wären, sagen würdest, um Dir so nach Möglichkeit den Mangel der Gesellschaft wenigstens um ein klein Wenig zu erleichtern, und mich selbst oft, ja recht oft mit Dir zu unterhalten. — Und ich habe dazu nun auch mehr Zeit, da ich auf eine andere Seite hin wahrscheinlich weniger Briefe zu schreiben haben werde. Ich könnte Dir auch noch über einen andern guten Bekannten klagen, an den ich nicht ohne Schmerz denken kann: eine herrliche Natur, die ich so innig liebe! Aber — es will nicht angehen — es geht nicht, und ich fürchte, er wird immer träger. — Glaube aber nicht, daß ich deßhalb die Hoffnung an ihm aufgebe; denn wie könnte ich das? die Hoffnung auf ihn — auf seine bessere Zeit, ist mir so eingewachsen, wie eine Naturkraft: wann und wie er sich aber erholen wird,

weiß ich nicht; ich kann nur ihn bitten und beunruhigen
— weiter ist ja auch nichts möglich. —

Nun komme ich wieder, nach dieser Episode, an Dich,
und zwar in Hinsicht eines Gegenstandes, der mir wichtig
scheinet. Mir kommt nämlich vor, daß Deine gränzenlose Aufrichtigkeit und Wahrheitsliebe Dir dann und wann mehr schaden, als frommen könnte, und zwar in Dir, und außer
Dir: in Dir, weil Dein Zartes über Dein Starkes dadurch zu
überwiegend werden könnte; außer Dir, weil es leicht möglich,
daß Deine Seelenergießungen an den unrechten Ort kommen.
Du weißt ohnedies, daß von Außen keine Hülfe zu hoffen,
als nur höchstens eine Zerstreuung oder Beunruhigung; denn
jeder wahrhaft geistige Verband setzt immer die Empfänglichkeit
nicht nur, sondern das Dasein des Guten voraus, und auf
ein Gutes, zu dem man durch bloße Ueberredung kommt,
schriftliche oder mündliche, halte ich nichts. Daher würde ich
wohl einem Freunde, aber keinem Rathgeber mich eröffnen:
in Deiner Angelegenheit brauchst Du keinen Rathgeber —
es ist Dir keiner möglich, so Du Dir derselbe nicht selber
bist . . . . .

Und nun für dießmal genug. Fahre fort, mein Freund
zu sein, so wie ich auch immer der Deinige sein werde!

Wien, den 5. März 1829.

Innigst geliebter Freund!

Ich sehe durch jeden Deiner Briefe immer klarer, wie
Dein Leben gleich einer Pflanze nach dem Frühlingsgewitter,
frischer und kräftiger denn jemals, zu wachsen und zu blühen
anhebt. Dieses Kämpfen und Ringen, diese Verwirrung und
Unruhe, wovon Du ergriffen, und wohl beinahe verzehrt
wurdest, sind die sichersten Kennzeichen für Dich und Andere
von der Wahrheit und Wirklichkeit Deiner Entwicklung —
und die freudigsten Vorboten von der Kraft und Gediegenheit
Deines nun erstehenden Lebens. Der Zweifel an Dein Vermögen, der jetzt noch aus einem öden und schon zurückgedrängten Dunkel heraus Dich noch zu stören und aufzuhalten
sucht, wird mit jedem Tage, den du mit Streben und That
vollendest, mehr und mehr verstummen, und endlich verschwinden. Fahre Du nur mit Muth und Zuversicht auf

Deinem Wege fort, und Du wirst bald empfinden und sehen, was ich Dir im Allgemeinen schon jetzt voraussagen möchte! Wie doch Alles in Allem, das Größte und das Kleinste — Alles, was da webt und lebt — so wunderbar — so erstaunenswerth geordnet und geleitet ist! Die Ereignisse des Lebens, die uns, da sie kamen und vorüberzogen, als bloße Zufälle erschienen, sehen wir, ohne unser Wissen geordnet und verbunden und durch einen Geist, der Alles trägt und erhält, zu einem regelmäßigen und ausgedachten Ganzen sich vereinen. Was kann für Deinen jetzigen Zustand wohl besser und nothwendiger sein, als gerade diese Deine Einsamkeit, die Dir, bevor Du ihre Wirkung verspürtest, schon zur Last zu werden anfing? — Hier in Wien mußte Dein Leben noch zur kindlichen Wärme und Liebe sich sammeln, woraus dann die Entwicklung geboren und hervorgebracht werden sollte. Die Zeit der Geburt kam näher. Da wurdest Du in einsame Stille, wo kein fremder Eingriff Dich aufhalten, kein Auge Dich bespähen konnte, zurückgezogen: Deine nächste Umgebung war die erste Aufregung zum gewaltigen Kampfe; wie dieser ausgebrochen war, so zog er sich von Außen in Dich selber zusammen, und Dein Wesen war, wie in zwei feindliche Dämonen, gespalten. Furcht und Erschütterung überfielen Dich; Du riefest, Du strecktest die Arme um Hilfe, — doch kein Wesen um Dich, nur hohle, dumpfe Stimmen von ungesehenen Freunden: Kämpfe und Stehe! So warst Du auf Dich selber, in Dich selber zusammengebrängt und gezwungen; Du mußtest allein alle die Wehen ertragen, alle die Stürme aushalten; Deine Elemente mußten in Dir ihre ganze Zwietracht auskämpfen, damit — der **Friede** entstehe, und das gediegene Leben! — Bis das Jahr herum, stehest Du so, wie Du dastehen sollst, und gerade da kommst Du wieder in den Kreis der Deinen, in der Freunde Umarmung, ein erprobter Streiter, ein junger Heros!

Nun noch einige Worte über Deinen **wissenschaftlichen** Zustand. Auch die Wissenschaft wird mit ganz neuer Kraft aus Dir erstehen, nicht wie eine Zahl, sondern wie ein Wesen, als der Abglanz Deines Geistes, als die sichtbare Schönheit, deren Geburt und Spiegel das Thatenleben, — ja sie ist schön, weil dieses schön ist; der Eros, der zuerst unsichtbar und Eins mit seiner Schöpfung geschaffen, wird sich los-

winden und mit dem Friedensstabe anschauend, und freudig
darüberschweben! So denke ich mir Deinen Zustand, und fürchte
daher nicht, daß Du nun in ein stürmisch Meer voll Klippen
und Ungeheuer getrieben werdest. Dein Kampf scheinet mir
schon in seinem größten Anbrange vorüber zu sein; Dein
Kampf ist ein moralischer zwischen Heiligkeit und Sünde,
nicht zwischen Erkenntniß und Wahnsinn. Denn das Leben
der Menschen ist verschieden; und so hat denn auch Jeder
seinen eigenen Kampf: der als Weltweiser erkoren, im zer-
rüttenden Zweifel; der zum Tugendhelden, zum Christ berufen, in der Versuchung. Deine Natur scheint mir aber
mehr zu diesem, als zu jenem Zustande sich zu neigen, und
eben daher auch darin ihren wesentlichen Kampf schon überstanden zu haben. Offenbar aber sage ich damit keinen
Widerspruch mit dem Obigen; denn Du brauchst kein Weltweiser, kein Solcher, der sich nur auf die Beschauung der
Natur der Dinge hinwendet, und als Lehrer der Menschheit
auftritt, — kein Solcher, sage ich, brauchst Du zu sein, und
hast dennoch die Wissenschaft in Dir. — Wie aber diese sich
aus Dir entwickeln wird, das wirst Du bald wieder sehen,
wenn Du nur in dem Streben und Gange, worin Du jetzo
bist, Dich fortwährend erhaltest. — Kämpfe nur gewaltig
gegen unsere leidige Gewohnheit, über Etwas hinauszugehen,
das Du noch nicht durch und durch geschaut und erkannt
hast, auf daß wahres und klares Wissen in Dir aufgehe, und
nicht wankende hin und her zitternde, unsichere Schattenbilder
Dich verwirren. Diesen allein zum Wissen führenden, sichern
Weg kannst Du nun im Plato gleichsam vorgedeutet und
vor Augen gelegt sehen. Alle, die ich jetzt noch aus seinen
Dialogen kennen gelernt, sind als Wandelnde, als Hinstre-
bende dargestellt; das Wissen selber ist das gesuchte, geahnte,
aber noch nicht gesehene Ziel. „Theaitetos" steht am Eingange der Bahn; in ihm enthüllt Plato den Anfang der
wissenschaftlichen Entwicklung. Ebenso ist „Meno" an den
Eingang gestellt, aber, wie von anderer Natur, so auf ganz
anderem Wege; jenen will der göttliche Priester der Artemis
zum Wissen der $\varepsilon\pi\iota\sigma\tau\eta\mu\eta$ führen, diesen — zu dem der $\alpha\rho\varepsilon\tau\eta$.
Beide aber heben sie auf gleiche Weise an: mit dem Anfange
der Wissenschaft, mit der Vergegenwärtigung der Erscheinungen, deren Einheit gesucht wird, die aber nicht wieder

eine Erscheinung, sondern das ϑειον αγϑαρτον και αιδιον ist, auf das denn alle Philosophie hinstrebt. Aber von jener Vergegenwärtigung bis zu dieser Einheit ist ein ungeheurer Zwischenraum; die Entwicklung aber macht keinen Sprung. Daher kommt auf die Vergegenwärtigung der Erscheinungen die erscheinende Einheit; diese wird aber als bloße Erscheinung, und als für sich unzulänglich nachgewiesen, und somit erst die Ahnung einer tiefer liegenden Einheit erregt, und die Einsicht in dieselbe selbst vorbereitet. Achte demnach den „Theaitet" nicht gering, sondern suche ihn auf eine ähnliche, freilich entfaltetere Weise — aufzufassen. Ich wenigstens, durch Chüeny's Wink etwas leichter dazukommend, habe durch diese Ansicht eine warme Liebe für „Theaitetos" bekommen, und dieser Dialog hat dadurch auch nicht wenig auf mich eingewirkt.

Ich bin übrigens noch immer in meinem „Parmenides," diesem Proteusdialoge! Zugleich bringe ich meistens eine Morgenstunde an dem eigenen Dialoge zu — was mich stärkt und ermuntert. — Ich hoffe, daß auch unser geliebter Freund R., wenn er einmal die Prüfungslast vom Halse hat, seinen langewährenden Leichtsinn, wie schon oft auf einzelne Stunden, so endlich auf immer brechen, und die befreite Seele dem Anleuchten des Göttlichen darbieten wird.

Wir haben in der vorigen Woche traurige Tage gelebt; denn der edle B. war an dem, uns zu verlassen. Doch hat sich, wider der Aerzte Vermuthen, die Krankheit gemildert, und wir haben wieder neue Hoffnung. Gott erhalte uns den wackeren, den edlen, den liebenden Freund! — Schreibe recht oft, und lebe wohl! Dein Freund   Alois Flir.

Wien, 17. März 1829.
Mein innigst geliebter Freund!

Ganz gewiß erwartest Du um diese Zeit keinen Brief von mir, und noch weit weniger die Nachricht, die Dir darin gekündet wird. Zitterst Du schon vor Furcht und Hoffnung, bang und freudig, ungewiß und begierig, was ich denn Neues bringe? — So höre! — Ich habe die Medizin von mir abgeworfen, und mich zum Priester geweiht. — Wohl möchte ich Dir dieses entscheidende Ereigniß meines

Lebens mündlich, an Deiner Brust, in Deiner Umarmung — Dir sagen, oder, da das schon unmöglich, wenigstens in freier, strömender Rede mein Innerstes Dir ausgießen; aber selbst daran bin ich gehindert, indem der Körper, obgleich nur unbedeutend unwohl, mich dennoch drückt und engt, so, daß ich mich nicht regen kann, wie ich will, und mein Geist, wie der Riese aus seinem Berge, nur einzelne Flammen hinausschleudern kann. Aber ich lasse mich dennoch nicht abhalten, Dir, meinem Herzen, meiner zweiten Seele, wenn auch noch so unvollkommen, einen Entwurf von dem, was ich Dir darstellen möchte, zu machen. —

Obgleich mein Leben nie noch völlig sich losgewunden, sondern vielmehr vom Wirbel der Außenwelt, meist besinnungslos und blind, mit fortgetrieben wurde und noch wird, so komme ich doch zu einzelnen Augenblicken, wo ich, in mir selber ruhend, stiller und freier Anschauung mich hingeben kann. Da ging nun ein Wesen vor mir auf — immer größer, gewaltiger, heiliger; es wurde unendlich — verschlang mich und alle Wesen in seine unergründliche Tiefe, und sprach: Ich bin, der ich bin. — So kam ich zurück an den Anfang der Zeiten, zurück in jene Ewigkeit, wo nichts ist, kein Himmel, keine Erde, kein Engel, noch Mensch — nichts als Er — Er allein! — Sieh', da rief Er: Es werde die Welt! — und sie ward, und ich zitterte, und wußte nicht, wie das geschah; denn ich konnte nicht erkennen, ob Gott die Welt; wo nicht, wie Etwas sei, Gott nicht seiend. Doch eine begeisternde Ahnung durchfuhr mich, wie ein gesendeter Himmelsstrahl, und in meine Seele kam Ruhe und Freude: und ich wußte nun, daß die Welt aus Gott und aus Nichts gebildet sei — sie endlich, — Er unendlich; sie, zeitlich, — Er — ohne alle Zeit; sie — wandelbar, wie die Farben der Wiesen, — Er — ewig derselbe; sie — sein Gewand, sein Abbild, an Ihm ruhend, wie der Thau an der Blume, — Er — der Träger, Schöpfer und Ordner des Ganzen!

Und ich brach aus in einen Hymnus, und meinte, tausendstimmige Hymnen zu hören, von Erde und Himmel, von dem rauschenden Meere und donnernden Wetter — vom Wehen der Winde und dem klingenden Gang der Gestirne — vom Heiligen und Sünder, vom Engel und Teufel. Allerwärts scholl es: Es ist nur Einer, durch Den wir sind — nur Einer,

in Dem wir leben, — nur Einer heilig, nur Einer gut! —
— Wehe! Wehe! scholl es von Unten: Er ist gerecht! —
Heilig! Heilig! tönte es von Oben! Er ist das Leben! die
Sonne! die Liebe! die Schönheit! — Sieh, dies Alles, dies
Ungeheure konnte ich anschauen, — wußte, und that doch
nicht — blieb, sehend, in den Reichen der Schatten, — lebte, wie's
von Außen mich trieb — lebte, als wäre hienieden mein End=
ziel — vergaß meine Anschauung, und wandelte mit den
Irrenden! — Da entstand in meinem Innersten ein Unfriede:
jene seligen Augenblicke, und diese öden, trägen Stunden —
jene Begeisterung, und diese Betäubung — jenes Licht, jene
Wonne, und diese Dämmerung und Qual, Leben und Tod —
traten sich zum Kampfe gegenüber, und da erscholl endlich
das Siegeswort: Ich sage mich los von Allem — und will
sein — Einer und Einem dienen!

Und so nun geschah meine Weihe, und Gott gebe, daß
ich beharre und vollbringe! — Nun aber habe ich wegen Dir
noch Einiges beizufügen. Denn aus dem Gesagten möchte
nur gar zu leicht der Schein entstehen, als halte ich den Prie=
sterstand für die Blüthe und Vollendung des menschlichen
Lebens, so, daß Jeder ihn ergreifen müsse, der nach Vol=
lendung ringet. — Ich muß mich daher, um kein Mißver=
ständniß zu verursachen, deutlicher erklären. — Du weißt, ich
lebte und studierte so hin, wie es sich theils von Innen, theils
von Außen ergab. Aber ich war nicht dazugekommen, das
Aeußere durch das Innere zu beherrschen und zu beleben;
denn Vieles, was ich lernte, lernte ich nur, weil man das,
eines gewissen Scheines wegen, zu lernen pflegt. Die Me=
dizin hing ich mir an, wie Einer, der seiner Schwimmkunst
nicht vertraut, ein Korkholz — um desto sicherer durch die
Fluthen des Lebens zu schwimmen, so, daß ich, wie David,
eine fremde Rüstung trug, in der mir der Sieg nicht werden
konnte. Ich warf sie daher ab, und stellte mich in meiner
einfältigen Gestalt hin, und rufe: Gott sei mein Schild! in
Seinem Namen will ich kämpfen und leben! — Wenn Dir
daher die Medizin zusagt, wenn sie aus Deinem Gemüths=
drange, aus Deinem Innern hervorgeht, so hast Du Ein=
heit, wie ich, und nur diese allein fördere ich — in allen
Ständen, die ich dann, durch sie, alle für gleich gut halte.

Mein Entschluß kam am 13. März, Abends in der

Stephanskirche zur Aussprache. Ich ging hinein, und wußte nicht, daß ich als ein Anderer herausgehen werde. Eben endigte ein Prediger: seine Stimme war schwach und durch die Anstrengung gebrochen. Ich ging aus Neugierde zur Menge und hörte. Er betete eben zu Gott mit innigster, sichtbarer Andacht: O Herr! gib uns einmal einen festen Entschluß! gib uns Beharren! — Ich dachte mir, ohne sehr bewegt zu sein, das wäre freilich gut, ohne weiter auf mich eine Anwendung zu machen. Ich kniete in eine dämmernde Nebenhalle, und da entstanden Gedanken, völlig gegen meinen Willen — ich wußte kaum wie. Sie stiegen, sie flogen, sie zogen mich auf, und es fiel Alles, was mich bisher hinderte, wie Schuppen — auf den Boden! Ich stand frei, ich stand wie selig, ich stand wie entkörpert auf! — Nun weißt Du denn wohl fast Alles? — Ich habe jetzt sechs freie Monate, die ich nebst meiner innersten Entwicklung der **hebräischen** Sprache und dem **Plato** widmen werde. Von Ende Mai bis Oktober bin ich mit F. in **Baden**. — Unser geliebter B. hat das Zehrfieber, und muß, ohne Rettung, ohne Hoffnung von hinnen. Die Aerzte sagen dieß einstimmig. Aber mir sagte Chüeny, der sein Todespriester, sein Hermes ist, daß er herrlich und schön, wie ein Heiliger, sterbe. — Ich war schon gegen 2½ Monate nicht bei ihm, weil ich ihn nicht erregen will, da seine Brust äußerst reizbar ist. Er hofft übrigens, obgleich zum Tode schon bereitet, zuversichtlich auf Genesung, und spricht schon davon, wie er im Frühling aufstehen und sich erholen werde. Das kann wohl sein, **aber in einer andern Welt!** — Schreibe recht bald; ich umarme Dich.

Wien, den 15. April 1829.
Innigst geliebter Freund!

Du wirst wahrscheinlich gelesen haben, daß die Pythagoräer, um sich in das Leben des Tages einzuweihen, mit Gesang und Lyraton ihren Geist jeden Morgen erweckten. Daß man **in der Frühe etwas Lebendiges und Belebendes thun soll**, das scheint mir einmal ganz billig und geziemend; aber da mir jene Künste der Harmonie nicht gegeben sind, so suche ich meine Aufregung — an andern Morgen zwar im Denken, heute aber — in Dir, mein geliebter Freund! Denn es ist wohl wahr, daß wir die erste

Aufregung die größte Belebung da bekommen, wenn wir vom heiligen Gefühle durchdrungen, nichts Anderes in dem Augenblicke mehr wissend — Unendlicher — ausrufen! Aber dieses, als das Unvergleichbare, aus allem Vergleiche herausnehmend, habe ich bloß die andern Aufregungen und Geistesbelebungen genannt, und verstehe darunter ein solches Thun, wo der Geist, der Scheinwelt los, in seinen innersten, wunderbaren Kräften sich bewegt und seiner Natur gemäß wirkt. Sieh', und dazu gehört auch unsere Freundschaft. Denn wir lieben ja uns einander nur zum Guten, und zur Förderung des Lebens in uns Beiden. Wenn wir uns gegenüber treten, zu wechselseitiger Anrede, so schwindet von uns alles Störende, — der Geist bekommt, wie Sokrates zum Phädrus sagt, Flügel durch die Liebe, und seine gottähnliche Natur wird wach und offenbar. Daß aber unsere Freundschaft von Gott gesegnet ist, zeigt das Wirksame, das daraus, ohne unser Bewußtsein oder besser ohne unser Anordnen, fortwährend sich entwickelt und in unsere Seele einfließt. Denn ich halte es für geradehin unmöglich, daß ein Mensch im Anderen ein Ueberschwengliches, Himmlisches bewirke; denn wer es zu bewirken scheint, ist nur das Organ der Gnade Gottes. Wenn also uns, im Umarmen unserer Seelen, eine himmlische Wärme aufglüht, so wollen wir freudig glauben, daß diese nicht von uns hervorgebracht, sondern von Gott gegeben sei, und daß unser Bund somit dem Herrn und König des Lebens wohlgefalle. Aber eben darum laß uns auch, nach Kraft und Möglichkeit, **wahre Freunde in Gott sein**: — wachsam und besorgt für unser beiderseitiges Heil; wahrhaft und wahrheitliebend in unseren Reden; offen zu einander, als hätte Jeder zwei Bewußtsein, eines in **sich**, das andere im Gemüth des **Freundes**; uns ermunternd zum Kampf, und zur Annäherung zu Gott. — In dieser Gesinnung hätte ich Dir nun auf zwei Briefe zu antworten; doch ob ich es mit Reinigkeit des Gemüthes zu vollbringen vermöge, weiß ich noch nicht; ich schreibe daher, indem ich zuvor Gott um seine Gnade anrufe, ohne die ich nichts Gutes vermag.

In beiden Briefen erzählest Du mir, wie Dein Leben fortschreitet, wie wohl noch Mängel darin sind, aber doch das Gute zum Siege kommt. Darum sei guten Muthes; denn die Gnade Gottes, welcher nichts widerstehen kann, ist in

Dir und mit Dir. — Hüte Dich aber in dieser Deiner Besserung und Reinigung vor der Aengstlichkeit, in die Einer desto leichter bei solchem Thun verfällt, je zarter und jungfräulicher sein Gefühl. Ich meine dadurch aber offenbar nicht, man könne auch den kleinsten Fehler zu sehr beschmerzen, aber nur soll der Schmerz nicht die neue That hemmen, denn sonst wird der Weg zur Besserung wieder ein Hinderniß. Laß uns nur, sammt allen unseren Mängeln, in Gottes Unendlichkeit, wie in einen Lichtocean hineinstürzen: Er wird uns reinigen, denn durch Ihn wird der Sünder gerecht, und das Schwarze wird weiß! Sieh', und das sind die Wunder der Erlösung, daß wir bei all' unseren Fehlern frohlocken können, dem Heiland vertrauend, während Andere, die in der Erlösung entweder nicht sind oder nicht darin leben, bei folgerechtem Thun zum Selbstmorde, — bei leichterem, zu Lüstlingen werden. Denn der Mensch hat sein Ich verwirkt, und besteht und erhält sich nur durch den Erlöser.

Daß Dich meine Standeswahl erfreuen werde, habe ich mir schon vorhin gedacht, weil ich wußte, welche innige Liebe Du immer zum Priesterstande geäußert. Eben so wenig unerwartet war mir daher auch Deine Antwort in Betreff Deiner selber. Ja, ich meine ganz klar einzusehen, daß Du gerade zum Priester geschaffen bist, und nur hierin Deinen Beruf erreichen und erfüllen werdest. Wenn Dir einfällt, daß etwa ein Schwätzer Dich Nachäffer von mir nenne, so denke dagegen, daß jeder nur mittelmäßig Verständige und Dich Kennende wohl einsehen muß, daß das Priesterwerden bei Dir nicht Nachäffung, sondern die offenbarste Anlage und Natur ist; so, wie ich dieß auch früherhin schon öfter gehört. Dann aber wollen wir die Leute reden und urtheilen lassen, was ihre Zunge verlangt: — was gut ist, wollen wir thun, ohne Umschauen, standhaft, frei, Diener Gottes und nicht der Menschen. — Wann Du aber rufest: Ich bin nicht mehr Mediziner! — das lasse ich, ohne ein störend Wort in die heilige Stille des Gemüthes zu schicken — Dir und Gott über; bitten wollen wir aber vereint, daß die Zeit bald erfüllt werde, damit wir in unsern Studien uns immer, so dieß Gottes Wille, beisammen haben. Ich einmal brenne vor Sehnsucht, bei Dir zu leben, und schaue mit Verlangen auf jene Zeit, wo diese Freude mir zukommt.

Schreibe mir auch, wie es etwa mit den Ferien stehen wird; wie viele Zeit Du früher von der Heimath los zu werden gedenkest. Ende Mai bin ich schon in Baden. — R., der nun immer mehr in das Gute eingeht, und der Erlösung wohl etwa doch bald sich nahen wird, stellt seine Erwartung von Dir weit höher; denn er hofft zuversichtlich, daß Du den größten Theil der Ferien bei uns zubringen werdest. Doch thue Du, was Deine Umstände Dir erlauben.

Ich habe übrigens diese Zeit her weit weniger studiert, als Du vielleicht gedenkest. Ein kleiner Dialog, dann der „Politicus" von Plato, und ein (herrlicher!) Aufsatz von Thüney über den Cölibat, ist so fast das Gesammte, worauf sich mein Studium erstreckte. Doch hätte ich dabei noch bald das Hebräische vergessen, worin ich täglich wenigstens eine starke Stunde lang übersetze, und somit doch einigen Fortschritt mache, so daß ich hoffen kann, beim Ende meiner Ferien der Sprache ziemlich kundig zu sein; ich meine — im Uebersetzen. Dann lese ich auch den Brief des hl. Paulus an die Römer und die Evangelien, worin ich aber noch nicht im gehörigen Gange bin, weil ich meistens zu wenig ernst und gemüthlich darangehe. Doch will ich mir nun vornehmen, den Fehler nach Möglichkeit zu bessern und mein gesammtes Studium, seiner Tendenz und Anstrengung nach, vorzüglich auf die Bibel richten. — B. ist immer zum Sterben krank, und Gott gebe, daß er bald sterbe, denn ich kann ihm nichts Besseres wünschen! . . . . .

Wien, ? 1829.
Innigst geliebter Freund!

Es ist nun 2 Uhr in der Nacht. Ich bin in einem fremden Hause: — L. und P. bei mir. Denn wir sind Wächter, — Wächter bei einer Leiche, und bei dieser Leiche schreibe ich Dir diesen Brief. — Um 9 Uhr Morgens hat er geendet, unser Freund, unser Bruder — B. Vor drei Tagen sagte er in der Phantasie: „Also noch drei Tage!" Und eben dort ergriff ein qualvoller Schmerz seine Brust. Heute, oder vielmehr gestern, um 7 Uhr, also 2 Stunden vor seinem Hinscheiden, strebte er sich aufzurichten, und sprach leise: „Nein — ich ertrag' es nicht mehr, ich muß aufstehen!" Da sagte ihm der gute M.: „Bleibe ruhig, und ergib dich in den Willen

Gottes!" Da sah er ihn freundlich an, und seine schwache Stimme hauchte diese Worte — diese letzten Worte: „Ja, du hast Recht!" — Von jetzt stieg das Uebel zusehends: die Todeszeichen erschienen. Chüeny, der wohl sein Priester war, sprach ihm, langsam und andächtig, einige christliche Sprüche vor; uns hieß er in die Messe gehen, um zu bitten, daß der Sterbende der Gnade der Erlösung theilhaft werde. W. und ich gingen allein, die Anderen blieben. Am Ende der Messe kam G. und K., mit der Nachricht, er sei schon hinüber. — Wir fanden also nicht mehr ihn, sondern seinen Schatten — die abgeworfene und zurückgelassene Form seines Wesens. Sie gleicht einer Blume, die zu welken beginnt. — Alle seine Freunde sind in Gottes unergründlichen Willen ergeben. Insbesondere danken wir Gott für den bewunderungs= werthen Starkmuth, womit er den zarten, lieben G. gerüstet. Um B.'s Leiche erschallet keine Wehklage; es zittern wohl ein= zelne Thränen an den Augen, aber kein Gesicht ist von Trauer entstellt. Denn die Geistigkeit dieser von Gott geschickten Begebenheit geht, mehr oder minder, auf uns Alle über.

Die Erde liegt seitab, wie ein sinkender Nebel; der Himmel aber ist nahe, und die Seele fühlt seine Nähe, aber sie kann ihn nicht schauen. Doch weit mehr, als wir, muß dieß der Sterbende empfinden. Ich erkenne daher wohl den Zustand des Sterbenden der Wesenheit nach, aber nicht nach dem Grabe. — Nun möchte ich aber meinen Freund noch weiter begleiten; denn ich lasse ungerne von ihm ab! — Also: wo — wie — ist er jetzt, in dem Augenblicke, wo sein Körper die Seele verliert? Die Geisterwelt liegt, wie eine heilige Dämmerung, vor mir, — mich schaudert, denn ich lebe so ungeistig, daß ich vor dem Geistigen erschrecke. Ich erschrecke davor, und kann es dennoch nicht schauen. Aber da ich es nicht schauen kann, so will ich es dichten, um wenigstens ein Abbild zu bekommen, um wie in einem Schat= tenspiele dem Freunde weiter nachsehen zu können. — Ist der Körper der Freund? — Nein. — Also die Seele? sie, die den Körper verließ? Doch was ist die Seele? und wie soll ich sie mir denken? Wie ein geformtes Licht, welches die Thaten thut, die wir denken und wollen und dergleichen nennen? Die Seele muß also wie ein Thuendes vor mir schweben, denn sonst weiß ich ganz und gar nichts davon.

Ich darf sie daher auch nicht als Substanz vorstellen, weil sie, als solche, schon nicht mehr ein bloßes Thuendes, sondern ein Substrat oder Produkt des Thuenden wäre. Daher kann ich ihr auch keinen Sitz im Körper anweisen, sondern sie ist darin, wie die Schwere in den Massen, wie das Licht in der Luft. Ich muß sie so nehmen, wie Gott, dessen Ebenbild sie ist; denn auch von Diesem weiß ich nichts, als daß Er das unendliche, heilige Thuende ist! Nicht als wenn Er substanzlos wäre; denn sonst wäre Er — nichts, aber Seine Substanz ist lauteres Thun, und erscheint eben deßhalb nicht als Substanz. — War nun die Seele vorher schon, ehe sie mit dem Körper verbunden war? Wir könnten es vermuthen, sowie es von heidnischen Weisen behauptet wurde, wenn wir nicht durch göttliche Offenbarung wüßten, daß unsere Seele unmittelbar aus Gott hervorgehe. Wie kam sie zum Körper? — Dadurch, daß das absolut Thuende die von Ihm schon gebildete Materie thuend zum Leibe bildete; dieses den Leib Bildende ist also jetzt aus Gott und in Gott, und gottähnlich, aber — nicht mehr Gott, sondern nur eine Relatio zu Ihm, die als solche, für sich, weder Seyn, noch Grund, noch Bedeutung hätte, an sich nichts wäre, und somit nur durch Gott ist, was sie ist. Und diese gottähnliche Relatio zu Gott nennen wir also Seele. — Der Leib ist daher nur das milde Farbenspiel, das aus dem Hineinscheinen der Seele in die finstere Materie entsteht; daher wird der Leib das, woraus er genommen — Staub, wenn die Seele ihn verläßt. — Aber wie, warum verläßt ihn die Seele? — Weil sie seit der Sünde im Zwiespalte sind. — Wenn aber die Seele den Leib verläßt, taucht sie dann, nun nicht mehr Relatio, in Gott zurück? — Da wäre Gott wohl ein „Fragmentarist", wie Einer einmal schrieb. Doch ließe sich mit voller Gewißheit hierüber wieder nichts sagen, wenn uns nicht die Offenbarung belehrte; so, wie denn große Philosophen behaupten, die Seele tauche zurück. — Es ist also durch die Vernunft wohl höchst wahrscheinlich, durch die Offenbarung aber gewiß gemacht, daß die Seele nicht aufhört, Seele zu sein. — Den alten Leib hat aber die Seele nicht mehr, und doch geht aus dem Entstehen der Seele die Nothwendigkeit des Leibes zu ihrem Fortbestande als Seele hervor. — Die Seele muß also in dem Augenblicke der Trennung vom alten Leibe einen **neuen** annehmen, d. h. es wird ein neues Wesen geboren. — Dieser **neue** Leib kommt der Seele kraft des göttlichen Willens, der ihre Fortdauer will, zu: Gott ist also auch da wieder der Schöpfer, aber da er jeder Seele den ihr zukömmlichen Leib gibt, so ist diese Schöpfung zugleich Gericht, und entweder Belohnung oder Strafe. Ferners ist das neue Wesen durch die Materie seines Leibes schon nothwendig an jenen Ort gesetzt, wo diese Materie waltet, — sowie der Leib von Erde nothwendig an die Erde hält. Ebenso ist das neue Wesen schon durch seine Art in die Gesellschaft seines Gleichen gesetzt. — Nach dieser Ansicht sehe ich also unsern Freund im Augenblicke des Todes im Gerichte, und vom Gerichte verklärt in einer schönen Lichtwelt, in der Gesellschaft der Heiligen. Gott anschauen, wird er wohl nicht können, denn kein Wesen sieht Gott, als Er sich Selber.*) Aber Seine Werke, Seine Wunder werden ihm offenbar, und die seligste Ahnung wird ihn erfüllen. Wohl aber glaube ich, daß er unsern **Erlöser** anschauen kann, da dieser aus Liebe zu uns einen **Leib** angenommen und geworden ist, wie unser Einer. — Heil dir, o Freund im Himmel! gedenke unser, die wir noch auf Erden kämpfen!

Verzeihe mir, mein geliebter Freund, der Du mit uns noch auf der Erde bist, dies mein kindisch Gerede. Ich sehe wohl, daß es mehr **geträumt**, als gedacht ist. Doch auch Träume sind Schatten von der Wirklichkeit, oder wie, könnte ein Traum möglich sein, wenn nicht Wirkliches voranginge. Zudem wird es dem Gemüth nicht schaden, solchen Bildern sich zuzuwenden, denn es wird mit der Geisterwelt dadurch immer vertrauter, und es wird die Ahnung immer mehr gehoben und erleuchtet. Gott, in Dem und durch Den wir sind und leben, denken und empfinden, möge uns und allen Menschen beistehen, daß das Verborgene uns nicht entrückt, das Geistige uns nicht verhüllet werde! Eines — nur Eines ist nothwendig! Und wenn wir so leben, so sterben wir immer mehr diesem Irdischen, das durch die Sünde entheiligt worden, ab, und bereiten uns vor zur neuen Geburt, zu der uns der Tod unseres Heilandes und Königs verholfen! — Alles im Namen Gottes! —

---

*) Man beachte, daß wir hier nur Denkübungen eines jungen Mannes vor uns haben.   A. d. H.

Wien, den 14. Juni 1829.
Innigst geliebter Freund!

Wie Du vermuthest, traf mich Dein Brief in Baden. Wir sind jetzt seit sieben Tagen hier. Die Gegend ist mannigfaltig, und an vielen Orten sehr schön. Auch Einsamkeit findet man im stillen Schatten. Doch habe ich bisher wegen des anhaltenden Regens mehr das Zimmer als die Freie genossen. Also jetzt zur Beantwortung Deines Schreibens, welches mir dreifach werth war. Erstens nämlich, weil es von Dir, meinem so innig geliebten Freunde ist; dann weil einem Einsamen ein trautes Wort noch viel lebendiger in die Seele bringt; endlich, weil es eine sehnlich erwünschte, aber auch gehoffte Nachricht enthält. — Du frägst mich um meine Meinung, ob Du auch das Letzte, nämlich die Befreiung von den Prüfungen, Deinem Vater herausdisputiren sollest. — Ich stimme Dir bei, wie Du selber über diesen Gegenstand denkest. Denn erstens behandelst Du Deinen guten Vater dabei mit möglichster Schonung; dann aber, wenn wir dieß abrechnen, scheint es mir selbst klüger zu sein, wenn Du Dich mit dem Eroberten begnügest. — Dulde daher und trage diese kurze Zeit. Weißt Du nicht, daß die Athleten vor dem Feierkampf selber — in bloßer Anstrengung sich übten? Ebenso wird diese Beschwerde, obgleich sie nicht gerade Deinem Ziel sich zuwendet, doch dazu beitragen: sie stärkt Deine Geduld und Standhaftigkeit, und wird Dir das an Festigkeit geben, was sie etwa auf einige Zeit der Zartheit benimmt. Du siehst wohl, daß ich immer mit meinen Olympischen Mannen und Athleten komme. Aber warum denn nicht? Weil es nicht angenehm ist, oft Dasselbe zu schreiben oder zu lesen? Doch was kümmert uns dieß, wenn es nur paßt! Und das ist nun schon fast meine Gewohnheit geworden, die Gleichnisse nicht, wie neuere Dichter, aus der abstrakten Welt zu wählen, sondern entweder aus der Natur, oder aus dem Heldenthume, da denn gerade diese — Gleichnisse sind, und daher auch Gleichnisse geben, und nur in dieser Hinsicht für uns einen Sinn haben. Denn wir Zwei sind nun schon einmal keine solche Weltbürger, daß wir in jedem Elemente zu Hause wären: unser Leben, worin wir sind und uns bewegen, sei der Erlöser, und was wir als Christen tragen und verdauen und assimiliren können, wollen wir mit allem Fleiße sammeln und aufnehmen; alles Andere aber möge von uns in der Ferne bleiben, ob es nun gerühmt sei oder gescholten, docirt werde oder widerlegt. Darum werden uns Doktorhüte wohl immer zu hoch hängen, und schmucke Gewande nicht wohl anstehen, aber was ist wohl dieß Alles? Jenes sind Hasenhaare und diese vielleicht Schafswolle.

Doch Gott behüte, daß ich in diesem Scherze, den ich übrigens gar ernstlich meine, nicht einen Stolz verberge. Denn es ist schon dem Antisthenes einmal gesagt worden, daß er auf seine Lumpen ebenso stolz sei, wie ein Anderer auf seinen Purpur, so daß sich im Grunde doch wieder Alles um das Eine dreht, um die Selbstsucht! — Denn wahrhaftig nie und nimmer können wir wachsam genug sein; denn wie wir Etwas uns zuschreiben, ist Alles verdorben, wir mögen thun, was wir wollen. Aber gerade darin scheint mir das Wesen des christlichen Lebens zu bestehen, daß wir, wie der heilige Paulus mit anderen Worten sagt, mit Christus sterben, um mit ihm aufzustehen, daß wir in Gott dem Willen nach, wie der Existenz nach, leben, daß wir nur Glieder Gottes sind, sowie denn der hl. Paulus uns Gefäße des Zornes oder der Barmherzigkeit nennt, Plutarchos aber geradehin sagt, die Seele sei ein Organ Gottes, wie der Körper ein Organ der Seele. Und was ist die Vermählung Christi mit seiner Kirche wohl anders, als eine Verbindung zwischen Beiden, wie zwischen Seele und Leib? Darum ist jeder Christ ein Glied Jesu Christi, und stirbt mit Ihm, und wird durch Ihn auferstehen! Wenn aber das so ist, wenn wir ein Glied Jesu Christi sind, so sollen wir Ihm dienen, so wie unsere Hand unserer Seele dienet; Ihm wollen wir dienen, und nichts Anderem, weder dem Scheine des Ruhmes, noch der Sinnesergötzung, noch anderen bösen Begierden; Ihm wollen wir alles Gute, das wir thun, zuschreiben; denn was wagt die Hand, die That des Künstlers sich zuzuschreiben? Wie das Glied todt ist ohne Seele, so sind wir todt ohne Christus. Er ist es also, der in uns das Wollen und das Vollbringen wirkt; Er ist es, welcher lebt, wir aber tragen nur den Namen, als lebten wir; Er ist es, in dem wir uns bewegen, in dem wir streben, ruhen und vertrauen sollen! Denn Sein Geist ist ein gnadeaustheilender, ein erhaltender, ein belebender — in Ihm ist kein Fehl, ein lauteres, gesundes, unveränderliches

Leben! In Ihm also kann uns nichts Uebles widerfahren, so wie Er auch lehrte. Dies soll uns aber mit Muth und Zutrauen erfüllen; denn wir dürfen nicht auf unsere Schwachheit sehen, sondern auf Gottes Macht, und nicht zweifeln, wie Sarah oder Zacharias, sondern bemüthig gestehen: Bei Gott ist möglich, was bei uns unmöglich wäre.

Ei sieh' doch, wie es mich hineinriß, und Du siehst nun zugleich beiläufig darin, worin ich mit meinen Gedanken mich jetzt befinde. Ich lese die Briefe des hl. Paulus und das Evangelium des hl. Johannes, zugleich die moralischen Schriften des Plutarchos, an dessen Stelle aber in Bälde vielleicht ein Kirchenvater oder irgend ein Anderer kommen wird. — Der „Sophist," meine ich, wird Dir zu Deiner jetzigen Lektüre durchaus nicht passen; denn er ist nur für einen Geist, der in heiterstem Frohsinn sich ihm hingeben kann, und nicht viel Anderes zu thun hat. Grund gebe ich keinen davon an, weil ich es nicht nöthig finde. Unter den Autoren aber, die Du lesen könntest, würde unter den Griechen der Euripides fast am passendsten sein, denn der Aeschylos fordert ziemliche Anstrengung, oder etwa der Herodot, der Dir sicher noch mehr zusagen würde; wenn Du aber diese beide nicht bekommst, so nähme ich des Xenophon „Anabasis" oder „Cyropädie", oder des Platons „Symposion", oder „Phädrus", oder „Protagoras". Unter diesen Allen wählend nehme aber den Herodot, weil die Darstellung wie ein wallig Grün an das Herz bringt, die Sprache wunderschön und ohne Anstrengung zu verstehen ist; zugleich hättest Du dadurch das Werk schon etwas vorgearbeitet, auf das Du wahrscheinlich durch den natürlichen Gang in kurzer Zeit hinauskommst. Du siehst wohl, daß ich übrigens nicht ein Hauptstudium bei der Aufzählung dieser Werke beabsichtige, sondern mehr eine Geisteserquickung. Denn es wäre vielmehr gefehlt, wenn Du zu allseitig Dich anstrengen würdest, indem Dein zarter Körperbau gar leicht darunter leiden könnte, sonderlich in Italien. Laß Dich den Verlust dieser Zeit für die Wissenschaften nicht zu sehr gereuen, das läßt sich bald wieder einholen, was nicht nach dem Wesen, sondern nur nach der Masse, nach dem Quantum zurückblieb. Daß Du aber im Wesentlichen nicht zurückbleibest, wirst Du gut verhüten, wenn Du den Vorsatz, den Du mir schriebst, treu bewahrest.

Wien, den 17. Juni 1829.
Innigst geliebter Freund!

Dir die letzte Stunde in Wien! denn morgen in der Frühe ergeht die Fahrt nach Baden — hinaus von den Mauern, hinaus in die Wälder, hinaus in das Freie! Ha, wie schöpf' ich einen tiefen Lebenszug herauf aus der Brust! Gott gebe, daß ich vollbringe, wornach ich strebe! Die Zeit (so nichts Fremdes dahinter kommt) thut recht inniglich, thut recht weidlich wohl! — Aber sieh' da, was ich nicht Alles sage! ich schäme mich fast, daß ich so sehr von diesem mich dahinreißen ließ, da ich doch von Anderem zu reden hätte. — Das Hinscheiden von unserem edlen Freunde hast Du so aufgenommen, wie ich von Dir wünschte und hoffte. Ja, mein Geliebter, wir wollen streben und bitten, daß wir das geistig thun, was unser B. in Wirklichkeit gethan hat: wir wollen ihm nachfolgen, und in das Leben eingehen! wir wollen uns abtödten, so lange, bis wir befreit sind, und sagen können: „Vivo, sed jam non ego, sed Christus in me vivit." Denn so lange wir nicht uns absterben, und in Gott leben, ist unser Thun und Treiben noch Eitelkeit! „Si vis perfectus esse, omnia vende!" sprach der Erlöser zum Jüngling, und sieh', dieser Spruch gilt auch uns und allen Menschen; denn erst, wenn wir Alles um des Einen willen verlassen, erst wenn wir das Nichtige als Nichtiges ansehen, erst wenn wir nicht mehr uns, auch nicht mehr der Welt angehören, sondern Christo, unserem Mittler und Erlöser, dann erst sind wir Christen, und hier schon Miterben jenes Reiches, das uns in der andern Welt bereitet ist. Wenn wir also in Gott leben wollen, so müssen wir ganz und in Allem auf Ihn vertrauen, auf Ihn immer all' unser Thun und Streben beziehen, von Ihm Alles erbitten, was Er selbst uns geben will: im Wissen Erleuchtung, im Wollen Stärke. „Deus enim in nobis et velle et perficere operatur"; et „qui a patre discit, ad Christum venit." Denn nicht durch uns, sondern nur durch Gott kommen wir zu Gott, so daß die Selbstverläugnung, die Ertödtung seines Ichs einem Jeden nothwendig ist, damit er lebe. Das wird, wenn ich nicht irre, der Sinn der Betrachtung sein, die Dir über dem Tode B's. in der Seele aufging, und mir eine ähnliche ver-

wandte aufweckte. Ich bin auch in meiner philosophischen
Entwicklung vorzüglich auf dem, daß ich den Ursprung alles
Guten und Bösen aufsuche, und so weit es gestattet ist, ab=
leite. Natürlich kam ich bei der Untersuchung des Ersteren
auf die Gnadenlehre, welche mir die höchste, dem Men=
schen erfühlbare, scheinet, und das ist die eigentliche Iden=
titätslehre, die uns nicht bloß wie durch eine Rechnung
als ein Produkt, das wohl richtig aber nicht belebend ist,
herauskommt, nicht als eine durch die Gewalt des Ver=
standes errungene Ueberwältigung der eigenen Natur, Etwas
schauen zu wollen, was nur Einer schauen kann, sondern
durch Gott selber uns geoffenbart, durch die innerste Natur
gefordert, gefühlt und durch alle Gebete, die nur je aus
dem Gemüthe aufstiegen, ausgesprochen! Da dieß aber der
Hauptsatz der Gnadenlehre ist, „quod nihil habemus, quod
non accepimus" — nicht mittelbar, insoferne die Anlagen ge=
geben sind, sondern unmittelbar, durch beständiges Einwirken
der Gottheit, so ist auch nothwendig die Selbstverläugnung
und Aufopferung des Ichs — darin begriffen. Schwerer
hält es aber mit dem Ursprung des Bösen; denn obgleich
ich schon einigemal aus Lauheit oder Mangel an Einsicht mich,
wie wenn das Thema gefunden wäre, zufrieden gab, so zer=
fallen mir doch immer wieder, bei weiterem Nachdenken, die
vorigen Beweise, und auch die, welche ich darüber von An=
dern gelesen habe. Am haltbarsten kommt mir noch der Pla=
tonische vor, obgleich durchaus nicht in dem Sinne, wie
ihn der dualistische Plutarch deutet, und auch Schelling
gedeutet und gegen Jacobi verfochten haben soll. Doch sei
deßhalb um mich nicht besorgt: „scientia inflat, charitas
aedificat", aber der hl. Augustin setzt hinzu: „Et tunc
scientia non inflat, quando charitas aedificat;" quae (igitur)
charitas Dei ut diffundatur in cordibus nostris per Spiri-
tum Sanctum, — die nocteque Deum invocemus. Quodsi
Deus nobiscum, quis contra nos? — Also im Vertrauen auf
Gott, wage ich zu philosophiren!

Vor einigen Tagen ist Sch. angekommen; und von dem
nun erfuhr ich, in welchem Lichte Du bei den Deinen ste=
hest. Dein Bruder, der etwas zu besonnen und trocken zu
sein scheint, fürchtet nur, daß Dir die Theologie wieder
verrauche, wie die Medizin; er habe dieß schon bei der Me=

dizin gefürchtet, da Du so begeistert davon gesprochen habest, und da Du nun mit derselben Begeisterung von der Theologie redest, so sei ganz folgerecht, daß er dieselbe Furcht bekomme. — Dein Vater sei ganz und gar nicht über Dich aufgebracht, sondern wolle nur ernstlich prüfen, ob Dir denn die Theologie Bedürfniß sei, oder nur ein Gedanke; theils aus Sorgfalt für Dich, theils weil er Dich lieber bei der Medizin, als bei der Theologie hätte, sintemal denn immer einem kernhaften Vater am Herzen liegen muß, daß sein Stamm immer fortwachse, und ihn die Fülle der Zweige ziere und umschatte. Doch sei er schon entschlossen, Dir das Feld zu räumen, da man aus Deinem gesammten Wesen schon einen gewissen Beruf zum geistlichen Stande zu entnehmen meine. Du siehst also, daß Deine Gegenpartei weder Eines Sinnes ist, noch festen Stand hat, noch Hartnäckigkeit, und daß alle Schwierigkeiten, die gegen Dich, wie Meereswogen, drohend sich erhoben, schon im Sinken und Schwinden sind. Sei daher nicht nur froher Hoffnung, sondern auch gewisser Zuversicht, daß Alles nach Wunsch gelingen werde. Daß Du in diesem Jahre die Bürde der Medizinerei noch tragest, wird wohl fast nothwendig sein, obgleich auch hierin Dein Vater noch zu besserer Einsicht gelangen kann. Auf jeden Fall aber würde ich Dir rathen, während dieser Zeit recht standhaft zu sein: fällt Dir die Gegenwart schwer, so denke an die Zukunft; laß' wohl nicht ab, auf eine kluge und vorsichtige Weise die Deinen völlig zu bereden; denn das ist Deine Sache und Deine Pflicht; was aber erfolgt, das nimm an, sei es nun für Dich, oder wider Dich, denn ich einmal glaube fest, daß die Gottheit unser Leben regiert, und daß von Ihr das Gedeihen und Ende abhängt, während der Anfang manchmal nicht von Gott, sondern von uns ausgeht, nämlich so oft, als wir abweichend zu Werke gehen. Darum sei nur guten Muthes, denn es sorgt und wirkt Einer für uns, der Alles gut macht, was Er immer macht. Und wir dürfen nicht, wie einige Geblendete thaten, etwa meinen, Gott kümmere sich nicht um Kleineres — was ist klein? „Wer kann ermessen? ruft der weise Sirach. Ist die Lilie des Feldes nicht minder, denn ihr?" — „Die Haare eures Hauptes sind gezählt," spricht Jesus, der Erlöser. Wenn wir aber dieß Alles wissen, so wäre Furcht und Bangen, wenn dieß aus einem Zweifeln an Gottes allesregierender Vorsicht hervorgeht, eine S ü n d e! — Daß ich Dir demnach auch rathe, die Medizin gehörig zu studieren, solange Du noch dabei bist, versteht sich von selbst.

Lebe wohl! ich umarme Dich!

Dein Freund F l i r.

B a d e n, am Vorabende von Peter und Paul 1829.

Innigst geliebter Freund!

Die Natur feiert die Morgenstunde! Den „Parmenides" in der Hand, ging ich hinaus in den noch einsamen Garten, und wollte unter den säuselnden Schatten der stillen Bäume den Geist erquicken. Aber das Herz war so warm, so voll, daß mir das Lesen unmöglich war: ich betete also zum Schöpfer aller Wesen, zum Urheber der Zeit, zum Geber der Tage. Darauf war ich, weiß selber nicht wie — auf einmal bei Dir, ich schaute Dich an, umarmte Dich, rief Dir Ermunterung zu, und wollte mich nun zu meinem Hellenen wenden, aber — ich konnte nicht! So fest war ich an Dich gezaubert. Doch ich schickte mich willig in diese Nothwendigkeit, und begab mich in mein trautes Kämmerlein zurück, und siehe — bin nun schon vollends im Schreiben begriffen. — — O Freund, wie gerne wollte ich die Last, die jetzt Dich drückt, mit Dir theilen! Wie gerne die Hälfte der schönen Zeit Dir hingeben, die mir nun vergönnt worden. Denn obgleich ich mehr Hindernisse um mich habe, als Du vielleicht denkest, so sind dieß doch freudige, wahrhaft freudige Tage! Er, der sie gegeben, möge mir auch verleihen, daß ich sie, wenn ich solcher Worte mich vermessen darf, nach S e i n e m Willen lebe! Daß ich begeistert in Ihm strebe, lebendig wachse durch Seine Stärkung — sowie unter mir, neben mir, über mir — Alles treibet und blühet, nach Seinem Gesetz! Daß Er mich erhalte, und ich nicht ersterbend, wie welkende Pflanzen, im Elemente zerfalle, daß nicht Wissen und That, Denken und Wollen in mir sich spalte, sondern Alles E i n s sei und bleibe, nach Seinem Bilde! Denn nur darauf kommt es in Wahrheit an, ob wir in Gott leben, oder in der Welt: leben wir in Gott, so ist uns alles Aeußere Eines und Dasselbe, denn in Gottes Thun ist kein Unterschied; also, wenn wir wirklich in Ihm leben, wird auch keiner in uns sein; benn sind wir Ihm in unserem Thun entgegengesetzt, so leben wir 'nicht Ihm, sondern dem Veränderlichen, Nichtigen, da wir dieses nachahmen und in uns kundgeben. Daher ist auch der Ausspruch des geistvollen S ch e l l i n g dem Sinne nach wahrhaft evangelisch: „S t r e b e, d a s A b f o l u t e zu w e r d e n!"

Aber mit Erstaunen las ich gestern in Platons „Republik" die gewaltigen Worte, wie man sich einen vollkommenen Gerechten vorzustellen habe: „γυμνωτεος παντων, πλην δικαιοσυνης ..., μηδεν αδικων, δοξαν εχετω την μεγιστην αδικιας ... μαστιγωσεται, στρεβλωσεται, ... τελευτων, παντα κακα παθων, ανασχινδιλευθησεται!" Was Anderes gebeut uns der von Gott erleuchtete Heide, als was der Erlöser selber gebot? Niemand ist gerecht, wer Ihm nicht nachfolgt; Er aber hat gelitten und ist gestorben! Laß uns daher, mein Freund und Bruder, den Entschluß fassen, wie der Erlöser zu sterben! Mit diesem Entschluß Alles ertragen, was da kommt, und muthig in das Leben hineinschreiten! Denn wir gehören nicht mehr uns an, sondern Gott! und E r w i r d f ü r S e i n E i g e n t h u m s o r g e n.

Ohne Zweifel wunderst Du Dich, warum ich denn Platons „Republik" lese? Die Ursache ist diese: ich muß. Denn das, was man Moral zu nennen pflegt, wird um so weiter vor meinen Augen, je mehr ich mich hineinwage, und ich bebe völlig, wenn ich mir das Unermeßliche vorstelle, das ich zu erkennen strebe. Doch mit Gottes Zuthun, auf das ich vertraue, geh' ich an Alles. Vor Irrthum bewahrt mich die heilige Schrift, indem ich nicht an der Wahrheit der Aussprüche zweifle, sondern sie nur, so weit es mir möglich ist, zu entwickeln verlange. So ist es also in m i r, und da jener Sophistensatz: „οτι ανθρωπος μετρον απαντων χρηματων" — benn doch insoweit wahr ist, daß sich das Sehen nach dem Auge, und der Kreis der Wahrnehmung nach dem Maße des wahrnehmenden Wesens richtet, so erhellt auch, welcher Art und Weise jetzt mein Lesen des P l a t o ist; benn jetzt einmal sehe ich in ihm das Vorbild meines Innern, den Moralisten. Nun bin ich aber durch den dualistischen Plutarchos etwas beunruhigt und gereizt worden, da sich bei diesem denn eben obiges Sprüchlein des Protagoras bewahret,

und er den Plato geradehin zu einem Erzdualisten umge=
gossen, um ihn nach seinem Modell zu drucken. Ich aber
suchte Gegenbeweise aufzustellen, die ich denn vorzüglich im
„Parmenides" gefunden zu haben glaubte. Denn in diesem
Dialoge meine ich das Ziel meines Denkens, ja wohl das
Bild der gesammten Philosophie, das Bild des All's, des
Gottes und der Schöpfung zu sehen. In andern Dialogen
aber, z. B. im „Politikus", „Theaitet", fand ich Sätze, die
mit dem Früheren mir nicht zusammengingen; jedoch ich
bahnte mir einen Ausweg, so gut ich bei meiner noch zu ge=
ringen Kenntniß des Plato vermochte. Ich trug dann das
Ganze Hrn. Chüeny vor, der vor einiger Zeit hier war,
um sein Urtheil zu hören; er aber gab mir eine gar nicht genü=
gende Antwort, nämlich: es finde sich wirklich hierin in Plato
ein Widerspruch. Das reizte mich nun noch mehr, und
da sowohl Plutarchos als Chüeny sich auf Werke beriefen,
die ich noch nicht gelesen habe, so war bald der Vorsatz in
mir, mich daran zu machen, und selber zu schauen, was sich
mir denn ergibt, — und gesetzt, daß ich in Allem keine wei=
tern Beweise meiner Vermuthung finde, so will ich doch lieber
bei dieser bleiben, als bei der Annahme, daß Plato sich wider=
spreche. Freilich sind Plutarch und Chüeny nicht von glei=
chem Standpunkte ausgegangen; denn Jener wollte ihn, wie
er denn selber ein starrer Systematiker ist, zum Systematiker
machen, und schreibt die Aeußerungen, die nicht nach seinem
Leisten paßten, der Jugend des Plato zu, — Chüeny aber
von des Erkennens Lebendigkeit durchdrungen, verschmäht die
Knechtschaft des Systemes und sagt, jener Widerspruch in
Platons Schriften sei in seinem Gemüthe gelöset, und beruft
sich auf eine Stelle des 7. Briefes, wo Plato erkläre, daß
von ihm keine Schrift vorhanden sei, worin sein Wissen und
Denken hinterlegt wäre. Ich habe diesen Brief angefangen,
habe aber, da er ziemlich weitläufig ist, diese Stelle noch nicht
gefunden, und finde ich sie, so dienet sie mir nur noch zur
Bestätigung meiner Ansicht, die sich von der des Chüeny da=
durch trennt, daß er einen Widerspruch annimmt, ich aber
keinen, indem ich das entgegengesetzt Scheinende von anderm
Standorte ausgehend, mir erkläre. Die „Republik" habe ich
aber deßhalb zuerst gewählt, weil ich hierin am hellsten in
Plato's Denken (als Moralist) zu sehen hoffe. Denn Du irrest,

wenn Du dem gewöhnlichen Namen gemäß Dir da ein Staats=
wesen denkest; der Inhalt ist: Was ist das Gerechte?
Alles Andere, Staat und Gesetze, dient nur zur Entwicklung je=
nes Thema's, wie Plato ganz deutlich im 2 Buche sagt. Daraus
erhellt nun wohl, daß ich ohne Zweifel an die ächte Quelle
ging, und der Anfang einmal — ich beginne morgen das
3. Buch, — hat mich schon innigst erfreuet und begeistert.
Von der „Republik" komme ich, indem Plato selber diesen
Weg angibt, auf den „Timäus" und von dem dann auf
die Gesetze. Nebenbei wiederhole ich die gelesenen Dialoge
und füge neue dazu. So wiederhole ich jetzt den „Parme=
nides"; denn diesen muß und will ich mir ganz in succum
et sanguinem verwandeln. Es leuchtet mir auch immer etwas
Neues auf, was ich vorhin übersah, so daß ich schon jetzt
dem Kleuker nicht glaube, der schreibt, Plato habe diesen
Dialog mit Sophistereien durchwebt und nur als Probe
seiner gewandten Dialektik verfaßt und stimme sonst mit die=
sen Ansichten ganz und gar selber nicht überein —! Ich habe
auch durchaus Dieses und Jenes für Sophisterei gehalten, aber
man prüfe sie nur mit dem Geiste, mit dem man dies Ge=
spräch angehen muß, und man wird statt derlei Zungenfech=
terei etwas ganz Anderes finden.

Doch nun eine andere Saite! — Etwas Neues. —
Chüeny hat auf unsern B. einen Nekrolog geschrieben;
er wurde zweimal vor einer zahlreichen Gesellschaft vorgelesen
und hat, soviel ich bemerkte, bei Manchen nicht üble Stim=
mung erzeugt. Es stehen darin über das gesammte Leben
eines Studenten, über Sprachenstudium, Classiker, Philosophie,
Theologie, Kunst, Erziehung — gewaltige Sätze, und die
Schrift ist vom Geiste des Katholicismus, wie ein Körper
durch die Lebenswärme, innigst durchdrungen. Wir haben den
Aufsatz nach Innsbruck geschickt, daß ihn Hr. Schuler in
die Zeitung aufnehme: was erfolgt, ist noch unbestimmt. Du
wirst auf jeden Fall hier noch ein geschriebenes Exemplar
finden. Nun will ich enden, denn so eben schreibt mir L.,
daß morgen ein Brief von Dir komme. —

Zwei Tage mußte ich auf Dein ersehntes Brieflein war=
ten. Ich sehe wohl daraus, was ich vermuthet habe — näm=
lich, daß Du mit Deinem Zustande nicht zufrieden bist und

nach der Freiheit des Geistes Dich sehnest, von einem tiefen Heimweh gezogen, und in ganz anderem Sinne, als Ovid, das „dulce solum natale" preisend. Aber sei geduldig; „nach einer kurzen Zeit, sprach der Erlöser, werdet ihr mich wieder sehen! Und selig sind die Trauernden, denn sie werden getröstet werden." Daher hat wohl Deine Trauer einigermaßen ein Mitleid in mir erregt, aber weit größer war die Freude. Denn diese Deine Trauer ist Das in der Tugend, was die Skepsis in der Philosophie: beide gereichen zur Grundlage im Anfang, und in der Folge zur Stütze. Jedoch gesteh' ich Dir, daß ich in solchen Fällen weit leichtsinniger bin, als Du, sowie ich denn in vielem Andern einen Indifferentismus habe, wegen dem ich in meinem Aeußeren Vieles theils nicht bessere, theils noch neuerdings verfehle. Wäre daher ich in Deiner Lage, so würde ich mich über solche Hindernisse wohl ärgern, wenn gerade die Rede davon, oder ein besonderer Fall wäre, — übrigens aber würde ich gelassen und emsig fort und fort bis zum Ziele den Quark studieren und mit dem eisernen Gedanken: „es muß sein" alle Grillen verscheuchen. Das Gewissen sollte mich ganz sicher nicht plagen. Ich weiß dieß als ein Erfahrener. Denn was kannst Du dafür? Kannst Du aber nicht dafür und kannst Du es auch nicht ändern, so ist dieß die Pflicht, daß wir standhaft dulden. Denn meinest Du, Gott finde nicht mitten durch Deine Säuren und Essenzen den Weg zu Deiner Seele? Kann es nicht sein, daß auch Geduld und Standhaftigkeit bei dem Heiligen mehr gilt, als Denken und Sinnen? War leiden, gegeißelt, gekreuzigt werden, ein so herzerhebend Ding? Und doch wurde gerade durch diese Leiden — die Welt erlöset! Ich meine also, Du sollst die Sache nicht so leichtfertig nehmen, wie ich sie wenigstens früher genommen hätte, aber auch nicht mit allzugroßer Trauer, sondern in der Mitte schwebend in dem Anfang des Tages und Ende desselben den Geist erquicken, in der Zwischenzeit aber mit thatrüstigem Thun und Anstrengen Kraft und Willen und Geduld üben.

Da Du übrigens nun die Prüfungen vor Dir hast, so dispensire ich Dich, außer dem Falle der Nothwendigkeit, vom Schreiben, ich aber werde — desto öfter schreiben. Ich umarme Dich und bleibe Dein Freund Alois Flir.

Baden, 12. Juli 1829.
Innigst geliebter Freund!

Deinem Willen, wie Du ihn mir zu erkennen gegeben, folgend, weiche ich von der Ordnung unserer Briefreihe ab und schreibe, bevor noch Deine Antwort anlangt, aber ich thue dieß in einer so gedrängten Zeit, daß ich die Dämmerung, die mir die Examina meines Zöglings allein noch übrig lassen, durch Zuschließung der Fensterläden zur Nacht machen muß. Doch das soll mich nicht hindern, mein Gemüth so frei zu eröffnen, als wenn ich in stiller Mitternacht wäre, oder in feierlicher Morgenstunde. Denn wir, o mein geliebter Freund, haben einander wohl Manches zu sagen, die wir einander nicht nur lieben und ermuntern, nach der Freunde Art, sondern auch durch das Walten der Gottheit unseren Bund bestätiget sehen, da es uns Beide zu Gleichem in gleicher Zeit berief und herausnahm. Denn ich trage in mir die feste, unerschütterliche Zuversicht (die ohne Zweifel auch in Deiner Brust wohnet), daß die Veränderung, in welche unser Leben gegen alle unsere Erwartung in der letzten Zeit da getreten, ein Werk der göttlichen Gnade sei. Sollen wir erbeben, Solches zu bekennen, unser Leben für zu gering achtend, als daß wir es auf das Allerheiligste beziehen? Wie? sollen wir aber nicht weit mehr zittern, es für sich hinzusetzen, wie ein Götzenbild, und von jener Macht loszureißen, die da Alles, in welcher Alles!? — Darum sagt Schelling: „Gott sei der überall Wirkende und Waltende, wir aber seyen die disjecta magni membra poetae (ποιητȣ)." Dasselbe steht in zahllosen Stellen der heiligen Schrift, —ja, was enthält diese denn Anderes? Desto auffallender ist also die Abgestorbenheit des jetzo herrschenden Sinnes, der da Gott zum zweiten Male mordet, und seine Jünger für Narren erklärt, und mit Spott und Verfolgung auszurotten sucht. Aber auch ihnen ruft der Erlöser jene gewaltige Rede zu: „Dum lucem habetis, credite in lucem, ut filii lucis sitis." — Salomon erstaunte über die Blindheit der Heiden, daß sie todte Bilder für Götter und Regierer des Weltalls hielten, und sieht dieß als eine furchtbar verhängte Strafe an. Aber gerade so ist es jetzt, wo man die Wunder in ein Taschenspiel oder physisches Phänomen umgestaltet, die Weissagungen durch etymologische und hermeneutische Verdrehungen und Zerlegungen aufhebt, und das gesammte Leben auf Naturgesetze und menschliche Willkühr aufbauet, wobei man keinen Gott mehr zu brauchen meint, als höchstens das unerwartete und von Niemanden vorherbestimmte geordnete Zusammenstimmen zu personificiren, so, daß Gott aus den Dingen erschaffen würde, wie die Harmonie aus den Tönen, oder das Farbenspiel aus den Strahlen; sowie man denn auch, altem Beispiele zufolge (Phädon), unsern Geist den „concentus virium vitalium" nennt. Doch ich reiße mich von allem Dem los, in das ich da wider Willen hineingerathen bin, und stelle die Frage: Wenn aber Gott Alles wirkt, warum ist dann Vieles so gering und nichtig? so daß Hiob ausruft, auch die Himmel seien unvollkommen und die Heiligen unrein? Schelling sagt in der Gelehrtensprache: „Das absolut Seyende lasse das Nichtige einfließen, um sich unendlich als seyend und das Nichtige als nichtseyend zu setzen, so daß alle Welt ein Wort sei, wodurch sich Gott bejahe." Daher scheint mir Augustinus die Erde ein „Beinahe nichts" zu nennen. Schöner aber, scheint mir, hat es kaum einer gesagt, als der hl. Paulus: „Deus omnia conclusit sub peccato, ut omnium misereatur." Ein ungeheures Wort!

Wenn aber dem also, wer darf da noch vorgeben, wir müssen bemüthig sein und unser Leben nicht auf Gott beziehen? — Aus Gott kommt es, in Gott bewegt es sich — in Ihm, dessen Erbarmung den Weltkreis erfüllet. Ein bedeutungsvolles Beispiel sei uns die Fußwaschung Petri. — Wir wollen somit gerne gestehen, daß unser Leben ein armselig, gebrechlich, wankend und mangelhaft Ding sei, aber das hindert uns nicht, auch dieses als eine Gabe Gottes anzusehen und Gott als den Alleinwirkenden zu bekennen. — Denn Gott erschaffet Alles aus Nichts. — „Quos praedestinavit, hos et vocavit, et quos vocavit, hos et justificavit, quos autem justificavit, illos et glorificavit." (ad Rom.) So werden wir also aus dem Nichts zu jener Verherrlichung durch Gottes Erbarmung emporgeführt, wovon geschrieben steht: „Dixi vobis, vos dii estis!" oder wie der hl. Paulus sich ausdrückt: „Conformes imaginis filii tui." — Wenn aber Alles pure Erbarmung Gottes ist, so sollen wir nicht glauben, seine Gnade richte sich nach unserm Verdienste; denn dann wäre es ja keine Gnade, wie Paulus lehrt: "Gratia enim estis salvati per fidem, et hoc non ex vobis, Dei enim donum est; non ex operibus, ut ne quis glorietur." (ad Ephes.) — Mein Bruder hat daher diese Wahrheit vielleicht nicht lebendig genug sich vorgestellt, da er sich wunderte, daß an mich, einen Heiden (!) ein so erhabener Beruf erging; es ist wahr, wir sind unseres Berufes nicht würdig, aber er kommt aus Gottes Erbarmung, welche unsere Mängel ersetzt. Denn wunderbar ist das Wirken der göttlichen Gnade, wovon der Erlöser bei dem Nikodemus also spricht: "Spiritus, ubi vult, spirat! et vocem ejus audis, sed nescis unde veniat, aut quo vadat: sic est omnis, qui natus est ex spiritu." Zu Gideons Zeit verschmähte Gott die Gewaltigen und wollte mit Wenigen, mit Machtlosen die Feinde schlagen, daß Israel sich nicht rühme und sage: "Meine Hand hat mich erlöset." — Daher wäre es wohl gefehlt, wenn wir ob unseren Mängeln und Gebrechen vor unserem Berufe erzitterten: der Beruf ist nicht unser Werk und wird also durch Den, dessen Werk es ist, auch vollbracht werden, so daß wir auf uns vollkommen anwenden können: "Spe salvi facti sumus." Denn wir sind jetzt wie die Opferthiere, die man auf einer abgesonderten Wiese bis zur Zeit des Opfertodes aufbewahrte, "nondum configurati sumus morti Ejus, nondum consepulti cum Eo," aber Gott, der uns als Opfer abgesondert und herausgenommen hat, wird uns auch dazu führen, wozu das Opfer bestimmt ist. Unsere Fehler, die wir von Tag zu Tag begehen, sollen uns nicht irre machen: vielleicht nimmt sie Gott deßhalb nicht von uns, weil wir noch zu wenig demüthig sind und im Hintergrunde noch uns für die Wirkenden halten könnten, sowie er den jungen David ganz entwaffnete, daß er mit Nichts gerüstet, als mit dem Vertrauen auf Gott, gegen den Riesen hervortrete. Wenn wir daher nur recht innig und lebendig auf Gott vertrauen, alles Uebrige ergibt sich dann von selber. Ich dieser Gesinnung also, die Du ohne Zweifel ebenfalls als die rechte anerkennest, wollen wir unsere Wege vorwärts schreiten, bittend um Erlösung von den Sünden, da diese uns zurückhalten; muthig und vertrauend, weil wir wissen, daß Gott mit uns ist. Höre, was St. Paulus einst an die Philippenser, jetzt aber an uns Alle schreibt: "Fratres, ego me non arbitror comprehendisse (ultimam metam). Unum autem (dico), quae quidem retro sunt, obliviscens, ad ea vero, quae sunt priora, extendens me ipsum, ad destinatum persequor, ad bravium supernae vocationis Dei in Christo Jesu . . . . Imitatores mei estote!" Dieser Spruch soll über uns schweben, wie jene Feuersäule über dem Volke, das auf unbekannten, wüsten Wegen zu seinem Ziele ging.

14. Juli.

Ich schreibe diese Fortsetzung meines Briefes in Wien, wo ich seit gestern mit dem F. mich befinde, weil er seine Prüfungen zu bestehen hat. Ich muß Dir etwas Neues berichten. Ich habe nun festgesetzt, meinen Bruder A. zu mir zu nehmen; die Ursache brauche ich Dir wohl nicht erst bekannt zu machen. Diese Theilnahme an seinem Leben und Wohle hat ihn aus seinem Leichtsinne und aus seiner Gleichgültigkeit herausgerissen, und mit festen, feurigen Ausdrücken hat er mir Erneuerung seines Thuns und Strebens versprochen. Ich hoffe, daß es wirkt! Er hat Talent und Gefühle: er kann ein wackerer Jüngling werden. Ich hätte den Wunsch, daß er mit Dir herabreisen könnte, doch die Sache läßt sich, wie natürlich, noch nicht bestimmen. Aber weit mehr noch wünsche ich, daß Du ihn zu Dir in Deine Wohnung nähmest; denn von dem, bei dem er wohnet, hängt die Entscheidung ab, ob er gerettet ist und gedeiht, oder ob er, zwischen zweien entgegengesetzten Polen schwankt und unsicher sich bewegt. Doch auch hierüber kann ich von Dir noch keine bestimmte Antwort erwarten, obgleich ich nicht im Mindesten zweifle, daß Du nach Wien kommen wirst. Der junge Bruder des Sch. kommt wahrscheinlich auch herab, M. studiert hier die Medizin. Es muß Vielen auffallend werden, was denn etwa in Wien sein mag, das da die Leute so gewaltig, wie ein Instinkt die Zugvögel herbeizieht. Es ist wirklich zu hoffen, daß wir im kommenden Jahre recht strebend und thätig, beisammen leben werden, — wir Alte müssen vor den Jungen uns vorwärts bewegen — die Jungen fliegen uns nach, so daß wir eine geistige Gemeinschaft bekommen, wie die Spartaner eine kriegerische hatten. R. ist voll freudiger Thatkraft, und ich glaube, Gott hat uns an ihm den Sokrates gegeben, mit dem er auffallende Aehnlichkeit hat; denn wie Jener ist er ein äußerst re-

ligiöser Mann, wie Jener, — bekämpft er die Sophisten mit
Dialektik, — wie Jener, sucht er junge Leute blos wie ein
μαιευτικος zu erregen und zu fördern, — wie Jener, verschmäht
er allen Gelderwerb, — wie Jener, lebt er ohne Ehrenstellen, ohne
schöne Gewande, ohne Geldbequemlichkeit. Wohl mangelt ihm
jenes Allgemeine, das den Sokrates mit allen Menschen,
jungen und alten, Frauen und Männern, so schön verband;
aber erstens kennen wir den Sokrates nur aus Schriften,
wo man das Fremdartige meistens ausläßt, dann lebte Sokrates in einer andern Welt, endlich muß man gestehen, daß
R. viel zahmer und liebevoller geworden. Dann war auch
Sokrates in frühern Jahren ein bissiger Mann und Jüngling, so daß selbst Zenon und Parmenides über ihn einmal
unwillig geworden sind. — Sei geduldig in Deinen Prüfungen und denke, daß Beschwerden heilsam sind, und tröste Dich
mit der schönen Zeit, in die Du nun bald wirst hinübertre-
ten. Vertraue auf Gott, der so offenbar Alles zu Deinem
Besten leitet . . . . Lebe wohl! Dein Freund Flir.

Wien, den 17. Juli 1829.
Innigst geliebter Freund!

Mit einem so bangen und schaudervollen Gefühle habe
ich Deinen Brief gelesen, daß ich es weder nennen noch beschreiben kann. O mein Gott! wie danke ich dir für solche
Hülfe, die du meinem geliebtesten Freunde gebracht! Und
meinst Du, das sei ein leerer Zufall gewesen? Du meinst
es sicher nicht und auch ich nicht! Denn wie das Sichtbare
ein Abbild des Unsichtbaren, so hat auch Manches im äußeren
Leben tieferen Sinn und weitere Deutung. Dieser Gedanke
ist mir vielleicht an dem Tage, wo Dir jener Vorfall begegnete, durch die Lesung des Ezechiel in die Seele eingeprägt
worden. Sieh', wie Petrus sankst Du unter in den Wassern:
da wandelte der Erlöser über die Wellen einher, und reichte
Dir die Hand, mit dem Worte: ολιγοπιστε! Denn ich denke
mir manchmal, daß Du zu wenig auf Gott vertrauest. Denn
Du hast immer und immer das Auge auf Deinen Fehlern:
plage Dich nicht so gewaltig! „Der Gerechte, spricht der
Erlöser, fehlet des Tages siebenmal." Dem Fehlen und Fal-

len sind wir unterworfen, so lange, bis wir einsehen, daß
wir durch uns nichts vermögen. Die Fehler sollen uns mit
Reue füllen; ist man aber mit seinem Gewissen zu ängstlich,
so wird man ein geistiger Hypochondrist. Denn auch diese
schauen nicht darauf, daß sie Leben im ganzen Leibe noch
tragen und Wärme durch alle Adern strömet, durch welchen
Gedanken sie erfreuet und völlig erfrischt werden müßten,
sondern sie schauen auf das Kleinlichte, zählen die Pulse,
fühlen das Herz wallen, beobachten die Verdauung, und was
etwa sonst noch in der Makrobiotik stehen mag. Nimm mir
eine so grelle Sprache nicht übel, — ich muß einmal über
Dich herfallen und Dir Deine Klagen stopfen. Nimm meine Rede
so auf, wie sie mir aus dem Herzen kam, — denn bei Gott,
sie ist wahr! Denke Du an die Gnade Gottes, die Dich bis=
her so wunderbar erzog, und regierte und sei getrost, daß sie
auch in Zukunft Dasselbe thun wird. D e r Gedanke, meine
ich, soll Dir gegenwärtiger sein, als die Zahl und Art und
Weise Deiner Gebrechen. Die Fehler sollen untergehen, zer=
schmelzen im Feuer des heiligen Geistes. Dem gib Dich hin,
i n d e m sollst Du frohlocken, nicht immer i n D i r trauern.
Sieh', das wollte Dir Gott vielleicht zu erkennen geben. Er
ließ Dich untersinken, bis an die grauenvolle Nähe des Todes
bringen, um Dich auf eine auffallend wunderbare Weise zu
retten, damit Du erkennest, wer Dein Erhalter ist und auf wen
Du somit zu schauen und zu vertrauen hast! „Wenn Gott
mit uns, wer wider uns?" Vielleicht w i r s e l b e r? Wie,
können w i r Gott widerstehen? Wenn aber auch wir nicht
widerstehen können und Niemand widerstehen kann, was er=
gibt sich dann? „Gott wirket!" Darum, welch' ein Gefühl
soll in uns größer sein, als das des Glaubens, des Ver=
trauens, der Freude? Wenn wir fühlen, daß uns die Gnade
Gottes ergriffen hat, was soll uns da noch erschrecken? Sonst
sind wir wie jene alte Sarah, welcher geantwortet wurde:
„Ist bei Gott Etwas wunderbar?" Warum war denn diese
so lange unfruchtbar? Daß sie erkenne, wer über Alles regiere
und Alles wirke. Aber ohne Zweifel hat sie, nach jenen Wor=
ten, fester auf Gott vertraut, denn mit jenen Worten war
schon die Befruchtung in ihr. Sieh', wir waren auch seit
langer Zeit unfruchtbar, seit wir aber den Ruf, die Rede des
himmlischen Engels vernommen, sind wir *εγκυμονες* gewor=

ben; und sind wir das, so wird auch der Tag der Geburt kommen, wo, wie ein Sohn der Verheißung, ein frisches und reines Leben aus uns hervorgehen wird. "Gloria in excelsis Deo, et in terra pax hominibus bonae voluntatis". Dieser Ruf, dieser Gesang erscholl in den Lüften über der Geburt des Erlösers, darum, weil er uns Friede und Freude gebracht; sowie er nach seiner Auferstehung sprach: "Der Friede sei mit euch!" — Davon meine ich nun, ist es genug, denn bei Dir braucht es nichts weiter, als einen Wink, den ein Freund dem anderen schuldig ist. —

Ich bin heute noch in der Stadt, werde aber in Einer Stunde von hinnen wandern — hinaus auf die Hügel von Baden! O, wie ich nach Dir mich sehne! Doch was nicht ist, soll nicht lange die Seele binden, — hat doch schon der alte Prometheus gesagt, was nothwendig, das soll man ertragen. Schreibe mir noch einmal, wenn auch nur einige Zeilen: wie es Dir geht und wann Du nach Hause kommst. Geh' dann mit Klugheit die Gemüther der Deinen an, daß Du zu uns herab kommest. — Ich habe heute meine Bittschrift nach Brixen gesendet (um Aufnahme in die Theologie), an den Katecheten Doblander, der mir sie dann dem Consistorium überreichen wird. — Der Aufsatz Chüeny's (B.'s Nekrolog) wird in Tirol schwerlich erscheinen; denn da Schuler schon seit vier Wochen aus weder mitgetheilten noch errathbaren Ursachen denselben zurückhielt, so ging gestern ein Brief von Chüeny an ihn ab, mit der peremtorischen Forderung, entweder binnen 8 Tagen in die Zeitung einzurücken oder an meinen Bruder abzugeben. . . . .

Ich umarme Dich! Dein Freund Flir.

Baden, am 30. August 1829.
Mein geliebtester Freund!

Ueber die Alpen hinab konnte der Brief nicht mehr kommen, weil ich nicht sicher war, ob er Dich treffen werde. Dafür soll er Dich also an der Schwelle Deiner Heimat, statt meiner, begrüßen. Bald aber, wenn es der Wille Gottes ist, werde ich Dich selber grüßen und an meine Brust drücken! Wie mir auch sonst die Zeit immer zu schnelle davon flieht, so geht sie mir doch diesmal zu langsam, denn ich erwarte

Deine Ankunft mit drängender Sehnsucht, und zwar vor Allem der Freundschaft wegen, die ich seit Langem zu Dir trage, dann aber auch wegen manchem Anderen, das seit unserer Trennung eingetreten. Was dieß aber sei, will ich jetzt nicht auseinanderlegen, denn, so wir nicht zusammenkommen, wären es leere Worte; — kommen wir aber zusammen, so wird's die lebendige Stimme besser als die Buchstaben sagen. — Daß wir aber wirklich uns nach kurzer Zeit sehen, sagt mir eine innere Stimme, aber ich weiß nicht, ob diese nur die Stimme des Verlangens ist, oder der Erkenntniß, oder beider zugleich. Denn ich meine aus den Umständen, die schon gegeben sind, das Folgende vorherzusehen — sowohl von Seite Deines Vaters, als von der Deinigen. Ich nehme aber deßhalb nicht die vorangehenden Umstände als die Ursache des Erfolges an, denn da würde ich den Fehler Derjenigen erleiden, die das Erschaffene als die Ursache des Erschaffenen ausgeben. Denn es kommt vor Dem, der das Wesen dauchschaut und prüft, nicht darauf an, wie ein Jedes geschieht, sondern was geschieht. Gottlosigkeit ist Gottlosigkeit, ob sie nun da oder dort, so oder anders sich zeige. — Ich denke mir also, wie alles Gewordene und Werdende, so beruhet auch jede Begebenheit in Gott, mit ihrem Anfange und Ende. Obgleich beim Anfange der Begebenheit die ganze Begebenheit noch nicht da ist, so ist doch schon die ganze Begebenheit in der Vorherbestimmung in Gott; der Anfang der Begebenheit ist demnach nicht als die Ursache der Begebenheit anzusehen, sondern die göttliche Vorherbestimmung, in welcher die ganze Begebenheit, somit auch ihr Anfang, beruhet. — Der Anfang geht also aus dem Ganzen hervor und ist im Sinne des Ganzen entworfen. — Eben deßhalb trägt der Anfang mehr oder minder klare Kennzeichen des Folgenden an sich: Hieroglyphen des göttlichen Willens, der das Ganze schon gemacht hat, ehevor es da ist. — Auf diese Weise nun hoffe ich aus der Betrachtung des Anfanges das Ende und erwarte, daß Er, der die Sache schon so gestellt, sie auch so ausführen werde. Wenn ich Dich also vor mir sehen, wenn ich Dich, o mein Bruder, umarmen werde, so will ich dieß nicht als einen günstigen Zufall des ordnunglosen Getriebes, oder als das nothwendige Ergebniß aus dem Zusammenstoß geeigneter Umstände annehmen, sondern als eine Gabe des alleswirkenden, allesordnenden, allgegenwärtigen, lebendigen Gottes! Darum wollen wir auch diesem die erste Freude unserer Zusammenkunft als Dank zum Opfer bringen, und so dann das Beisammenleben, mit Seiner Gnade einrichten, daß es, wie es aus Seinem Willen gekommen, so nun auf denselben zurück sich beziehe und blos in ihm beruhe. — Wenn wir aber Gott für Eines danken, so müssen wir ihm für Alles danken, weil sonst der Dank für das Eine nicht möglich ist. Denn nehmen wir Eines als Gabe Gottes an, so müßen wir Alles dafür annehmen, weil, wie ich, um Einmal zu denken, überhaupt denken muß, ebenso Gott, um in Einem der Bewirker zu sein, in Allem Bewirker sein muß. Wenn ich demnach Alles als Gabe Gottes ansehe, und nicht für Alles danke, so muß ich entweder glauben, daß nicht alle Gaben Gottes gut seien, wodurch dann der geglaubte Gott wieder im Grunde geläugnet, und somit wohl auch der Dank gegen ihn aufgehoben wird. Oder ich betrachte alle seine Gaben als gut, und danke doch nicht für alle: so bin ich ein Undankbarer, und somit, als solcher, des Dankes nicht fähig; was ich Dank nenne, ist nichts, als der Ausdruck der Ergötzung, die ich durch die Gabe bekomme, somit nichts weiter, als eine thierische Geberde. — Wenn dieß aber so sich verhält, so sehen wir auch, wie wir uns zu halten und zu betragen haben, wenn unsere Hoffnung nicht verwirklicht wird, und unsere Aussicht in's Leere ging. Denn wie es, wenn Du nach Wien kommst, Gottes Wille ist, ebenso ist es derselbe, wenn Dir dieser Weg vor Deinen Füßen abgebrochen wird und verschwindet.

Er ist damit nicht gesagt, daß wir uns hier, gerade wie dort, erfreuen müssen: εστι (γαρ) σωμα ψυχικον, και εστι σωμα πνευματικον.... αλλ' ȣ πρωτον το πνευματικον, αλλα το ψυχικον, επειτα το πνευματικον. Denn weil unser Körper noch nicht geistig, sondern thierisch ist, so sträubt er sich gegen das Geistige, wenn es ihm entgegen wirkt. Kämest Du, so hätte Alles an uns seine Freude; kommst Du nicht, so ist uns ein Leid auferlegt. Gott will, daß dies Leid uns zustoße; er will, daß wir es als Leid empfinden, (denn wie wäre es sonst ein Leid?) Er will aber auch, daß wir das Leid, wie die Freude, als Seine Schickung annehmen, und für das Ueble, wie für das Angenehme danken, daß wir in der Freude dort, und hier in der Trauer uns freuen. Das allein ist der Unterschied; und eben dadurch unterscheidet sich der Christ vom Stoiker in dem Betragen in Leiden und Freuden. — Wohl ist es schwer, dem Vorbilde der Martyrer, die mitten unter den Qualen Lobgesänge anstimmten, auch nur im Kleinen und fernehin zu folgen. Aber ein Jeder thue da das Seine, wo er steht, und Gott nimmt mit gleicher Gnade das kleine Opfer des Armen und das große des Reichen an. Denn Gott fordert die Werke nach den Kräften; wenn wir aber die Kräfte haben, wie sollten wir so feig sein, über die Vollbringung zu jammern? Denn wir jammern nicht über Unmöglichkeit, sondern über die Mühe, und geben eben dadurch, nämlich durch die Klage, eine Anklage unserer Schuld. — Wie wir aber von dieser Seite aus sehen, daß die Hingabe an Gott, in Leiden und Freuden und jedem Geschick, wenn auch schwer, doch durchaus und wesentlich, nicht unmöglich ist: so ist doch auch and'rerseits diese Hingabe nicht, wie Schelling in jungen Jahren geschrieben, ein Werk ohne Muth, ohne Kraft, ohne Heldensinn, ohne Erhabenheit — nicht ein handhablich Spielwerk. Denn er meinte, wenn ich einmal annehme, Gott könne mir nichts als Gutes erweisen, so sei es eine leichte Sache, sich ihm hinzugeben. — Aber wodurch gibt er sich der Gottheit hin? — Durch Ausrottung alles Bösen, jawohl durch Vertilgung seiner Ichheit, da eben diese, nach seiner eigenen Lehre, im Gegensatze gegen Gott ein Böses ist. Ob nun aber dieß eben so leicht zu bewirken sei, als zu sagen, mag er selber zusehen; ich aber meine, die Hingabe an den guten Gott sei das Erhabenste im ganzen Leben, der Grund und Sinn des Lebens, wenn es wahr ist, was Augustinus schreibt, daß uns nämlich Gott für sich geschaffen hat, sowie auch Salomo sagt: Gott habe Alles um Seiner selbst willen gemacht, auch den Gottlosen zum bösen Tage. Doch nun will ich enden....

Das Schicksal des Aufsatzes (von Chüeny) hast Du ohne Zweifel schon erfahren. Sch. schrieb an Enk: der Aufsatz rieche nach Schlegel und Adam Müller, d. h. nach Pietismus; es wundere ihn, daß die bessern Köpfe der jungen Landsmänner in Wien eine so schiefe Richtung nähmen, — der Aufsatz könne somit nicht aufgenommen werden! ....

Baden, den 12. September 1829.
Innigst geliebter Freund!

Schon war ich bekümmert, daß Dein geraumes Stillschweigen etwa von einer Krankheit herrühre. Doch Gott sei Dank, von der Seite bin ich beruhigt. Aber dafür hast Du mir eine andere Krankheit entdeckt, die weit gefährlicher ist, als irgend eine am Leibe; denn durch diese ist nur das vergängliche Dasein, durch jene aber das unsterbliche Leben bedroht. — Ich bin zwar um dieses bei Dir nicht bekümmert; denn ich kann nicht zweifeln, daß Du Einer von Denen bist, die Gott sich erkoren. Darum bin ich im Innersten wohl ruhig, wie Christus, da er doch wußte, Lazarus sei dem Tode nahe. Denn bei den Söhnen des Lebens ist keine Krankheit, ja wohl der Tod selber nicht zum Tode. — Aber wenn das ist, wie sage ich dann, daß Deine Krankheit so gefährlich sei und Dein unsterblich Leben bedrohe? — Die Krankheit als diese wirkt und webt den Tod, und wenn ich diesen nicht fürchte, so kommt es nicht aus der Kleinheit des Uebels, sondern aus der Ueberschwenglichkeit der Hülfe. — Doch wir sollen, wie über die Hülfe uns freuen, so über das Uebel trauern, je nachdem dieses zugegen ist, oder jene. — Ob Du aber jetzt noch in Deinem Uebel niedergehalten bist, weiß ich nicht; ich, als ein kurzsichtiger Mensch muß aus dem urtheilen, was vorliegt. Darum, wenn Du auch schon frei geworden, so bist Du doch mir noch ein zum Tode Kranker und ein Gefangener Deiner Schwachheit. — Denn was ich denke, das rede ich; darum bin und heiße ich Dein Freund. — Ich sage Dir also, Du scheinest mir an einer argen Krankheit zu leiden. — Wie so? — Du erkennest ohne Zweifel wohl selber, wie so; aber ich will es wiederholen. —

Vor Allem einmal hast Du viel zu wenig Zuversicht zu Gott, dem Besitzer, Geber und Beherrscher alles Lebens. Wer hat Deinen Leib so geordnet und gebildet? Etwa Deine Mutter? oder geheime Kräfte des Mutterleibes? Das schiene mir unsinnig; mir bleibt kein gesunder Gedanke hierüber übrig, als daß ihn Gott, wie am Anfange aus irdischen Stoffen, so nun aus den mütterlichen bildet. Schaue also nur Deinen Leib an, und Du hast ein sichtbares Zeichen der wirkenden Gottheit. Wie aber das leibliche Wesen von Gott bewirkt wird, so muß ihn das geistige mit unabweisbarem Drange als seinen Vater und Herrn, als sein Höchstes und All' erkennen und anbeten. — Wenn demnach das ganze Leben des Menschen, sein leibliches und geistiges so in Gott beruht, wäre es nicht verwegen, wenn wir das Eine oder das andere oder beide von ihm abziehen, und als unser Werk und Eigenthum betrachten? — Du machst es aber so mit dem Vorsatze, Priester zu werden. Denn Du betrachtest ihn als Dein Werk, das, wie aus vergänglichen Empfindungen entsprungen, so auch wieder als ein vergänglich Bild, verschwinden kann. Wenn Du aber solche Lebensereignisse als Dein Werk ansiehst, so kannst Du das ganze Leben als nichts Weiteres betrachten. Denn was hast Du, solange Du athmest, mit solcher Wärme empfunden? wovon hast Du jemals eine solche Kraft, eine solche Weihe bekommen? — Das Du aber dies Ergebniß als Dein Werk anschauest, folgt daraus, weil Du es aufheben, oder wenigstens wanken lassest. — Denn betrachtest Du es als Werk des göttlichen Willens, so bleibt und besteht es als unerschütterlich und unberührbar. Wie der Vorsatz von Gott gegeben, wird auch die Erfüllung desselben zuversichtlich von ihm erwartet. Oder meinst Du, Gott setze in's Leere und baue in das Nichts? — Du hast es wie Moses, der wegen seiner Mängel dem Rufe Jehovas nicht gehorchen wollte; nicht aber wie David, der noch jung und waffenlos, im Namen Gottes dem Riesen entgegenschritt. Weißt Du nicht, wie Gott das Heer Gideons geschwächt und verkleinert hat, damit man erkenne, der Sieg sei nicht das Werk Israels, sondern Jehova's? Weißt Du nicht, daß der Erlöser so arme unverständige Fischer zu den Verkündern seiner Erlösung und zu Lehrern der Weisen eingesetzt hat, damit man erkenne, es wirke Gott, und nicht ein Mensch? Sieh', so dienet vielleicht Deine Schwachheit gerade dazu, daß Du das nun folgende Leben nicht als Folge Deines Thuns, sondern als unmittelbare Gnade und Gabe Gottes anschauest. — Oder meinest Du auch von Dir, was Petrus von unreinen Thieren? meinest Du nämlich, Du seiest ungeweihet, weil Du voll Gebrechen bist? Aber höre die Worte Gottes, die dem Petrus zuriefen: „Halte nicht für unrein, was Gott geheiligt!" Du siehst also, wie Du ganz gegen den Geist der hl. Schrift handelst, wenn Du wegen Deiner Mängel den Beruf

aufgeben willst, und für unmöglich betrachtest. Merke
Dir, was Paulus von Abraham an die Römer schreibt:
μη ασθενησας τη πιστι, ου κατενοησε το εαυτου σωμα ηδη
νενεκρωμενον ꝛc.; ja selbst bei der Ausstreckung des Schlacht=
messers auf seinen Eingebornen glaubte er noch, daß er
Stammvater vieler Völker sein werde. Lies den Brief an
die Römer: es ist darin der Glaube lebendig und in seiner
Tiefe dargestellt; denn ohne Zweifel erstarkt daran Dein Glaube,
der die Grundlage des geistigen Lebens ist. — Ein anderer
Fehler in Dir ist dann dieß, daß Du nicht verstehest, auf
Wirklichkeit des Lebens zu kommen. Denn Du meinest,
man müße auf jede Empfindung schauen — aus die=
sen bestehe das Leben. Ergeben sich gute und warme Em=
pfindungen, so sei auch das Leben also; im Gegentheile nich=
tig und lau. Aber wenn Du darnach gehen willst, so wirst
Du bald wie jener ägyptische Fabelkönig sein, in stäter Ver=
wandlung begriffen, ohne sichere, bleibende Gestalt, weder Dir,
noch Andern erkennbar. — Ja, man soll auf die Empfindun=
gen schauen, aber nicht jede als Herrscherin des Lebens an=
sehen, und das Leben darnach benennen und beurtheilen.
Denn sonst verschlingen die Kinder ihre Mutter, die Empfin=
dungen die Seele; das Einzelne verzehrt das Ganze, das
Leben zertheilt sich in Gährung. Denn es soll Eines in uns
sein und bleiben, und dieß soll herrschen. Nun wirkt dieß aber
nur hie und da mit voller Kraft und Wärme, wo es dann frei=
lich, wie die Schlange des Moses die Schlangen der Zauberer,
die übrigen Empfindungen durch seine Glut verschlingt und
verzehrt. Aber dies Eine ist nicht abwesend, wenn es
auch nicht so wirkt; denn wenn es nicht als Feuer an's Herz
glüht, so spricht es als Wort an unsere Erkenntniß, und
fördert, daß wir nicht aus Lust nach Seligkeit das Gute
üben, sondern auch deßhalb allein, weil das Gute gut ist.
Im Thomas von Kempis finden wir vorzüglich diesen
Zustand dargestellt, wie Gott durch Wärme und Kälte, durch
Begeisterung und Lauigkeit, durch das Feuer der Gnade und
durch scheinbare Verlaßung seine Auserwählten zum Ziele
führt. Glaube darum, wenn Du vom Priesterthume nicht so,
wie zuerst, ergriffen bist, ja nicht, es sei aus Dir der Vorsatz
verschwunden: er muß ja nicht immer wie eine Feuersäule
vor Dir schweben, sondern kann auch als eine dämmernde

Wolke vor Dir einherziehen. Sei also in Zukunft standhafter, und nicht, wie der Wind, heute dahin geblasen, und morgen dorthin. Laß Dein Gefühl nicht so überhandnehmen, daß es Dich überwältigt, und Deine Vorsätze, wie Spreu in das Leere streut. Bitte Gott um seine Gnade, daß er Dir Stärke ver= leihe! . . . .

W. ist jetzt auf gutem Wege: er hat mir vor einigen Tagen geschrieben, er wolle nun ernstlich leben, und mäßig und christlich sein. Denn die Religion dränge sich ihm unabweisbar an's Herz. Gegen Dich ist er gut und freund= lich gestimmt: ich zweifle nicht, daß wir Vier in diesem Jahre gut auskommen werden . . . . Lebe nun wohl. — Laß Dich etwa durch Deinen vorigen Wankelmuth nicht in einen neuen stürzen! Denke, es sei vorüber — und lebe nun im Neuen. Denn die Reue ist oft das größte Hinderniß zum Fortschritt. Ich umarme Dich! Dein Freund Al. Flir.

Ischl, am 3. September 1830.
Innigst geliebter Freund!

Dein und meines Bruders Schreiben habe ich gestern erhalten. Meiner Sehnsucht nach hätte Dein Brieflein wohl größer sein können, doch es werden in Dir hinwieder Ur= sachen sein, warum es nicht größer war. Aber wie ich nach einem größeren Briefe von Dir mich sehnte, eben so will ich Dir auch einen größeren schreiben. Denn ich liebe Dich, mein ewig theurer Freund, und werde besser und ebler, wäh= rend ich an Dich denke und zu Dir rede — nicht nach dem Takte des Verstandes, sondern nach dem Drange und Triebe des Gemüthes. Ich werfe Dir dadurch nicht Mangel an Liebe zu mir vor, denn es kann sein, daß Du, obgleich Du mich eben so innig liebest, dennoch weder Lust noch Gründe hast, Vieles zu reden. — Doch wie kurz Du Deine Worte auch gefaßt, so entnehme ich doch daraus das Wesen Deines jetzigen Zustandes. Du schreibst, es dränge Dich immer mehr zur Erkenntniß hinaus, daß das blos Natürliche nicht aus= reiche. Nun weiß ich wohl, daß Du damit eigentlich sagen willst, ein Leben, das nicht enthält all' das Heilige der Offenba= rung und Erlösung Gottes, sei im Grunde leer, und es zehre in ihm ein hungerndes, nimmer stilles Sehnes. Darauf einmal antworte ich dieß: Ein Leben, das der Offenbarung und Erlösung ganz entfremdet ist, das ist wohl im Grunde leer — ist hohl und wesenlos; aber ein Leben, das darnach sich sehnend aufschließt und nichts will, als dieses, ist vor Gottes Urtheil, und vor uns'res Geistes Urtheil — dem Wesen nach bei dem, der all' das Hehre schon hat. Ja, wenn er sein Leid recht schön und edel trägt, wer weiß, ob ein Solcher nicht noch besser bestehen wird, als Mancher, der allen Glauben hat und alle Erkenntniß! „Selig sind die Trauernden, den sie werden getröstet werden." Wahrlich ein solches Leben ist mir dem Ερως im „συμποσιον" vergleichbar, welcher auch vom weisen Weibe als Einer aufgestellt wird, der das Gute und Schöne nicht hat, aber immer darnach sich sehnet und immer es liebt; und in die Reihe der Himmlischen wird er deßhalb gezählt und ein großer Dämon genannt. — O Freund, die Anschauung der lichten, schönen, ewigen Wahrheit kann uns nicht entgehen, wenn wir nur aus Innerem heraus darnach streben; schauen wir hienieden sie nicht, und ist dieß unser Erdenleid, daß wir sie hienieden nicht schauen, so wird sie jenseits den Schleier von sich nehmen, und sich zeigen unserm entzückten, staunenden Geiste! Denn da wir einmal leben durch Gott, so werden wir ewig leben durch Gott, und wenn wir das Böse meiden und ausrotten von uns, o so werden wir selig — entweder schon hier, sonst aber ganz gewiß dort droben — oder wo es sein mag! —

Nun kehre ich zu Deinen Worten zurück. Nachdem Du Obiges gesagt hast, so setzest Du hinzu: „Wie Du aber das Leben handhaben sollst, um dieses Hohle auszufüllen, wissest Du noch nicht." — Geliebter Freund, strebten wir nach endlicher Erkenntniß, nach Menschenfindung, so wüßten wir bald, wie die Erlangung davon zu erwirken. Jenes Wissen aber, das wir suchen, ist ein Wissen ganz anderer Art: ein Wissen, das wir, vermöge seiner Wesenheit, in uns schon besitzen, aber nur dessen noch nicht bewußt sind. Ganz anders wär' es, wenn es ungewiß wäre, ob es ein Wissen von dem, was von dem Christen geglaubt wird, gebe; aber weil ein solches Wissen möglich ist, so ist es schon in uns. — Wieder eine andere Frage ist, ob aber dies in uns verborgene Wissen schon hier, oder erst dort offenbar werden kann? Aber

es ist geradezu gar kein Grund, warum es nicht schon hier
möglich sein sollte, wenn wir nur die Bedingungen erfüllen,
welche der Entwickelung jenes Wissens vorangehen. Der hl.
Paulus macht deutlich und oft den Unterschied zwischen
dem Glauben und dem Wissen, und den Ephesiern schreibt er,
sie sollen ja recht dahin streben, das Wissen der Offenbarung
noch zu bekommen, und er spricht von diesem Wissen wie
von einem Hellsehen durch Gott. — Es mag sein, ja es muß
sein, daß diese Wahrheiten, weil sie, bei aller Tiefe, doch die
Gesetze des Verstandes in sich ausdrücken, und daß daher
selbst der Verstand mit ihnen in Eintracht kommt, ich meine
die Reflexion allein, ohne Ideen. Und ich fürchte, daß die
Gelehrten, welche mit der Vereinigung der Philosophie und
Religion sich abgeben, größtentheils nur eine solche Verstandes=
formelei aufsuchen, welche aber nicht die lebendige Erkenntniß,
sondern nur eine Form davon ist, so wenig die geometrische
Figur der Körper selber ist, dessen Umrisse sie bezeichnet. Dann
als ich neulich in Salzburg war, ging ich mit dieser Frage,
ob und wie denn Glauben in Wissen sich wandle,
zum bekannten Herrn Th., aber er that so gelehrt, daß ich
seine Versicherung, als habe er es schon dahin gebracht, nur
insoweit glaube, daß er etwa die Uebereinstimmung des Ver=
standes damit nachgewiesen hat. Den Beweis selber lehnte
er ab, und verwies mich an seine Werke und an einige An=
dere. Doch ich bin fest überzeugt, daß wir das Wissen, das
wir suchen, nur durch Gott bekommen können, sowie über=
haupt die Ideen nur von Gott erhalten werden. Ein solches
Wissen ist eine stille Offenbarung Gottes. — Wohlan
denn, Gott sei unser Lehrer! Gott, der mit solcher Gewalt
uns zum Priesterthum drängte, wird uns darin erhalten;
Gott, der einst den Glauben so warm gegeben, wird auch
das Weitere verleihen! Ja, wir sind jetzt nicht ohne Glauben,
denn ich rufe mit Petrus: Herr, deine Worte sind Worte
des Lebens! Es ist Alles wahr! es muß wahr sein, weil Er
es gesagt hat! das glaube ich, und Du glaubst es auch. —
Das Erkennen des Wahren aber scheinet mir in leisem
Wachsen zu sein, so, daß ich freudig in die kommende
Zeit, die Gott gibt, hineinlebe. — O denke, wie selig wird
unser Leben sein, wenn es in uns Licht geworden! Aber laß
uns tugendhaft, rein, gottergeben, kindlich leben; denn sonst

sind wir nicht, wie Paulus, ein σκευος της εκλογης. Jesus Christus, der ewige Sohn Gottes, sei mit uns und stärke uns! . . . . Flir Al.

———

? den 9. September 1830.
Mein geliebter Freund in Christo!

Erstaune nicht über diesen ungewöhnlichen Gruß, oder ja, — erstaune, denn Du siehest daraus wohl, daß etwas Neues in mir geschehen, und ich jetzt Alles, was ich habe, nur in Christo haben will, also auch Dich, meinen Freund, nur in Christo! Denn die lebendige Wahrheit hat mich alles Finstern, wovon mein Inneres umschlossen war, nun befreiet, gleichwie Christus, der Erlöser, gesprochen: „Die Wahrheit wird euch frei machen", und mit Samuels Mutter, welche aus einer Unfruchtbaren durch Gott in eine Fruchtbare verwandelt worden, singe ich; „Der Herr tödtet und macht lebendig, führet in die Hölle, und wieder heraus!" — Gestern, am Feste der frohen Geburt der allerseligsten Jungfrau Maria, ließ mich Gott wieder hingehen zum Altare, und mich in die Reihe der Gläubigen stellen, und mich vereinen durch das Wunder der Communion mit Jesus Christus, meinem Gott und Erlöser. Dieß berichte ich Dir aber, mein geliebter Freund, auf daß Dein Gram verschwinde, und Freude Dein ganzes Wesen durchglühe! und daß Du mit mir den Herrn Jesus erkennest und ehrest, und ihm dankest für die Gnade, die er uns erweiset! Nicht durch grübelndes Denken ging mir die Erkenntniß auf, sondern durch Gebet und durch Hingabe meines Ich an den Sohn Gottes. Eben aber weil es sich da nicht um philosophisch Sinnen und Denken handelt, worin Selbstständigkeit herrschen muß, sondern um einen bloßen Ausbruck des Glaubens, so nehme ich keinen Anstand, Dir das, soviel es mit Worten geschehen kann, mitzutheilen, wodurch ich so bin erfreuet worden. — Denke Dich hin zum heiligen Abendmahle: Jesus Christus nimmt das Brot und den Wein und segnet es, und spricht: „Nehmet hin, und esset; dieß ist mein Fleisch; nehmet hin, und trinket, dieß ist mein Blut." Die Jünger sahen Jesum vor sich, und glaubten bennoch, daß sie ihn in sich aufgenommen. Jesus Christus ist wahrhaft das Brot und wahrhaft der Wein, „aber die Worte, die ich zu euch geredet, sprach er, sind Geist und sind Leben. Der Geist macht lebendig, das Fleisch nützet nichts." — Wie ist also Jesu Christi wahrhaftes Seyn in der Hostie und dann in uns zu denken? — Nach dem Ausdrucke der Schrift selber ist Jesus Christus das Haupt, wir sind die Glieder; das Haupt setzet sich in die Glieder, aber auf eine lebendige Weise, aber es setzet sich wirklich darein, obgleich nicht so, als wenn das Haupt, insofern wir es sehen und betasten, sich darein setzte, denn das bleibt auf seiner Stelle, oben an. So setzt sich Christus, wo er will; aber eben dieses sich Setzen des Christus in die Glieder ist ein Beleben und Nähren der Glieder. Wie nun die Lebenskraft des Hauptes im Haupte ist und ausgehet auf die Glieder, so geht die lebendige Wirklichkeit Jesu Christi über auf uns; die Hostie aber ist durch Jesus verwandelt in diese lebendige Wirklichkeit, obgleich sie dasselbe Phänomen beibehält, denn die lebendige Wirklichkeit ist als solche kein Phänomen, und daher wird sie, als solche, auch kein Phänomen; denn insofern das Brot diese lebendige Wirklichkeit Jesu Christi ist, ist es kein Phänomen, d. h. gar kein Brot mehr, sondern Jesus Christus. Wie aber Gott die Welt nicht zum Nichterscheinenden macht, obgleich sie nur seine $\delta\upsilon\nu\alpha\mu\iota\varsigma$ ist, so macht die lebendige Wirklichkeit Jesu Christi das Brot nicht zum Nichterscheinenden, obgleich es Er ist. Wie ist also die Genießung des Fleisches und Blutes Jesu Christi zu denken? Wie er selber sagte, auf eine geistige und lebendige Weise. Aber das Alles kann nicht erkannt werden, wenn nicht das große Einleben erkannt wird, nach dem Bilde des Leibes mit dem Haupte. So ist dann auf eine lebendige Weise Jesus in uns, und wir in Ihm, — Er ist aber nicht in uns der Erscheinung nach, sondern seiner Wesens- und Lebenskraft nach, also nicht fleischlich in uns, (das Fleisch nützet nichts), sondern geistig, lebendig in uns. Keine leere Lücken denke man zwischen uns und Jesus; denn Jesus, der Gottmensch erfüllt mit sich, wie das Haupt den ganzen Leib, so die ganze Schöpfung; die Communion aber ist die Setzung des Hauptes in die Glieder, und die Setzung der Glieder ins Haupt, d. h. die lebendige Vereinigung des Hauptes mit den Gliedern. Und als Akt dieser mysteriösen Vereinigung ist von Jesus Christus das Abendmahl eingesetzt; doch es heißt da — Fleisch und

Blut, das bald für euch wird hingegeben werden, weil Jesus Christus hier das Haupt des leidenden und sterbenden Leibes ist. Das Haupt ist das an sich leidende, das wahrhaft Leidende; alle Glieder leiden nur durch lebendige Theilnahme am Haupte. Jesus Christus ist also das Opfer, wir sind, wie nur Leidende und Sterbende durch Theilnahme an Ihm, so auch nur Opfer durch Ihn! In Ihm müssen wir leiden und sterben, an uns können wir es nicht, weil wir nur Glieder sind; in Ihm werden wir auferstehen, und Seine Herrlichkeit wird in dem Maße die unsrige werden, als S e i n e Opferung auch die u n s e r e geworden.

Der Herr Jesus, ὁ ἀρχηγός τῆς ζωῆς, nehme Dich auf in sein Leben, und der heilige Geist laß Dich erkennen, daß Du aufgenommen bist in Jesus, in's Leben; der Herr Jesus nehme uns auf in sich, und verschließe uns in sich, daß wir in Ihm sind und bleiben, und außer Ihm nichts mehr wissen und haben; in Jesus Christus laß uns leben und weben, in Jesus Christus laß uns einander lieben und Freunde sein, und Brüder, und Eins, wie wir Eins sind mit dem Haupte. Es lobe Alles den großen, unendlichen Gott! es lobe Alles die heiligste Dreieinigkeit! den Vater, durch den Alles existirt, den Sohn, durch den Alles w i e d e r lebt, den heiligen Geist, durch den wir erkennen, daß wir durch den Vater und durch den Sohn sind geschaffen worden, — durch Jenen, im Ausgang von Gott, durch Diesen, im Eingang in Gott! Der heilige Geist ist das Licht, durch welches das, was des Vaters ist, in das, was des Sohnes ist, die beiderseitige Schöpfung, offenbar wird; der heilige Geist ist das Feuer, wodurch wir auch wieder den Vater und den Sohn lieben, die uns zuerst geliebt haben, und ihn, den hl. Geist selber, durch dessen Feuer wir lieben! Alles sind wir und haben wir durch die heilige Dreieinigkeit, hochgelobt in alle Ewigkeit! Amen.

Wien, am 17. Febr. 1831.
Innigst geliebter Freund!
Mit Sehnsucht habe ich auf Deinen Brief gewartet. Denn ich habe einen ungemeinen Trieb in mir, Lebendiges zu sprechen und Lebendiges zu hören, kurz, mit Andern in schöner

Gemeinschaft zu leben. — Nun finde ich aber durch die Erfahrung, daß die Meisten, mit denen ich hier umgehe, im Leben nicht fortschreiten, sondern in einer gewissen Zerstreuung, ohne Ernst, ohne Anstrengung ihre Tage zubringen. Und doch sind sie noch weit die Besten, die man hier antreffen kann. — Meinen Umgang mit ihnen abbrechen, das will ich nicht; erstlich weil sie das erbittern müßte und nicht erwünschte Folgen haben würde; dann, weil ich wenigstens nach Kraft und Möglichkeit, so lange ich bei ihnen bin, veredelnd auf sie einwirken will. — Ich suche daher mein Verhältniß zu ihnen lebendig zu handhaben, wenn auch der Erfolg meinem Bemühen nicht entsprechen sollte; aber eben weil sie nicht selbst lebendig thun und leben, weil sie mehr de potentia gut und edel und tüchtig sind, als de actu, so ist unser Verhältniß kein gleiches. Es geht mir daher wie dem Adam im Paradiese, der sich nach einem ihm gleichen Geschöpfe sehnte. Es wird Dir nun klar sein, warum ich Dein Schreiben mit besonderer Sehnsucht erwartete. — Dein Brief selber nun kommt mir vor, als wenn Du schon ein ausgemachter Diplomatiker, oder Publizist, oder wie ich Dich benamsen soll, wärest und als — solcher ihn geschrieben hättest. Denn schweigend vom eigenen Herzen, schweigend von Deinen Privatverhältnissen, schauest Du in das weite, vielbewegte Leben hinaus, und lassest darüber aus dem adyton des Innern Deine Stimme ertönen. — Ich aber höre Dir zu, und erwäge im Gemüthe Deine Worte, und betrachte Dich, — und will Dir nun darauf erwiedern, was mein Wesen mir vorgibt. —

Daß Du die L..... er Geschichte richtig in's Auge faßtest und Deine Ansicht vor die rechte Stelle brachtest, freuet mich zweifach. Erstlich, weil die Unruhen nun zu Ende sind, welche, obgleich aus Kleinem und Privatspannungen entstanden, bei dem blinden und impetuösen Wesen der Menschen, sicher sich immer vermehrt, und weiß Gott, wie weit um sich gegriffen, weiß Gott — welche Folgen gehabt hätten. Ich habe vor gewaltthätigen Revolutionen einen innerlichen Abscheu. Denn es ist schaudervoll, den Fürst und das Volk, die in so innigem, so heiligem, so bedeutungsvollem Verbande stehen, wie Sonne und Planeten, in gewaltsamer Spaltung und Befeindung zu sehen. Dem Erkenner des Wesens des Staates muß dieß ebenso grausig sein, als wenn im Hause Streit und blutiger Kampf — ja Todeskampf — zwischen Vater und Sohn entsteht. Der berühmte Erasmus von Rotterdam war von der Heiligkeit der Verbindung zwischen Fürst und Volk so durchdrungen, daß er eine Empörung in keinem Falle für erlaubt hielt. Dieser Ansicht bin ich nicht; wohl aber meine ich, ein Volk soll das Aeußerste eher versuchen, bevor es sich empört. Daher bin ich mit den Polen auch darin unzufrieden, und ich zweifle nicht, daß ihre That furchtbar gesühnet wird; aber auch der Czar verdient eine Sühne, und wer weiß, was die Zeiten entrollen. Denn das Böse wird durchaus auch schon in diesem Leben bestraft, was am sichtbarsten wird, wenn das Böse ein historisches ist. (Historisch ist mir, was der Historie angehört.) Denn das Böse hat ja nothwendig seine Folge auf den Geist, oder auf Geist und Körper zugleich. Der nothwendig daraus entstehende Zustand ist die Strafe, und ich weiß nicht, ob man im Geistigen an eine andere Bestrafung zu denken hat. Doch ich käme bald dorthin, wohin ich jetzt nicht will.

Zweitens dann freue ich mich, weil Du Gelegenheit hattest, diese That zu thun, die Dich der Regierung und dem Volke empfehlen muß. Wenn es wirklich dazu kommt, daß Du zum Landtagsdeputirten gewählt wirst, so eröffnet sich ein herrlich Leben für Dich! — Wenn aber auch dieß Dir nicht vergönnt sein sollte, so ist Dir doch der Weg, vieles Gute zu begründen, nicht verschlossen. Denn hast Du nicht besonders wichtige Ansichten zum Wohle des Landes, so ist Deine Repräsentation von keiner Bedeutung; hast Du aber solche Ansichten, so wird es der Regierung, oder zuerst einmal einem hohen Beamten willkommen sein, wenn du im Stillen und bescheiden Deine Mittheilungen machst. Denn bei einer wohlwollenden Regierung kann jeder Staatsbürger, ja wohl Jeder überhaupt, wenn er kraft seiner Natur und Erfahrung befähigt ist, faktisch — ein Vertreter des Volkes, faktisch — ein Rath sein. Die Meisten meinen, eben dies schöne Vorrecht sei in allen Ländern benommen, wo keine freie Presse sei. Aber, vorausgesetzt, daß die Regierung eine wohlwollende ist, bin ich fest überzeugt, daß hiezu die freie Presse nicht nöthig ist. Denn der Hauptgrundsatz der Censur ist wohl, alle Opposition gegen Staat und Religion zu hindern, weil sonst die Würde Beider, und nur zu oft auch der Friede gefährdet wird. —

Ist aber die Opposition eine evident weise, und wird sie der Regierung freundlich und im Stillen gemacht, so muß die Regierung, wenn sie nicht starrsinnig ist, dieselbe respektiren und mit Dank aufnehmen. Die Neuerung geht dann von der Regierung selbst aus, welches eben der rechte Entwicklungs= gang ist. — Freilich wohl ist der Urheber des Guten dann nicht weit und breit bekannt und berühmt; aber der Gute will das Gute, und sonst nichts. — Ich bin nicht der Meinung, daß man wegen äußern Verhältnissen nicht tüchtig wirken könne: es fehlt meist am Innern, aber die Schuld wird dann, wie Sallustius bemerkt, auf's Aeußere geschoben. „Das Genie bringt durch, wie Quecksilber", ist der Spruch Napoleons. Wenn Du daher im Politischen Dich hervorzuthun strebest, so fürchte nicht, daß Dir die Gelegenheit dazu fehlen werde, aber sieh' zu, daß Du zuerst ein tüchtiger Politiker bist, daß Du die Bedürfnisse des Landes durchschauest und die Mittel der Abhülfe erkennest. Aber Alles, was Du da vorbringen willst, muß evident sein. — Es ist doch etwas Begeistern= des in der Manneskraft! Einsam wandelt er durch's stille Thal hin, und entwickelt und erzeugt Gedanken aus der Tiefe des Geistes, die den Zustand eines Volkes — vieler Völker — ändern und neu gestalten können. Wer die Kraft in sich fühlt, der ist dazu berufen! und wer den Muth hat, das Innere in's Aeußere hinzustellen, und die Art versteht, wie er dieß anzu= gehen hat, wird auch — wahrscheinlich — das Gute bewerk= stelligen, und gelangt es, aus Mängeln der andern Seite, dennoch nicht, so ist es doch herrlich und wonnig, Gutes und Großes versucht und gewollt zu haben! —

Also sieh', Du Politiker, Dir gegenüber wäre ich nun selbst bald einer geworden! — Doch nun will ich den ersten Theil Deines Briefes beantworten, und dann — Dieß und Jenes von mir selber noch beifügen. — Du findest es unrecht, daß man das Christliche nicht auf die Bühne bringen oder vielmehr nicht darauf kommen lassen will. Es kommt darauf an, was das Christliche, das da vorgestellt werden soll, ist. Denn es würde frommen Gemüthern frevelhaft erscheinen, Dieß und Jenes auf der Bühne darzustellen. — Doch ich nahm darauf in der Tragödie schon große Rücksicht, in= dem mein Gemüth selber sich scheute, Manches zu sagen und darzustellen. — Sonst aber habe ich diese Ansicht: die Tra=

gödie und Comödie müssen dem Volke eine Lebensanschauung schaffen; je lebendiger das Volk, desto leichter ist es, ihm die Erzeugnisse des Geistes vorzuhalten. Doch zu Leichen reden — ist närrisch. Ich habe daher keine Lust, für dieses Volk Etwas zu machen: weder Christliches, weil es ihnen schon ganz fremd ist, noch Patriotisches, weil es nur beklatscht aber nicht gefühlt wird, nichts Schaudervolles aus der wunderbaren Geschichte des Lebens, weil diese Alltagsleute dafür keinen Sinn mehr haben. Wenn ich daher noch Tragödien mache, so mache ich sie nicht für das Wiener Publikum, sondern entweder für ein ander Volk, oder gar — für eine andere Zeit. — Ist die Dichtungskraft in mir im Drang' und Trieb', so will ich sie nicht mit Gewalt verdrücken, sondern was leben und weben will, will ich leben und weben lassen. Die Schlechtigkeit des Publikums soll mich also nicht hindern, den Geist schaffen und wirken zu lassen. — Anregender, begeisternder wäre es wohl, wenn man vor ein tüchtig Volk ein großartig Leben hinweisen könnte. Ich habe ein unabweisbares Streben, so zu wirken, daß es in die Gegenwart eingreife. Doch hoffe ich, dies mein Streben in Tyrol erfüllen zu können, weil dort weit minder Zerstreuungen sind, somit weit mehr Ernst, mehr Eigenthümlichkeit, mehr Empfänglichkeit. Die Geistlichen soll Geistliches erwecken und erfreuen, die Studenten — Freisinniges und Ideelles und jugendlich Kräftiges, die Bauern Geschichten von ihren Thalen und Gauen. Also selbst im kleinen Lande — meine ich noch das Einzelne ansprechen zu müssen, — ob Etwas Alle erfreuen und begeistern könnte, weiß ich nicht. Aber ich werde jenen alten Brauch der alten Sänger, der Barden, Rapsoden und Minnesänger nachahmen, — ich werde nämlich meine Gedichte selber in freundlichen Kreisen, die sich freudig um mich schließen, vorsprechen in lebendiger Sprache. — Denn ich habe schon erfahren, wenn ich selber es thue, ergreift es Alle, begeistert es Alle; das Dunkle kläre ich auf, die Kraft des Gedankens dringt durch kräftige Sprache unwiderstehlich in's Gemüth — kurz — ich lebe, wenn ich so rede, und es leben Die, welche mich hören. — Es ist wahr, so ein Wirken ist nicht so weit, nicht so allgemein; — sei dem, wie ihm wolle — es ist ein Wirkliches, ein Lebendiges, und es ist mir nur leid, daß das entzündete Feuer sobald wieder in den Menschen auslischt, und nicht gepflegt und erhalten wird, wie Vesta's heilige Flamme. — Gerade jetzt schreibe ich meine Anschauungen, die ich vom „Prometheus", einer Tragödie des Aeschylos habe, nieder, und werde dann die Schrift einer Gesellschaft von Malern und Bildhauern vorlesen, und sie das alte Leben, so weit es mir möglich, f ü h l e n machen. — Das Schicksal meiner Tragödie ist mir noch unbekannt; sie ist in den Händen des Theatersekretärs S c h r e y v o g e l, dem es Hr. v. Gr. hintrug, und mich selber bald aufführen wird. — Vor der Hand einmal danke ich Dir für Deinen Antrag.

Daß ich in Bälde — nämlich am Schlusse des Schuljahres — Dich sehen werde, wird Dir schon mein Bruder gemeldet haben. Es ist fast so viel als gewiß. Ich gehe nach B r i x e n. — W a n n ich aber Priester werde, weiß ich noch nicht, aber d a ß ich Priester werden k a n n, ist nun fast entschieden. Denn es haben sich in dieser kurzen Zeit Ideen entwickelt und f e s t g e s e t z t, und aus diesen wird sich das Leben gestalten. Doch über alles Dieses will ich Dir etwa das nächste Mal schreiben. — Auf der Hofbibliothek studiere ich den J e s a i a s. Ich wollte, ich könnte noch einige Jahre eine solche Gelegenheit und solche Hilfsmittel haben . . . . .

———

W i e n, am 17. April 1831.
Mein innigstgeliebter Freund!

Schon lange s t a u n e ich über Dein Verstummen. Hast Du meine Antwort auf Dein liebes Schreiben nicht erhalten? Es ist mir dieß wahrscheinlich. Doch sei nun die Ursache Deines Schweigens welche immer — Gott gebe, daß sie keine traurige sei — ich kann und will nimmer einhalten, sondern muß, wie ich so oft im Stillen mit Dir rede, jetzt endlich — wenn auch nicht in lauten Tönen, doch wenigstens so, daß es Dir vernehmbar ist, mein Inneres ausbrechen lassen. — Denn ich weiß nichts Schöneres auf Erden, als daß wir einander lieben und in der Freundschaft mit einander leben. Die Freunde genießen jenes ideelle Leben, dessen Wirklichkeit von so vielen Unheiligen geläugnet wird. In der Freundschaft fühle ich mich geistig und glücklich; in der Freundschaft zerschmilzt die Selbstheit und alle ihre Qualen. Lieber, denke zurück an alle die seligen Zeiten, die wir schon mit einander gelebt! was wir gemeinsam gefühlt, was uns gemeinsam mit Freude oder auch — mit Wehmuth — erfüllt! Denke zurück — schaue zurück, und laß uns mit seligem Bewußtsein auch vorwärts blicken! — Denn ich hoffe für unsere Freundschaft günstige, freudige Zeiten! Vorhin stand ich noch da vor dämmernder, unbekannter Weite, nicht wissend, wohin meine Ordnung mich führen wird, ob nach Norden, ob nach Süden, ob ich im Osten muß bleiben, ob von Dir, ob zu Dir! — Nun aber, wenn der Mensch sagen darf, daß er Künftiges weiß, nun aber weiß ich die Stätte meines künftigen Lebens — mein liebes, kleines, starkes, an Geist und Körper noch unverdorbenes Tirolervolk wird es sein, unter dem ich lebe und sterbe, sowie ich in ihm geboren bin. Weniges kann der Mensch, so sagt uns eine Stimme; er kann Unermeßliches — so sagt eine andere; ich glaube beiden, und freue mich der Zukunft! — Und sieh' nun, so leben wir uns nahe, theilnehmend gegenseitig an Wohl und Weh', fortstrebend mit einander im Gange zum Hohen, im Gange im Hohen. — O wie lange waren wir nun getrennt! wie lange nicht Aug' vor Auge, Brust an Brust! Freundschaft ist wohl etwas Geistiges, aber, bei Gott, der Körper will auch seinen Theil! und die Wehmuth vom Freunde getrennt zu sein, vermag ich mir nie — nie aus der Brust herauszuphilosophiren; ein bloß geistig Beisammensein ist denn doch noch kein völliges Beisammensein, und sind denn unsere Seelen gar so über den Raum erhaben, wie man sagt, ei, warum fühle ich nicht die meine bei der Deinen, oder die Deine bei der meinen? Denken kann ich Dein wohl, und fühlen, aber Du — bist denn doch nicht bei mir. Also nicht blos der Leib, auch der Geist hat Ursache genug, Gegenwart, wirkliches und völliges Beisammensein zu verlangen. Nun sind wir noch vier Monde geschieden, dann — komme ich! dann weihen wir uns durch eine warme Umarmung zum Lebensbunde ein für alle die künftigen Zeiten, die wir dann theils nahe, theils völlig beisammen durchleben werden.

  Wegen dem Wege, den ich angetreten und gehen will, sei ohne Sorge. Ich weiß, Du wirst mir Manches einwenden können, und hast wahrscheinlich den Wunsch, daß ich nicht diesen Stand antrete. Doch wären wir beisammen, so würde ich Dir — ganz sicher — den Wunsch umstimmen; indeß aber will ich bloß Einiges anführen:

1. Mein Grundsatz des Lebens ist: sei selber gut, und wirke nach Kräften, daß auch Andere — so viele nur möglich — gut werden.

2. Daher habe ich das innigste Streben und Bedürfniß nach einem Stande, wo ich diesem Grundsatze am meisten entsprechen kann.

3. Dieser Stand ist für mich vorzüglich der Priesterstand, wo mir die mannigfaltigste Wirkungsweise offen steht, gegen jedes Alter und gegen jeden Stand, als Praktiker und als Schriftsteller — kurz, das weißt Du ja selber.

Was oft so qualvoll mich vorhin vom Priesterthume abgehalten, vereint mich jetzt freudigst damit: nämlich die Philosophie. Dem Cölibat unterziehe ich mich aus Liebe zur Menschheit. Was den Gehorsam betrifft, so werde ich gerne leiden, wenn man mich in Unvernünftigem beschränkt; beschränkt man mich aber in Vernünftigem, so werde ich nicht ermangeln, meine Freiheit mannhaft zu behaupten, und lieber ganz hinweg zu gehen, als ungerecht gefesselt zu leben. Doch fürchte ich nichts Arges. Nur durch Unbescheidenheit, Uebereilung ꝛc. könnte ich mit unserer Geistlichkeit in Mißverhältniß kommen; doch wenn ich mich taktfest benehme, so hoffe ich sehr gut mit ihnen auszukommen. Denn sind sie gleich im Durchschnitt etwas schwerfällig im höheren Erkennen, so sind sie doch — im Durchschnitt — gute und wohlwollende Männer. — Nimm mir die entsetzlich schlechte Sprache nicht übel, denn ich wollte beflissentlich recht oberflächlich schreiben, um nicht in's Philosophiren über's Priesterthum und über's Christenthum hineinzukommen, was ich jetzt einmal aus Gründen durchaus nicht will.

Mein heuriges Aussetzen von der Theologie wird freilich höchst befremdend sein; indeß wenn sie wüßten, daß der jetzige Koryphäos der kath. Theologie selber verlangt, ein Mensch, der einmal in's Philosophiren hineingekommen, soll nicht früher die Theologie antreten, als bis er seine Philosophie und die positive Religion in durchgängigem Einklange habe, und daß er selber in einem Werke seinem fingirten jungen Freunde anräth, Ein Jahr mit dem Studieren auszusetzen, um in sich Alles in's Reine zu bringen, — wenn sie dieß wüßten, dann würden die guten Herren doch nicht geradewegs mich zum Narren verdammen; folglich werden sie es auch nicht mehr thun, wenn ich persönlich mit diesen u. dgl. Apologien sie abspeise oder tränke. — Anbei bin ich nicht gemeint, um deren Gunst zu buhlen, sowie ich auch nicht für gescheidt erachte, ohne Noth ihnen Widderknöpfe auf die Köpfe zu stoßen. Doch hiemit nun genug. — Von meiner Tragödie kann ich Dir gar nichts Neues berichten, denn ich habe mich seit vielen Wochen nicht mehr darum bekümmert und angefragt. Sie liegt noch bei Schreyvogel. Denn es erschien neulich eine Tragödie von Grillparzer selber; somit wollte ich die Herren in ihren eigenen Geschäften nicht stören. Grillparzer's Drama heißt: „Des Meeres und der Liebe Wellen"; zuerst nannte er es Hero und Leander, gab ihm aber dann, wie er mir sagte, diesen neuen Namen, um damit die moderne Darstellungsweise anzuzeigen. Es wurde nicht am besten gespielt und gefiel somit auch nicht sonderlich, so, daß das dritte Mal das Theater schon völlig leer war. Mir gefällt die Tragödie, so sehr sie in Manchem äußerst schön ist, im Ganzen doch nicht völlig, weil ich Etwas darin vermisse, das eben wesentlich ist, jenen schaudervoll tiefen tragischen Ernst, der durch alle Gestalten und Handlungen, auch durch die scheinbar freudigsten, wehen muß, und das Aeußere großartig macht, dann — jene wunderbare Nachbildungskraft, die jedes Einzelne in allen seinen Zügen mit sicherer Wahrheit zu setzen vermag, worin Shakespeare so unerreicht ob Allen steht. — Die Grundidee übrigens ist diese, wie das stille Gemüth Hero's und Leander's durch die Liebe wie in ein stürmisch Meer verwandelt wird, und Beide im Leid' zu Grunde gehen. — Heute oder morgen werde ich ihn wahrscheinlich wieder besuchen . . . . .

Sei umarmt und lebe wohl und schreibe bald!

Dein Freund Flir.

Wien, am 31. Mai 1831.

Innigst geliebter Freund!

Beim Lesen Deines Briefes war Wehmuth im Herzen, waren Thränen im Auge! — Er wohnt im Frieden und lebt im ewigen Lichte! — Er war mir ein lieber, theurer Mann! — Ich liebte ihn wegen seiner selbst, und liebte ihn wegen Dir! — Ich dachte recht oft an ihn, und dachte mit Freuden an ihn, und wünschte recht herzlich, den biederen, lebenswarmen Greis wieder einmal — recht bald wieder einmal zu sehen! — Und nun ist er dahin! — Dir — wohl vor Allen — aber auch mir und allen Denen, die ihn kennen gelernt, und gut genug sind, das Gute zu fühlen! — In ihm zeigte sich noch das biedere, thätige, verständige, fromme Leben des letzten Jahrhunderts in ungeschwächter, unzerriebener, kieselfester Kraft: ungestört und ungetrübt in seinem Wesen stand er da unter dem Wechsel des Neuen, tadelte im Ernst und Scherz das Hohle, Ueberspannte, Schwärmerische, Verkehrte und Böse, und lobte dagegen die vorigen Zeiten, wo man häuslich und rechtschaffen, mäßig und rüstig war. — Ich dachte mir immer, dieser blühende Greis bestehe noch seine 16—20 Jahre; doch — wir sehen die Ordnung des Waltenden nicht voraus. — Als mir mein Bruder die Nachricht von der Ursache Deines mir so unerklärbaren, mich betrübenden Stillschweigens ertheilte, da fuhr's mir wie ein Blitz in's Herz. Und seitdem trug ich immer ein schaurig Bangen in meinem Gemüthe herum, und harrte mit Furcht und Hoffnung auf die Kunde von der Entscheidung. — Beim Beginne des Lesens in Deinem Briefe erheiterte sich spürbar meine Seele, und ich meinte schon, nun sei Dein guter Vater genesen; da lautete es: Er wurde aufgelöst. — Mich schauderte, und eine Thräne schoß an's Auge, und ich dachte Dein. — Dann dachte ich an einen ähnlichen Brief von Dir; auch dort zitterte ich schon vor Freude und meinte, sie sei genesen, da war sie — verblüht. — O mein lieber Freund — so ist's auf Erden! — Dem Brauche gemäß sollte ich Dich trösten, und ich jammere und klage selber. Warum? — weil ich meinem Gefühle folgen will, und nichts Anderem. Du bist traurig, und bist mit Recht traurig; ich bin es auch. Und alle Jene leben und geberden sich nicht natürlich, die Einem alle Wehmuth vom Herzen, jede Zähre vom Auge fortpredigen oder fortphilosophiren möchten, die das warme, so Vieles empfindende, liebesehnende Wesen des Menschen zu einem kalten, regelosen, unseligen, stummen Götterbilde — meißeln wollen.

Nicht diese sind es, die mir gefallen; aber Jesus Christus ist es, der mir in Allem gefällt. Der war wohl wahrhaftig Gott und — Mensch! Er fühlte mit Andern, und schämte sich nicht, auch über irdisches Unglück, über irdischen Wandel und Wechsel zu trauern und zu weinen. — Warum denn sollen wir die so sanften, wehmüthigen Gefühle zurückdrängen? Beleidigen wir Gott dadurch? Er hat sie uns ja gegeben, und wenn wir auch trauern, wir mißkennen ja deßhalb nicht sein Walten. — Die Apostel und Jünger sahen den Erlöser gen' Himmel fahren, sie wußten, daß er in die Herrlichkeit erhoben werde, und waren dennoch traurig und wehmüthig. — Sieh', ich finde also keinen Grund, mein Gemüth nicht frei zu lassen, und seine Trauer zurückzustoßen oder wenigstens zu verbergen. — O ich fühle mich veredelt und gehoben durch ein schaurig Ahnen des anderen Lebens! durch ein sehnend und wehmüthig Hinaufschauen zu entschwundenen Gestalten der Lieben! — Laß uns, o Du mein ewig Verbundener, laß uns nur frei leben und weben, wie es das Herz will, — so, ja, nur so! — Laß uns Menschen sein — nicht Thiere, nicht eingebildete Götter! Laß uns das Andenken an unsere Lieben im Herzen bewahren, und so, wie jene Götter des Homeros, mit goldenen Ketten an den Himmel uns binden und an den Himmel uns hängen, in dem wir noch nicht sind! Laß uns recht oft von Deiner lieben Therese, von Deinem lieben Vater reden, — und kommt uns auch Wehmuth an's Herz, so lasse sie kommen: sie ist ja nur ein schauriger Anhauch der Liebe, die Alles vereinen möchte, und doch so Vieles sich trennen sieht; und laß uns den Vorsatz in die Brust setzen, tief wurzelnd und lebendig, unsere Natur auch zu behaupten, wie Dein seliger Vater die seine behauptet, auch so kernhaft und thätig zu sein — in unserer Art, damit auch unser Leben, so, wie das seine, aus der eigenen Wesenskraft sich gestalte und entwickle, und nicht aus Büchern und kalten Regeln, daß wir nicht durch Theorien, sondern durch die That zu erstarken und Etwas zu werden streben! — O wie sehn' ich mich jetzo nach Dir! — Wenn ich nur Einen Tag, nur Eine Stunde bei Dir sein könnte! Wir würden wohl klagend beisammensitzen, aber mit kräftigem Handschlag auch kräftig aufstehen zu neuem, tüchtigem Leben!

Doch jetzo bin ich noch mit Klammern an das verhaßte Wien gehalten, und bin noch hieher gebannt auf einige

Monate. Ich hatte keine Aussicht, länger als einige Tage, nach so langer Trennung, — bei Dir und den Meinigen zu sein, doch die Noth bricht ja Eisen, und so werde ich denn Alles anstrengen, jene Klammern zu brechen, und mein Freundesherz an Deine Freundesbrust zu tragen — so bald als möglich! Aber vor dem Ende des Schuljahres ist es rein unmöglich. — Lieber, ich werde aber nicht stumm sein, wenn ich auch ferne bin, und sind auch die Zeichen nicht Worte, so werden sie dennoch zu Worten belebt, wenn Du mein so denkest, wie ich Dein gedenke! — Sieh', da und dort rückt und zieht die Ordnung der Welt uns Theure hinweg; aber un s — läßt Gott noch beisammen; darum laß uns doch recht glühend Herz an Herz drücken, und in so inniger, liebender Verbindung laß uns leben und sterben, Gutes wirken in uns und um uns, wo wir können, und nach nichts streben, als nur nach diesem! Denn nur so ahmen wir Gott nach, von dessen Geschlechte wir sind, in dem wir leben und weben; nur so — durch die That selber wird uns Gott offenbar, und die Herrlichkeit seines Wirkens und Waltens; nur so wird unser Dasein ein schöner, lichter Krystall, der im Dunkeln leuchtet und wiederstrahlt das Licht, das ihn durchquillt, das Licht, welches das Leben ist, durch welches alles Werdende wird, und ohne welches nichts wird! O Freund, laß uns geistig, frei, kräftig, edel sein — in Allem — im Großen, im Kleinen! Und so laß uns durch die angewiesene Bahn des Lebens gehen, bis auch wir endlich von der Erde — hinüber oder hinauf entschwinden, und — unsre Lieben — wiederfinden! — Aber noch Eines! — Wunderbar ist unser Bund mit Gott, und wohl kein Mensch hat ihn noch erforscht. Gott spricht zu uns: „Betet — und ich will euer Gebet erfüllen." Die Apostel beteten, und Wunderbares bezeugte, daß Gott sie erhört. Darum laß auch uns zu Gott beten, daß er der Seele Deines Vaters gnädig und barmherzig sei, denn auch der gute Mensch ist ein Sünder. O welch' ein Mysterion liegt im Wunder des Gebetes! O wie zerschmelzen da die eisernen Ringe des Fatums in ein glühend, quellend Goldmeer, in dem Gott und Welt in einander strömt — wie zerschmilzt da alles Gesonderte zusammen in das Feuer, das da die Liebe ist, welche nicht nur Alles vereinet, sondern selber das Eine ist in Allem, woburch Gott zu uns sich neigt, und wir zu ihm uns heben, woburch Er — Mensch, und wir — Gott werden! — Gott sei mit uns! Lebe und webe in Gott! — Dich umarmet Dein trauernder und freudiger Freund Alois Flir.

Wien, den 18. Juni 1831.
Innigstgeliebter Freund!

Weil ich mir so gerne Dich vergegenwärtige und zu Dir rede, und weil auch Du, obgleich Deine jetzigen Verhältnisse Dich an Antwort hindern, meine Ansprache nicht ungerne zu vernehmen scheinest, so will ich dem Drange meines Innern nachgeben, und ausströmen lassen, was da will. — Vor Allem aber will ich Dir kund und zu wissen machen, was mein Gemüth mit Freude erfüllt, und gewiß auch dem Deinen nicht unangenehm ist: es gelang, die Sache so zu stellen, daß ich in vier Wochen etwa — von hier — zu Dir — abreisen kann. Wir können somit, wenn es Gottes Wille ist, recht bald nach so langer Trennung uns umarmen, und etwa zwei Monate oder noch länger beisammen leben und weben! — Die Sache kam so: ich war schon gleichsam für die ganze Ferienzeit hieher gebannt und geschmiedet, weil mein Nachfolger erst am Schlusse der Ferien einstehen kann. Nun aber — als ich Deinen letzten, trauervollen Brief bekam, erklärte ich, daß ich auf keine Weise länger als Einen Monat bleibe; ich könne nicht meine Lieben zu Hause so sehr hintansetzen. — Der Kleine wäre somit geraume Zeit ohne Hofmeister gewesen; man beschloß daher, ihn für die Ferien mit mir nach Tirol zu senden. Sein künftiger Erzieher ist ein Vorarlberger, und wird ihn dann am Ende der Ferien mit sich nach Wien nehmen. L. kommt ebenfalls nach Tirol, so Gott will, aber nur auf seiner Durchreise; denn er wandert nach Pavia und wird dort studieren. — Ein gewisser Sch. von Innsbruck, ein biederer, idealer Jüngling, begleitet ihn. Wir — sind vorherbestimmt, mit Sch. ihn bis auf die Höhen des Arl-Berges zu geleiten; dorthin kommen ihm zwei Kameraden aus Vorarlberg entgegen und reisen dann mit ihm nach Italien. Auf der Bergeshöhe droben wird also — unter kreisenden Gläsern und schallenden Liedern der Abschied sein. Doch vielleicht bricht der Krieg aus, und macht meine ganze Prophezeiung zu Schanden. — Doch davon will ich etwa später reden, denn jetzo habe ich noch Anderes, das mir mehr am Herzen liegt. — Du weißt, welches Feuer in mir brennt, ein schönes Leben zu leben, und ein solches bei Andern zu schauen. Wenn ich nun Dich bei allen Deinen Verhältnissen mir vor Augen stelle, da zuckt mir eine Wonne durch's Herz, beim Gedanken, wie wirksam, wie herrlich Du leben kannst! Doch gerade Deine Verhältnisse, wenn Du sie nicht bewältigest, werden Dir unheilvoll sein, sie, die bei kräftigem Gebrauche Dir gleichsam vielwirkende Organe des Geistes sind. Ich will nun und kann nun wohl nicht Dein Prediger sein, aber weil ich gewohnt bin, mit Dir im innigsten Verbande zu leben, so kann ich mich kaum enthalten, Dich auf einige Deiner Bestimmungen aufmerksam zu machen. Von der politischen habe ich meine Ansicht schon ausgesprochen. Von der ökonomischen will ich nichts anführen, als den Namen. Von der wissenschaftlichen werde ich wahrscheinlich persönlich mit Dir sprechen. Für jetzt betrachte ich die religiöse. — Du weißt, daß bei uns gerade Diejenigen, welche die gebildetsten zu sein scheinen, die irreligiösesten sind. Du gehörst wohl nicht unter diese, und darüber freue ich mich. Denn Du fühlest und erkennest die Alles wirkende und bewaltende Eine Kraft, welche der Quell alles Daseins, alles Schönen und Guten und Großen ist. Du fühlest und erkennest, wenn auch — vielleicht — noch nicht das ganze Christenthum, doch in Vielem schon sein Wesen, und strebest, Alles zu fühlen und zu erkennen. Du stehest im Christenthum somit — nach meiner Ansicht — wahrhaft und lebendig, während so viele Tausende nur in einem Aftergebilde davon behaglich liegen und nisten; aber, soviel ich aus Deinen Briefen entnehme, bist Du darin wie die Katechumenen der Vorzeit, nämlich noch unvertraut mit der Weihe der Mysterien. Ich weiß dieses nicht gewiß, aber sollte meine Meinung wahr sein, so erinnere ich Dich daran, daß Du Dein Inneres darauf richtest und bedenkest, daß Du, wenn die katholische Religion in ihrem Wesen die wahre ist, kein religiöses Vorbild für Dein Volk bist, wenn Du nicht — in den Formen der Kirche lebendig zu leben vermagst. — Eben das ist es, woran selbst die Geistigen noch scheitern — die liebevolle Hingabe der Freiheit unter die Formen,

welche Christus durch seine Apostel verordnet hat. Freilich
ist dazu nothwendig, daß man die Formen nicht als tobte
aufnehme, sondern daß man sie mit dem lebendigen Lichte der
Erkenntniß, oder wenigstens mit dem göttlichen Dämmern des
Ahnens erfülle und belebe. — Dann — hast Du Dir einen
idealen Zustand in Deinem religiösen Leben erlangt, bist Du
den Einfältigen eine Wonne und ein Vorbild der Andacht,
den Stolzen aber entweder ein Lehrer oder wenigstens ein
seltener Mann. — Ich bedaure jeden Denker, wenn er nicht
fromm und andächtig unter das Volk hineinknien, wenn er
in Gebet und Gesang desselben nicht von Herzen einstimmen,
wenn er nicht demüthig in die Reihe der Beichtkinder sich
stellen, wenn er nicht entzückt hingehen kann zum Genusse
Jesu Christi. — Ein solcher Denker wird nicht wahrhaft
glücklich sein: — er wird von den Guten und Frommen des
Volkes mit einem gewissen Grauen angesehen, und einsam
und öde wird er stehen in der engen Welt seiner Gedanken. —
Du aber solltest wohl durchaus nicht in Trennung und Spaltung vom Volke leben, sondern solltest seine Blüthe sein, wie
denn alle die Weisen nur die Blüthen aus dem Volksleben
sein sollen, im Volke leben, auf das Volk wirken, die Höchsten, die Könige des Volkes sein sollen. — Sapienti pauca.
Du weißt schon, was ich meine. Darum erläutere ich es auch
nicht weiter. — Doch mißverstehe mich nicht: mir fällt so
eben ein, daß Du es könntest; ich meinte keine Bezüglichkeit
auf Anderes, als nur auf Dich, meinen Freund, besonders, weil Du im Volke lebst . . . . .

Lebe nun recht wohl, mein geliebter Freund!
Dein Freund Alois Flir.

Graf, (bei Landeck in Tirol) am 18. Aug. 1831.
Innigst geliebter Freund!
Seitdem ich von Dir getrennt worden, fühlte ich oft eine
sehnende Wehmuth: so sehr liebe ich Dich, so sehr bin ich mit
Deinem Wesen verbunden! Sehnend erwartete ich daher auch
ein Brieflein von Dir, obgleich Du mir in Wien keine zu-
verläßige Aussicht darauf eröffnet hattest, und schon stieg mir
im Innern der Entschluß auf, ohne Dein Schreiben fürderhin
zu erwarten, selber sogleich an Dich zu schreiben. — Doch Du

kamst mir zuvor. — Also sei willkommen und gegrüßt auf dem Boden unseres Vaterlandes, wo wir — so Gott will — unser Leben leben wollen! nicht in Ehre und Stolz und Bequemlichkeit, sondern in stillkräftigem, bescheidenem, demüthigem Wirken, in Geduld und Standhaftigkeit, auf Gott mehr schauend, als auf die Menschen. — Ob Deiner Fußreise war ich besorgt, sie könnte Dir etwa schaden, und weil ich dieselbe Besorgniß bei Deinem Vater befürchtete, stellte ich mich demselben nicht vor. — In Innsbruck blieb ich Einen Tag. Beim wackern Niederstätter war ich zweimal, erst — sehr lange — allein; dann den Bruder A. aufführend. O wie liebe ich diesen Mann! wie achte ich ihn! Bei Gott, ich kenne keinen tüchtigern, geistigern, kräftigern Mann! Es ist in ihm ein stilles Werden eingetreten seit der Zwischenzeit, oder vielmehr, sein beständig fortwirkend Werden hat ihn — nicht im Wesen, aber in manchem Bezuge — verändert. Er sprach mit größter Begeisterung vom Evangelium, und gab mir wohl zu verstehen, daß es auch in seinem Leben eine Wahrheit sei. — Demuth und Kraft, Liebe, Schonung, — und Grimm und Feuereifer zeigten sich in ihm beisammen. Von meinem Priesterwerden hob ich wohl an zu reden, aber in der Fülle des warmen Gespräches brachte ich nur zwei Gründe zum Vorschein; die Hauptgründe blieben noch aus. — Dr. Schuler ließ mich durch Flatz in einen Garten in Wiltau zu einem Gespräche einladen: unser Gespräch selber war, wegen der Dazwischenkunft des Professors Schuler völlig unbedeutend. — Bei einem Abendkonvente zur gold. Sonne erhob sich ein Streit zwischen F. und W., und Ersterer wurde vor der ganzen Gesellschaft in die lächerlichste Blöße gesetzt. Ich zog mich etwas abseits. — Das Thema war, quantum scio, was denn das Rechte sei. — Hier in der Heimath lebe ich zwar manche schöne Stunde mit meinem lieben Bruder und mit Z., aber ich werde durch Besuche und Gegenbesuche und andere Gänge mehr zerstreut, als ich wünsche und Du etwa meinest. — Ich habe — so zu sagen — während meines Hierseins noch nichts studirt. Denn meine Lektüre — das „göttliche Opfer" von Philibert, und „Andreas Hofer" — möchte und kann ich kein Studium nennen. Dennoch lese ich beide Bücher durch. Dann werde ich die spekulative Dogmatik Baader's beginnen, und meine Schreibereien. Bibel und ein Kirchenvater kommen dazu. — Ich kann Dir kaum sagen, wie wohl es auf meine Seele einwirkt, unter aufrichtigen Katholiken zu leben, in und außer der Kirche. Es gibt da tausend Erinnerungen an's Höchste, vielfältige Aufregungen zu einem göttlichen und christlichen Leben. — Neulich predigte W. in Grins: muthig, deklamatorisch, aber es standen die Gedanken nicht fest genug, und dann war seine Predigt für Bauern nicht geeignet. Doch kann er ein imposanter Prediger werden. Uebrigens kenne ich mich mit ihm nicht aus: er geberdet sich ungemein ernst und gläubig; ob er aber mit einem hohlen Scheine Andere belügen will, oder auch sich selber damit belügt, oder ob er in Wahrheit sich geändert hat, das kann ich nicht entscheiden. Er scheint in den Kirchenvätern ziemlich belesen, und sich darauf etwas einzubilden. Meine Unwissenheit belächelte er schon einigemal. Denn statt Vernunftgründe tischt er immer allerlei Märchen von den Kirchenvätern auf, Wunderhistorien, Erscheinungen 2c. Und da ich nun diese Auktorität nicht anerkenne, so erscheine ich denn bei ihm als einer der Profanen, die noch nicht in's ἄδυτον gekommen.

Mit den benachbarten geistlichen Herren komme ich wohl öfter zusammen, ließ mich aber nie noch in das ein, was ihnen neu vorkommen müßte. Denn wo ich keine Empfänglichkeit für das Meine sehe, accommodire ich mich nach dem Ihrigen, soweit es in dem Meinen liegt. — F. hat mich verschwärzt, ich nähme an, das Christenthum entstehe aus dem Heidenthum (!). Es scheint mir daher, daß Manche etwas mißtrauisch von mir denken, aber nur nicht mit der Sprache und Gesinnung herauszurücken sich getrauen. Doch möge man denken und tadeln über mich, was immer, ich werde mich bestreben, friedlich, liebevoll, nachgiebig und schonend, soweit es der Geist billigt, zu leben und zu wirken. Das höchste Vorbild hievon ist und bleibe mir in Allem — Jesus Christus. — O Freund, o Bruder, laß uns doch im Geiste leben! Sonst sind wir elend, zerrissen, unvermögend, uns und Andern zum Verderben! Laß uns überwinden die schwere Trägheit der Sinnlichkeit: sie widersteht nicht lange. Wie die Aegyptier, laß uns ablegen das Ueppige in den Genüssen des Leibes, aber nicht, wie Viele von eben denselben, auch alle Freude und Heiterkeit. Nur das

Ueberflüssige, Beschwerende, Verfinsternde soll und muß fort. — „Wer nicht Alles (dies) verkauft, geht nicht ein in's vollkommene Leben." — Doch alles Dieses werde ich eher mir, als auch Dir zurufen müssen: denn ich habe in der Bezähmung des Uebermaßes eine Schwäche, die mir Verachtung vor mir selber einflößt. Ich sehe wohl, daß ich noch nicht im Geiste wandle, und daher Gott noch nicht liebe. Aber ich nehme mir jetzo wieder vor, zu leben im Geiste! Laß uns mit einander diesen gewaltigen Kampf kämpfen, worin wir so oft schon siegten, aber auch aus Lauheit — so oft wieder unterlagen. — „Das Himmelreich leidet Gewalt!" Gott und Jesus Christus seien mit uns! in uns! — — —

Brixen, am 20. Okt. 1831.
Innigst geliebter Freund!

Weil ich nun aus einem Briefe unsers biedern H. an Sch. entnahm, daß Du nach Hause zurückgekehrt, will ich und kann ich nicht fürderhin zögern, nach dieser kurzen Pause — das schon so viele Jahre dauernde, und, wie ich zuversichtlich hoffe, ewig nicht verstummende Gespräch unserer lebendig verbundenen Wesen — von dem neuen Orte — oder vielmehr vom alten aus — wieder fortzusetzen.

Auf der Stätte bin ich wieder,
Wo ich meine ersten Lieder,
Dir, o Freund, so fröhlich sang;
Und wo über Berg und Thale
Dein Lied mir zum Erstenmale
Wonnig in die Seele klang!

Ach, wo sind die Jugendträume?
Fort sind all' die Myrthenbäume,
Fort der Musen frohe Schaar;
Und — manch' And'res ist verschwunden;
Schmerzhaft haben wir's empfunden!
Eins nur blieb uns, wie es war!

Ja, nur Eins ist uns geblieben:
Denn wie damals, so noch lieben
Unsre Seelen sich einand'.

Dieser Stern ist nicht verglühet,
Diese Blum' uns nicht verblühet:
Nur die Freundschaft hielt Bestand!

Wahrhaftig, die Gesinnung, die ich in diesen Strophen ausgesprochen, rührt und durchdringt mein Gemüth. Denn einerseits schaue ich wohl wehmüthig zurück auf jene liebliche Jugendzeit, wo wir so fröhlich Freuden gewechselt, wo wir noch unbekümmert um das Getriebe der Welt heitere Lieblein sangen und das Leben zu einem immergrünen Paradiesesgarten träumten; noch wehmüthiger denke ich an die Schicksale, die wir inzwischen erlebt, Du und ich; and'rerseits aber erfreuet mich begeisternd der Gedanke, wie unsere Freundschaft immerfort gelebt und gewaltet, und daß ich als Dein Verbündeter diesen Ort wieder betrete, den ich vor so vielen Jahren als solcher verlassen hatte. Doch muß ich noch bemerken, daß mir das jetzige Leben doch weit mehr Freude macht, als jenes erste, kindliche, weil es denn doch weit tüchtiger, kräftiger und herrlicher ist! — Ich denke wohl mit zarter Wehmuth an die Jugend zurück, aber ich trete doch weit lieber nun rüstig und muthig in die thatenvolle Mannheit hinein, als ich in jene Jugend wieder zurückginge. Ist es Dir nicht auch so um's Herz, oder vielmehr im Herzen? — Hier in Brixen lebe ich in meinem Elemente, nämlich, wie ich es mir jetzt einmal wünsche. Denn ich bin nun frank und frei von allen Komplimenten und närrischen Gewohnheiten; ich bin mein eigener Herr, und was ich jetzt Richtiges thue, kommt pur auf meine Rechnung, und so ein selbständiges Leben ist mir eine Lust! Studieren darf ich auch nur, was mir von Herzen geht und wieder zu Herzen! Kurz, ich bin ganz munter und fröhlich! Gottes Geist erleuchte und stärke mich nur, daß ich ein recht tüchtiges Leben lebe, und mich rüste, ein Held der Wahrheit zu werden, — nur für sie zu leben und zu sterben! Weisheit wünsche ich mir, weil es mir die größte Wonne ist, Gott und das Göttliche anzuschauen, und andern Menschen denselben Einblick darein zu eröffnen; Tugend wünsche ich mir, weil es meine Wonne ist, tugendhaft und ein Abbild der Weisheit zu sein, und ein faktischer Beweis des Göttlichen. Sonst — wünsche ich mir Nichts, nicht Ehre, nicht Reichthum, nicht Gesundheit: wenn ich nur das Erste habe!

Ich schrieb Dir heute Morgens schon einen ungeheuren Brief; doch weil ich theils in Spitzfindigkeiten hineinkam, die Dich nur bemüht, aber nicht erfreut hätten, und weil ich an kein Ende kam, so verwarf ich jenen — hochgelahrten Brief, und wollte Dir dafür einen ganz einfachen, treuherzigen niederschreiben. Ich habe nun beschlossen, nicht mehr in meinen Briefen an Dich zu philosophiren, — außer wenn es mich gar zu sehr zwänge, oder wenn Du über Dieses und Jenes meine Meinung wissen willst, oder durch Dein Philosophiren mich zu einem Gleichen veranlassest. Doch ich ersuche Dich Alles anzuwenden, um Dich mit der Religion völlig zu verständigen, weil Du vorher nicht wahrhaft glücklich leben kannst. Dazu ist aber das Denken allein nicht hinreichend, sondern, weil Gott von sich selber schon erkannt ist, so belebe in Dir nach Möglichkeit diese Deine Erkenntniß vom ewigen, heiligen, schönen und guten Wesen, und bitte Ihn demüthig um Erleuchtung und Stärkung! „Die Frucht des Herrn ist der Anfang der Weisheit." — Ich bitte Dich darum . . . . .

Brixen, am 17. Nov. 1831.

Innigst geliebter Freund!

. . . . . . Deine Lebensgefahr hat mir unser L. wohl berichtet, aber auf Deine Erzählung mich gewiesen; doch Du hast sie mir gar wortkarg mitgetheilt. — Himmel, welch' ein Vorfall! Doch ich danke Gott nicht nur, daß er Euch gerettet, sondern auch, daß er Euch die Gefahr gesendet. Denn Gott liebt Euch und ziehet Eure Seelen an sich, mit Gewalt . . . Weil Ihr meist des Irdischen Scheinbilder anschauet und umarmet, und Gottes geheimnißvollen Liebesruf so selten höret, schreckte er Euch auf, daß Ihr aufschautet und erst zitternd ihn sahet, um ihn dann liebend anzuschauen, wie Er liebend Euch anschaut. Du, mein Geliebter, darfst nun nicht länger der Liebe des Allmächtigen widerstehen: Dich hat Er nun schon so oft gemahnt und angezogen; es ist nun die höchste Zeit, daß Du — ganz — Dich Ihm hingebest und fürderhin nun immer bei Ihm bleibest und lebest und liebend den Liebenden erfreuest. — Ich ersehe aus Deiner Rede, daß Du ein brennend Verlangen nach einem **göttlichen Leben** hast, und daß Dein Gemüth voll der **kräftigsten Zuversicht** ist, und wahrhaft, deutlicher, klarer, eindringender kann Dir Gott beinahe nimmer offenbaren, daß er **nicht** in Alltagsgeschäften Dich befangen sehen will, sondern in **Hohem und Großem und Schönem und Gutem** strebend und wirkend.... Aus Deiner Anzeige, welches Studium Du jetzt zu ergreifen gedenkest, erkenne ich die kräftige Mannheit Deines Vorsatzes und die tüchtige Umsicht in's Leben. Und dennoch will ich jetzt einmal, obgleich Du es verlangtest, nicht **davon** reden, sondern ich, als ein Diener Jesu Christi zur Verkündigung seiner Wahrheit bestimmt und abgesondert, will auch vor Allem von **dieser Wahrheit** an Dich und mit Dir reden, weil die **Religion** die Seele des Lebens ist, und alles Thun nur durch sie lebt, oder ohne sie — welk und todt ist.

Ich meinte vorhin, daß man Jene, die nicht durch den **Glauben** in das Christenthum eingehen zu können scheinen, durch die **Erkenntniß** in dieselbe einführen soll; doch durch einige Stellen des hl. Paulus, und durch genauere Beschauung der Sache bin ich nun überzeugt, daß ich eine irrende Ansicht hatte. Die Ursachen zu entwickeln, habe ich heute keinen Raum; ich theile Dir daher nur meine Meinung mit, wie Dir der Eintritt in's Christenthum erleichtert werden könnte. — Zuerst einmal rathe ich Dir, daß Du Deiner innern Stimme gehorchest, und alles Böse kräftig zurückweisest, und was Du als gut erkennst, thuest. Zugleich betrachte Dich als ein **Eigenthum Gottes**, und bitte Ihn, daß er Dich erleuchte, daß Du in Allem seinen Willen erkennest und befolgest und so ein **Diener des Herrn** werdest. Daß dieser Diener, der aus Liebe **seinen** Willen hingibt, kein Sklave oder Knecht ist, das ist offenbar. — Also — Diener Gottes seiend, **in dem Du kannst,** strebe und bitte, ein **Diener Gottes in Allem** zu werden. — In und bei diesem Leben lies das **neue Testament:** die historische Glaubwürdigkeit ist so groß, daß Du diesen Erzählungen ebenso glauben kannst, als wenn Du Alles — **selber sähest und hörtest.** Denke, welchen Eindruck es auf Dich machen würde, wenn Alles jetzt — vor Deinen Augen geschähe, wenn Du den Engel bei Maria, das Kind in der Krippe, den Knaben im Tempel, den jungen Mann

am Jordan, den Lehrer der Welt und Prophet und Wunder=
wirker durch ganz Palästina herum, den Erlöser am Kreuze,
den Gottmenschen in der Auferstehung und Himmelfahrt —
mit eigenen Augen anschautest, wenn Du alle Seine Reden
hörtest, worin er sagt: „Ich bin Gott und Mensch! Wer
mein Fleisch nicht ißt und mein Blut nicht trinkt, geht nicht
in's Leben ein! Wer nicht mit mir das Irdische an's Kreuz
schlägt, steht nicht auf, wie ich!" ꝛc. — wenn Du alles Dieß
sähest und hörtest, was würde Dein Inneres dabei fühlen und
denken? — Dieses frage Dich, und die Antwort dar=
auf wird Deine Unterweisung zum Christenthum sein. —
Aber es ist offenbar, wie ernst diese That unternommen und
ausgeführt werden muß. — Wenn Du nun Wunderthaten
siehst, wie die Todtenerweckung des Lazarus, und sie nicht be=
greifen kannst, wirst Du sie nicht dennoch bestaunen und für
wahr und wirklich halten? Wenn Christus sagt: „Eh' Abra=
ham war, bin ich! Vater, verherrliche mich mit jener Herr=
lichkeit, die ich vor Erschaffung der Welt bei Dir hatte,"
kurz — wenn er sagt: „Ich bin Gott und Mensch" — wirst
Du es, obgleich Du es nicht begreifest, nicht dennoch für ganz
gewiß halten, weil es Christus — ausdrücklich gesagt?

Sieh', so entsteht aus der Hochachtung und Liebe
zu Jesus Christus der Glaube an ihn. Es ist daher nicht
Philosophie und Verstand zum Eingang in's Christen=
thum nothwendig, sondern nur ein gefühlvolles Gemüth;
und eben deßhalb gehen mehr Kindliche und Einfältige, als
Große und Gelehrte darin ein. — Wenn Du nun aber auf
Worte Jesu Christi kommst, deren bestimmter Sinn Dir nicht
klar ist, so nimm den Katechismus und lerne daraus die
Auslegung der römisch=katholischen Kirche kennen;
und in diesem Sinne hat Jesus jene Worte ausgesprochen.
Doch dieß gilt nur von den Dogmen. Denn nur in die=
sen ist die Kirche die unfehlbare Lehrerin, der man
auch durch so viele Jahrhunderte noch keinen dogmatischen
Widerspruch oder Irrthum aufweisen kann. — So nun
mögest Du belehrt werden in aller Wahrheit des Chri=
stenthums. Wenn nun Dein Verstand sich sträubt, so
strebe nach Kräften, ihn zu überzeugen; doch das soll vom
Christenthum Dich nicht zurückhalten, sondern in der Liebe
und im Vertrauen zu Christus halte nur auch das Dir

unmöglich Scheinende für möglich und wirklich, und ehre Christum auch in unverstandenen Mysterien, so gut Du vermagst. Wenn Du die Mysterien, Deinem Verstande folgend, nicht für wahr hältst, so erklärst Du Jesum Christum als einen Lügner, wodurch Du gewiß in einen weit größern Widerspruch mit Dir gerathest, als wenn Du das Geoffenbarte — wegen Christus für wahr hältst, Deinen Verstand aber für zu getrübt, um so Hohes jetzt einmal zu schauen. — Du meinst, wenn Du so mit widerstehendem Verstande zum Sakramente des Altars hinzutrittst, so sei Deine Andacht eine unnatürliche, erzwungene, kalte: doch diese Andacht ist eine — schmerzhafte Kreuzigung Deiner Ichheit aus Liebe zu Jesu Christo. Die Qualen des geopferten Verstandes sind vor Gott — wahrscheinlich — noch weit geistiger und würdiger, als das Feuer der begeisterten Erkenntniß. — Dann wisse, daß Gott diese Kreuzigung auch von uns nur einmal verlangt; denn ist der Verstand einmal geopfert und getödtet, dann wird er zwar eine bestimmte Zeit im Grabe liegen, aber früher oder später wird er ganz gewiß vom Tode verkläret auferstehen, und er, der irdische und auf Erden wandelnde, wird dann gen' Himmel fahren! — Der Glaube und die Erkenntniß verhalten sich nach der Lehre des hl. Paulus wie die Grundkraft und ihre Entfaltung, sie sind also wesentlich Eines und Dasselbe, und der Glaube wird daher eben so nothwendig in Erkenntniß — zur bestimmten Zeit — aufgehen, als der Same in die Blume. Doch darüber ein andermal. Jetzt ersuche ich Dich nur noch, auf meine Erklärungen von diesem und jenem Mysterium keine Zuversicht zu setzen, sondern Dich jetzo einmal von göttlichem, nicht menschlichem Worte überzeugen zu lassen. Denn ich erwarte selber erst noch die gewisse Bestätigung meiner Gedanken oder die Verurtheilung derselben; bis dorthin halte ich mich, wie ein Kind, an die Lehre der Kirche, und halte meine Gedanken für noch unzuverlässige Meinungen, glaubend, sie können wahr sein, aber fürchtend, daß Einiges davon auch falsch sein kann: — also thue ich, auf die Worte des hl. Petrus achtend. (2. Br. 1. Cap. 19. 20. 21).

Ich bitte Dich nun, Deine aufrichtigste Antwort auf diese meine Rede mir zu geben, und Deinen religiösen

Zustand mir zu eröffnen, nicht nur jetzt, sondern immer,
weil wir so einander zur Förderung des Lebens gereichen werden. — In Ansehung Deines Studiums rathe ich
Dir das Naturrecht, dann die Statistik, dann die Ge-
setzgebung zu studieren, mit besonderer Rücksicht auf Tirol.
In Ansehung der Geschichte des Landes selber rathe ich Dir
den Hrn. Präsidenten di Pauli anzugehen; dieser Mann
kann Dir vor Allen im Lande mit Rath und Materialien an die Hand gehen. Willst Du aber das nicht, so werde
ich mich hier mit Prof. Sinnacher besprechen, der eine er-
staunliche Kenntniß unserer Historie besitzt......

Brixen, am 10. Dez 1831.

Innigst geliebter Freund!
 Es waren zwei Berges-Geister,
 Die hatten einander lieb,
 Waren mit einander heiter,
 Waren mit einander trüb'.

 Und sehnend streckten die Arme
 Sie gar oft nach einand',
 Doch es hielt sie an ihre Berge
 Ein fesselnd Zauberband.

 Doch webten ihre Stimmen
 Eine schöne Liebessprach' —
 Ueber dem stillen Thale,
 Ueber dem rauschenden Bach!

 Wie schöner Friedensbogen,
 So stand sie, in Farben bunt,
 Und spiegelte ihre Seelen,
 Und machte Gefühle kund!

 Die beiden Berges-Geister,
 Die freuten sich gar sehr,
 Und riefen: Dies Band der Seelen
 Zertrümmert uns gar nichts mehr!

 Und sie freuten sich viele Jahre,
 Und webten im Liebesverein,
 Und die gold'nen Sterne des Himmels —
 Die schienen gar lieblich d'rein! —

Doch ach, da erloschen drüben
Die Farben mit Einem Mal',
Und da schaute erschrocken hinüber
Der Berggeist über das Thal!
Und er stand und harrte und harrte,
Doch ach, 's war nichts mehr zu seh'n,
Und einsam auf seinem Berge
Klagt er aus die Herzens-Weh'n! . . . .

Lieber Freund, ich muß auch noch in Prosa über Dein unerträgliches Stillschweigen klagen, weil die Poesie, obgleich sie das hellste Licht der Wahrheit ist, selten mehr vollen Glauben findet, und oft sogar von Poeten selbst für eine überspannte Träumerin angesehen wird. Wohl ist sie, oder scheinet sie dem Phlegma des gewöhnlichen Lebens gegenüber — überspannt; wie denn in allen Sprachen Begeisterung und Wahnsinn mit Einem Worte ausgedrückt worden. Doch je reger und erhöhter das Leben, desto fühlender und erkennender wird es auch; so schauen wir es in der ganzen Natur, so an unserm Organismus, so muß es sein in der ganzen Welt! Es wäre der Mühe werth, eine Satyre auf die Menschheit zu machen, wie der stumpfe Nagel gegen das reizbare Auge seinen Spott und seine Lektüre erhebt. Doch die stumpfen Nägel spüren nichts, auch wenn man sie von einander schneidet! — Daß Du meinen Brief empfangen (vom 17. Nov.), das setze ich voraus. Vielleicht hast Du auch von meiner Todeskrankheit gehört, die mir meine liebe Mutter als nicht wenig überraschende Neuigkeit berichtete. Diesmal fand noch eine Verwechslung der Namen statt, denn es war der junge N. krank, und starb. —

Ich bin hier ungemein lebensfroh! aber so wirksam und thätig, wie vielleicht noch nie in meinen Tagen. Ein großer Theil meines Thuns wird aber für Andere verwendet. Ein höchst talentvoller Student der 5. Gymnasialklasse hat sich nun neuerdings gemeldet; Zweien aus unserem Kurse gebe ich schon lange täglich eine Stunde in Lesung der Hellenen; einer ganzen Schaar hielt ich — unter dem Namen von Repetitionen — exegetische Vorträge; doch ich stand davon ab, weil ich mit Regens Feichter gleichen Schritt halten sollte, und er mir zu schnell voraus eilte. Das ist so mein liebstes

Streben, den Geist in möglichst Vielem aufzuregen, und ich meine dadurch meinem Vaterlande — im Stillen einen schönen Dienst zu erweisen.

Wenn Dir mein letzter Brief zu dunkel, oder irrig vorkam, so schreibe mir, sobald Du kannst; denn mir ist die Sache klar, und ich werde mich auch klar genug auszusprechen vermögen. Doch versäume keine Zeit; denn das Einleben in die Religion ist die Wurzel Deines Lebens, von da mußt Du, und ich beginnen! von da auf blühet alles Schöne und Lichte! Willst Du auf einmal durch Schauen in das Christenthum eingehen, dann gehst Du nicht ein: erst muß der Glaube entsteh'n; doch dieser muß vernünftig entsteh'n, d. h. ich muß wissen, daß diese und diese Lehre von Gott kommt, und daher wahr ist. Im Glauben seiend wollen wir aber nach dem Schauen streben, durch's ganze Leben. —

Brixen, am 10. Jänner 1832.
Theuerster Freund!

Wenn Du geschaut hättest, wie wehmüthig ich oft geworden wegen Deines langen Stillschweigens, dann hättest Du sicher mit Gewalt eine Stunde den Geschäften oder dem Schlafe entrissen und zu einem Briefe verwendet. Hin und her sinnend gab mir der Schmerz den Argwohn ein, Leute, die unsere Freundschaft nicht gerne sehen, hätten durch Verläumbung Dein Gemüth mir abgewendet — auf einige Zeit. — Freund, verzeihe mir diese Schwäche! — Dein Schreiben war mir daher Trost und Freude, zugleich aber schämte ich mich auch über meine Besorgniß, die so wenig in Deinem Charakter begründet war. . . . . .

Dein Schmerz über meine vorgebliche Todeskrankheit hat mich bis zu Thränen gerührt, und ich habe meine Liebe zu Dir mit seltener Wärme empfunden. Lieber, soweit unser Wesen die Wege der Vorsehung ahnen kann, ist uns Beiden noch ein langes Erdenleben bestimmt: wir fühlen ja, mit welcher Anstrengung, um so zu sagen, unser Leben bisher geleitet und erzogen worden und noch wird, wie es Alles erfahren mußte, um tüchtig zu werden zum Werke, zu dem es gesendet. Ich ahne daher, daß uns Gott auf diese Weise für die Erde bildet, und nicht nur für den Himmel. Doch der Herr hat geredet. Er wolle im Dunkel wohnen: geheimnißvoll ist Seine

Waltung, und wie Er es festgesetzt mit uns, so möge mit uns auch geschehen. Darum laß uns so leben, daß wir alle Tage mit freudigem Muthe und mit ungetrübter Zuversicht auf Gottes unendliche Güte hinüberwallen können in die andere Welt. — Der Mensch trägt in sich eine Stimme der Weisheit, ob sie nun die seines eigenen Wesens ist, oder ob er in ihr die Stimme des allnahen Gottes vernimmt (ich habe stärkere und tiefere Gründe für's Zweite) — kurz, eine innere Stimme hehrer Wahrheit ertönt, und lehrt uns mit Worten, welche nicht Schall, sondern Kraft und Leben sind. Wer diese Stimme hört, der hört ein Orakel, und soll ihre Gebote befolgen trotz aller Hindernisse. In den Heiligsten redet sie fort und fort bei jeder Handlung und lehret sie, was zu meiden, was zu ergreifen, wie denn die Geschichte von Zoroaster, Trismegistos, Sokrates und Andern erzählt, der Legende nicht zu erwähnen. Es gibt aber dagegen auch Menschen, die diese Stimme nicht mehr vernehmen, außer vor und nach besonders **guten** oder **bösen** Thaten; es gibt Leute, wie Du weißt, in welchen sie endlich bei den schreiendsten Lastern verstummt. Wir pflegen sie die **Stimme des Gewissens** zu nennen, weil sie — durch unabweisbaren Drang — uns als Stimme des Wissens und der Wahrheit erscheint; doch daß man sie bloß zu einer moralischen Richterin macht, **während sie für unser gesammtes Leben in allen seinen Beziehungen die Stimme der Wahrheit ist**, kommt nur daher, weil die Menge gar oft den Ton angibt, und **diese** — jene Stimme als nichts Anderes empfindet.

Ich halte es nun für höchst nothwendig, diese Stimme der Wahrheit zum Sprechen zu bewegen, und recht oft sie zu hören, von ihr mich belehren zu lassen, und darnach zu leben — mit Entschlossenheit. — Ich habe wohl schon manche Zauber gelernt, sie zum Worte zu bringen, und die Mittheilung solcher Zauber halte ich für das geeignete Mittel, Erkenntniß in Andern zu erregen; nicht **auf meine** Stimme will ich mich berufen, sondern auf **die Stimme Dessen**, zu dem ich rede; nicht was **ich** erkenne, soll den Andern leiten, sondern was **er** erkennt. Darum hasse ich alle **Proselytenmacherei**, d. h. alles **Aufdrängen meines Ich auf das des Andern**: wollen wir Andere überzeugen, so müssen wir sie mit **ihrer** Wahrheit überzeugen; um das zu können,

müssen wir aber die Wahrheit in Andern — zur
Sprache zu bringen wissen. —

Ich zweifle nicht, daß Du mit dem Gesagten vollkommen
einverstanden bist, und sowohl in Ansehung Anderer diese
Ueberzeugungsweise billigst, als auch in Ansehung Deiner
die mächtige, schicksalvolle Bedeutung jener Stimme anerken=
nest. — Doch ich darf nun die Bemerkung, wegen der ich
auf diese Rede gekommen, nicht außer Acht lassen. Denn ich
wollte mit Dir betrachten, welchen Einfluß der Tod auf das
Leben haben soll: der ernste Gedanke an den Tod zerstreuet
um uns das irdische, betäubende Getöse, und aus unge=
schauter Tiefe heraus redet die heilige Stimme. O Freund,
was redet sie? — Stelle Dir vor, Du müssest an diesem
Tage — hinüber: was würdest Du wünschen? was denken?
— Es scheinen dieß zwar Gemeinplätze zu sein, und nicht
Worte der Bildung und Philosophie; doch es sind Worte
des Lebens und der Wahrheit! Ich denke mich daher an die
Pforte des Todes, und wenn ich da stehe — obgleich nur
im Geiste, so verkündet mir die Stimme heilsame
Worte! — Aber bei Gott, wir müssen mit Ernst uns
an jene Stelle denken, mit Ernst die Stimme
hören, mit Ernst sie dann befolgen. Alle Abend
laß uns vor dem Schlafe, wie vor dem Tode — stille stehen,
und uns besinnen und empfinden. — Wir haben
einen Lehrer in uns, der uns am besten kennt, und nur
Solches, was wir thun können und sollen, verkündet, der
daher alle Bücher, alle Weisen der Erde übertrifft; diesen
innern Lehrer laß uns hören, und von ihm das Leben
lernen. — Wenn Du alle Abend mit Anstrengung dieß thuest,
dann wird Alles kommen, wovon ich wünsche, daß es komme;
lebe nur, wie Du gesagt hast, nach Deiner Erkenntniß,
und strebe, sie oft und deutlich zu vernehmen;
und bald wird dann eben diese Erkenntniß auch die
Demuth des Glaubens begreiflich machen und gebieten,
wie selbst Homeros und andere alte Sänger diese so nahe
Wahrheit geahnt, indem sie verkündeten, daß ein Dunkel uns,
wie ein Nebel umgebe, und das Schauen der Himmlischen
wehre. — Kurz, ich will nicht viele Worte machen, sondern
Dich nur auf Dich verweisen: Du selber wirst Dich
schöner belehren, als ich es vermöchte. Werde nicht ungedul=

dig, wenn Dir nicht im Nu Alles gelingt, sondern thue das
Deine, und alles Andere überlaß der Waltung Gottes. Das
Bibel-Lesen rathe ich Dir noch einmal, obgleich Du es für
unpassend gehalten: schaue die Thaten an, denke
Dich gegenwärtig; denn auch da wird Dir wieder jene Stimme reden. Wir müssen uns so anstrengen, als wenn uns Gott nichts hälfe, nach der Lehre des
hl. Ambrosius. Ich bitte Dich, theile mir Deinen innern Zustand recht oft mit, denn ich habe an Deinem Leben so inni-
gen Antheil, wie am meinigen. . . . . .

Brixen, am 20. April 1833.
Theuerster Freund!
Daß mir Dein werthes Schreiben statt durch das frühe,
durch das späte Ankommen überraschend geworden, konntest
Du wohl schon aus meiner, in der Zwischenzeit erhaltenen,
Nachschrift absehen. — Deine diesmalige, offene, klare, freund-
schäftliche Antwort ist mir eine vollkommene Genugthuung
für die vorige, und obgleich sie noch nicht der holde Einklang
mit der Wahrheit Gottes ist, so kann ich sie dennoch nicht
anders denn als approximirendes Präludium dazu
— ansehen. — Eine beseligende Wonne erfüllt mir die Brust
im Vorgefühle unserer werdenden Zukunft, unserer
Freundschaft, unseres Einslebens — in Gott! — Denn
wisse, ich erwarte von Deiner edlen Natur, von Deinem edlen
Sinne, noch mehr aber von der liebreichen, bisher an Dir
so sichtbaren Einwirkung Gottes, daß Du das Unwesentliche
und Unedle immer mehr abwirfst, und immer reiner und
klarer als wahrer, innerer, neuer, aus Gott geborner und in
Gott lebender Mensch — erscheinen wirst, als — Christ!
— Wir müssen uns selbst verachten, und als veräußerte, ver-
kaufte Sklaven ansehen, als träge, elende, ebenso unglückliche als verbrecherische Taugenichtse, wenn wir nicht entschlossen sind, so zu leben, wie wir es als gut
und recht und edel erkennen. — Wir sind nur insoweit wahre, vernünftige Menschen, als wir uns anstrengen, das Wahre und Gute zu erkennen, und das Er-
kannte mit unerschütterlicher Treue — zu thun. — Man
pflegt zwar nicht so zu leben, aber man soll und man kann
so leben, und wer nicht so lebt, der lebt offenbar unnatür-
lich, unmenschlich, verächtlich und strafbar. Aller-

dings sind wir schon so sehr entmenscht, daß wir uns
gewaltig anstrengen müssen, menschlich zu leben; doch
welche abscheuliche Feigheit wäre es, aus Furcht vor dieser
Anstrengung und Mühe auf das rechte Leben Verzicht zu
leisten, und sich zum unrechten, unwesentlichen, elenden hin=
zugeben! Wohlan, mein Freund, laß uns gleichsam das Ge-
lübde schwören, menschlich zu leben, nach Ueberzeu=
gung der Vernunft, nicht nach Gewohnheit der
Schwachheit. — Und wenn wir auf diese Weise auf
die Vernunft aufmerksam sind und mit edler Treue ihr folgen,
dann erkennen wir, daß wir, indem wir sie hören, eigentlich
Gott hören, der durch sie redet, so daß wir, nachdem wir
angefangen in uns und aus uns zu leben, auch anfangen,
in und aus Gott zu leben. — So wird und ist das
vernünftige Leben — zugleich religiöses, und Selbst=
ständigkeit in uns ist zugleich die Hingabe an Gott.
— Wie zuerst unser inneres, vernünftiges, freies
Wesen unsere Wonne war, so wird nun Gott unsere
Lust und Seligkeit: Ihn zu erkennen, Ihm mit aller
Treue zu folgen — ist nun unser Bedürfniß und
unsere Freude. Seine Offenbarung ist uns nun
willkommener als alles Glück der Welt, sie geht in
uns ein wie das liebe Vaterwort in das Kindesherz. — Allemal, wenn ich diese Lebenswahrheiten betrachte, stellt sich jener
Edle von Helles meinem Auge dar: in der Mitte ent=
menschter Menschen achtete er nicht auf das Beispiel, nicht
auf das sinnlich' Angenehme, sondern kehrte in sein
Inneres ein, hörte, von Zerstreuungen sich zurückziehend, dieser inneren Stimme, und folgte dieser ohne Rücksicht
auf Beschwerde, Tadel und Gefahr; und nach und nach
wurde ihm dieses Leben ganz geläufig, er gewann es in seine
Macht, und davon abzufallen war ihm kaum mehr möglich;
und er gab oft zu erkennen, wie wonnig und selig ihm
dieser Zustand sei, und wußte selbst ganz sinnliche Leute mit
seinem Enthusiasmus zu begeistern. Nur der Abgang einer
vollständigen Offenbarung Gottes war seine Weh=
muth; er tröstete sich aber mit der Zuversicht, in der andern
Welt, der er mit jedem Schritte ja entgegengehe, dieselbe zu
erlangen; und in dem lebendig empfundenen Bedürfniß nach
ihr sagte er ihre künftige, wirkliche Erscheinung auf Erden

voraus, und äußerte sich: „Wenn Gottes Wille offenbar sei, so könne er gar nicht begreifen, wie man nicht alles Andere fahren und fallen lassen, und jenen allein umfassen und mit treuer Liebe befolgen müßte." — So dachte, so lebte der **Größte des Heidenthums**! —

Mein lieber Freund, es ist uns ein glückliches Dasein gegeben; denn es ist unser Glück in unsere Willkür gelegt, wir brauchen nicht blind, nicht unfrei, nicht ängstlich zu leben, wir erkennen Gutes und Wahres, wir können es thun, und nur was wir als recht und schön einsehen, sind wir schuldig zu thun. Welche Billigkeit, welche Milde herrscht über uns! Wer wagt es, sich zu beklagen? wer — sich zu entschuldigen? — **Jeder hat ein gewisses Maß von Ueberzeugung**, wie der Apostel sich ausdrückt, und nach dieser Ueberzeugung soll ein Jeder leben, nach ihr — wird ein Jeder gerichtet. Wer **blindlings** die **Wahrheit** hinnähme, würde fehlen und **vernunftwidrig** handeln; daher ist nichts thörichter, als Andern die **Wahrheit aufbringen** wollen. Ein Jeder soll **wissen, was und warum**. — Glaube also ja nicht, daß ich Dir Vorwürfe mache, weil Du noch die Fülle der christlichen Wahrheiten nicht empfangen; Du, der noch Einiges nicht erkennet, kannst besser daran sein, als Jener, der Alles erkennt; aber erforsche Dich, ob Du wohl Dich nicht versündigest, und wenn dieses der Fall ist, so setze — in diesem Augenblicke — fest Dir vor, von nun an **vernünftig zu leben** und somit auch **religiös**, und nach dem Zurufe des Apostels „in dem zu wandeln, das Du einsiehst, und auf solche Weise das weitere Fortkommen **getrost zu erwarten**." Ein solches Leben ist die wahre Vorbereitung zum völligen Verständniß der Offenbarung; ohne ein solches Leben sind alle unsere Unterredungen nur eitler Schall.

Nach dieser Expektoration will ich nun an die eigentliche Beantwortung Deines Briefes. — Ganz richtig nahmst Du die **Unfehlbarkeit der röm. kath. Kirche** vor Allem vor; denn wenn dieser wirklich diese Kraft einwohnt, so ergießt sie sich auch in alle ihre wesentlichen, d. h. von ihr als wesentliche anerkannten und ausgegebenen Lehren. — Wie nun zur Begründung dieser Unfehlbarkeit zwei Beweise vorgebracht wurden, so versuchest Du dieselben durch zwei Einwendungen von der Stelle zu rücken und aufzuheben. —

Denn auf die Behauptung, die Unfehlbarkeit der Kirche gehe schon aus dem Wesen Christi hervor, und könne nur der röm. kath. Kirche zukommen, erwiederst Du: Allerdings folge die Indefektibilität der wahren Religion schon aus der Natur des Welterlösers, doch dieselbe habe sich nicht in Namen und Titel, in Parteien und Schaaren, in Papst und Bischöfen, in Canones und Formen krystallisirt, sondern lebe und athme — geistig im Geiste. — Der zweite Beweis bestand in den ausdrücklichen Aussagen Christi. Du hättest nun zwar diese Deiner Kirche zu Gute ansetzen können, doch Du meinest, dieses ganze, aus Texten zusammengestellte Fundament sei zu locker, indem sonst ja auch der vielbesprochene Fels dem grundlosen Attribute des Primas als unerschütterlicher Grund unterstehen müßte. — Drittens endlich, bei der Hinweisung auf die kenntniß= und tugendreichen Bischöfe, machst Du mir einen langen Zeigefinger auf die Skandale der Kaste, sagend: „Ecce corpus Christi templumque Spiritus Sancti!" —

Ich nehme nun den ersten Einwurf zuerst vor. — Ich stelle mir einen Christen aus Deiner Kirche vor Augen, und frage: „Du hast also die wahre und ächte Religion Christi?" — „„Ohne Zweifel."" — „Kannst Du aber auch mir und Dir zuverlässige Gewißheit davon verschaffen?" — „„Ohne Anstand."" — „Ich bitte." — „„Die Unverfälschtheit und Glaubwürdigkeit der Bibel läßt sich besser, als von irgend einem andern Buche der Vorzeit, beweisen; die Bibel ist aber das durch alle Zeiten fortschallende und nimmer verhallende Wort Gottes; eben dieses, noch frei von menschlichen Abjektiven, ist aber die reine und ächte Lehre Christi."" — „Hast Du einen Beweis, daß in der Bibel die gesammte Lehre niedergelegt ist?" — „„Weil sonst Christi indefektible Religion nur fragmentarisch hinterlassen, somit verloren wäre."" — „Damit dieser Beweis feststehe, müßtest Du erst evident beweisen, daß die Schrift die einzige Erkenntnißquelle der Offenbarung ist; doch diese Mühe will ich Dir vor der Hand einmal erlassen, und eine andere Frage stellen: Gesetzt, die Schrift sei die einzige Quelle, kannst Du mir evident beweisen, daß Du sie im Sinne Gottes genommen?" — „„Gottes Sprache ist eine vollkommene, somit eine evidente, d. h. aus sich selber — für jeden unbefangenen Leser, klar und helle."" — „Woher dann die so verschiedenen Deutungen?" — „„Theils von der Befangenheit der Leser, theils aber bestehen die Dissonanzen wohl meist nur auf Unwesentlichem."" — „Wie z. B. in der Eucharistie?!" — „„Albern genug zerstoßt man sich an dem Friedens= und Liebesworte Christi die Köpfe."" — „Aber wenn die Gottessprache so evident ist, sollten es wohl alle ihre Worte sein? — Doch ich erlasse auch dieses; sage mir statt dessen, ob also die Katholiken, Lutheraner, Calviner ꝛc. — kurz, ob alle Jene, die nicht Dasselbe mit euch als Religion Christi anerkennen und ausgeben, dieselbe nicht haben, und somit keine Christen sind?" — „„Sie haben Dasselbe, was wir; aber sie haben es nicht rein, wie wir, sondern mit Unwesentlichem und Menschlichem vermengt, und zwar am meisten die Katholiken. Nebstdem nehmen Viele die Leben und Geist seiende Religion Christi nicht lebendig und geistig, und Solche sind dann auch wirklich nur christliche Statuen, nicht Christen."" — „Aber auch solche Katholiken, denen Leben und Geist nicht abgesprochen werden kann, erklären Deine und jede akatholische vorgeblich christliche Lehre als unvollständig und verfälscht. Haben nun die Katholiken die Wahrheit auf ihrer Seite, so hast Du offenbar nicht die ächte und wahre Religion des Heilandes." — „„Dann — freilich nicht."" — „Nun, womit beweiset ihr, daß die Katholiken hierin irren?" — „„Wer edel lebt, lebt im Geiste Gottes, und was in solchem Zustande ihm sein Inneres sagt, auf das kann er sich verlassen."" — „Doch da nichts weniger als geläugnet werden kann, daß sehr viele Katholiken an Edelsinn und edlem Leben Niemanden auf Erden nachstehen, und ihnen ihr Inneres gleichwohl das Entgegengesetzte sagt, so redet entweder in Allen nicht der Geist Gottes, und die Stimme des Innern ist in Allen hierin unzuverlässig, oder der Geist wohnt nur in Einer Partei, nicht in allen. Im ersten Falle, wie im zweiten sehe ich nicht, daß Du mir die Aechtheit Deines Glaubens zuverlässig beweisen könntest." — „„Ich will Dieses zugeben; doch es vermag eben deßhalb auch keine andere Partei den Beweis zu stellen; und das Vernünftigste bleibt somit, daß wir einander friedlich und freundlich toleriren, und ein Jeder seinem Innern folge."" — „Wie — so gäbe es keine Zuverlässigkeit von der wahren, göttlichen, nothwendigen Religion?! Wie kann ich aber vernünftig eine Lehre als **Lehre Christi** annehmen, und dafür leben und sterben, **ohne zuverlässig zu wissen, daß dieselbe wirklich die Lehre Christi ist?** Gesetzt, daß die Lehre noch vollständig existire, existirt sie denn für Jene, die sie nicht als solche — zuverlässig erkennen? Wenn aber Niemand sie so erkennen kann, so existirt sie für Niemanden, sie ist ein unerheblicher, unnützer Schatz — **Christus hat der Menschheit keine Religion hinterlassen!**" — ""Ich kann diese Consequenzen nicht läugnen."" — "Wenn also Christus wirklich, als Gottmensch, eine unveränderliche Religion hinterlassen hat, so muß Er auch die **zuverlässige Erkennbarkeit** damit verbunden haben; in der **wahren Kirche** muß somit auch jene Erkennbarkeit sich vorfinden; da aber diese bei allen **Akatholiken**, nach obigem Beweise und nach der tausendfachen Erfahrung, **nicht stattfindet**, und Eine Kirche, kraft der Voraussetzung, existiren muß, so wäre schon dadurch die **Unfehlbarkeit der katholischen Kirche** erwiesen." — ""Die logische Gedankenreihe bringt es wohl so mit sich; doch es ist oft Etwas **falsch**, was **logisch** ganz richtig scheint."" — "Auch das, was **wirklich logisch** ist?" — ""Das eben nicht."" — "Ist nun mein Beweis **wirklich, oder nur scheinbar logisch?**" — ""Ich entdecke an ihm selber nichts Unlogisches; doch wenn die katholische Kirche **wirklich**, und nicht **blos logisch** indefektibel ist, so muß sie auch **wirklich, d. h. thatsächlich** — nicht **blos logisch**, als solche sich ausweisen. Ich bin zwar nicht so Kantianisch **engherzig**, was unser Erkennen a priori als wirklich und nothwendig demonstrirt, nur als abstrakte Möglichkeit hinzunehmen, bis sie durch äußere Erfahrung zur Wirklichkeit gestempelt wird; aber ich habe auch noch wenigstens — nicht jene enthusiastische **Großherzigkeit**, wenn mein Auge schwarz sieht, und der Verstand weiß demonstrirt, auf das Sehen zu resigniren und der Demonstratio mich in die Arme zu werfen."" — "Ganz sicher hast Du diese **Großherzigkeit**, und ich halte sie nicht für Deine löblichste Eigenschaft, indem sie etwas ganz Einfaches und Natürliches ist. Z. B. Dein Auge sagt: die **Sonne geht**, der Verstand sagt: **sie steht**, und wer hält nicht Jene für einfältig, die da noch mit dem Auge Partei machen? Und wenn der Gelbsüchtige Alles, was er gelb sieht, auch gelb nennete, müßte er nicht auch einen gelbsüchtigen, kranken Verstand haben?" — „„Wie — sind also die Nebelflecken, die ich an eurer Sonne sehe, nicht wirklich daran, sondern nur in meinem Auge?"" — „Sie sind, nach der Lehre der besseren Physiker, zwischen der Sonne und unserem Auge, sind Schattenkörper, welche Lichtpunkte der Sonne uns, nicht ihr — verhüllen, wenn wir blos sinnlich sie anschauen; schauen wir aber geistig hin, so erkennen wir bald die Ursache und Beschaffenheit der Trübung, und somit die Reinheit und den Vollglanz der Sonne selber." — „„Ich wünschte einer so fatalen Metaphora je bälder je lieber los und ledig zu werden; kannst Du mir also ebenfalls zum Durch- und Ausbruche jener geistigen Ansicht verhelfen, so thue mir den Gefallen."" — „Wohlan, wir wollen versuchen." —

„Daß Christus Der ist, als Der Er Sich ausgegeben und ausgewiesen, nämlich Gottmensch und Welt-Erlöser, kann ich, wie es scheint, bei Dir — als vorausgesetzt betrachten." — „„Ohne Anstand."" — „Somit auch die Existenz und Unvergänglichkeit Seines Werkes, Seiner Religion." — „„Natürlich."" — „Nun schauen wir zuvörderst die Kirche Christi in der apostolischen Urzeit an, d. h. die Gemeinschaft der Apostel, welche mit ihren Gehülfen durch Wort (Lehre) und That (Sakraments-Spendung) die, Wahrheit und Gnade seiende, Religion Christi ausgossen und mit geistlicher Regierungsgewalt bewachten und bewahrten, und der Gläubigen, welche alles Dieses, durch die Apostel Mitgetheilte und Angeordnete, als Mittheilung und Anordnung Gottes annahmen, bekennend und befolgend. — Die Apostel waren jene Männer, an welche Christus die Völker zum Empfange Seiner Religion anwies: wenn man nun von diesen nicht die ächte Religion Christi erhielt, so betrog Christus an ihnen — Sich oder uns. Gleichwohl zeigten und zeigen sich Viele so unverschämt, die Apostel als Verfinsterer des Welt-Lichtes zu schelten. Doch wenden wir uns von solchen Unglücklichen und Bethörten ab und schauen wir wieder auf unseren Gegenstand hin. Nicht Alle, sondern nur Wenige wußten diese Anweisung der Völker an die

Apostel und der Apostel an die Völker — aus den eigenen Worten Christi selber; darum mußten die Apostel, um in so wichtiger Angelegenheit volle Zuverlässigkeit zu gewähren, durch göttliche Zeugnisse, d. h. durch Wunder, als die wirklichen und wahren Gesandten und Stellvertreter Christi, als Seine Apostel, sich ausweisen. — Es geschah. — Nun frage ich, ob Du gegen diese Kirche der Urzeit Etwas einzuwenden hast? Hatte sie nicht die ächte Religion und die zuverlässigste Gewißheit derselben?" — „„Ich stimme mit Gemüth und Verstand bei."" — „Also was die Apostel als die allein wahre und ächte Religion Christi ausgaben, das und nur das — war und ist und bleibt die allein wahre und ächte. Und stellete ein Engel aus dem Himmel eine andere Satzung auf, als die Apostel, — — Anathema! wie der hl. Paulus ruft. — Diese Zuverlässigkeit nun, welche die Apostel gewährten, nennen wir ihre Unfehlbarkeit. Sie kam Jedem einzeln zu, wie es denn, bei jenen Umständen, auch nothwendig war; und wie Bileam, kraft der göttlichen Einwirkung, statt des Fluches — Segen aussprechen mußte, so konnten die Apostel, kraft der Allmacht Gottes, nichts Anderes für die Religion Christi ausgeben, als die Religion Christi selber. — Doch die Apostel schieden hinüber, und mit ihnen die Unfehlbarkeit der Einzelnen. Denn die Fortsetzung und Vervielfältigung eines solchen Wunders gefiel weder Gott noch gefällt sie der Vernunft, sobald das Wunder nicht mehr nothwendig ist; zudem wäre durch den weiten Abstand zwischen den Fehlbaren und Unfehlbaren und durch die überschwengliche Auktorität der Letzteren der liebliche Kosmos der Kirche und die allseitige Entwicklung des christlichen Lebens nicht leicht zu Stande gekommen. Doch es ist unnütz, über die Ursachen des Ausgehens der Unfehlbarkeit Einzelner lange nachzuforschen und Hypothesen zu formen; genug, daß wir einsehen und wissen, daß dieselbe wirklich ausgegangen und nur den Aposteln ad personam eigen gewesen. Denn Dieses sehen und wissen wir daraus, weil nach den Aposteln kein Einzelner mehr als unfehlbarer Lehrer und Erklärer der Wahrheit sich ausgegeben, auch der Papst nicht, wie wohl zu bemerken; auch Jene nicht, welche durch alle

Jahrhunderte hinauf, mit historisch ganz gewissen Wundern in einzelnen Fällen ihre Lehre als die Lehre Christi bewiesen. Denn sie bewiesen dadurch nur, was sie zu beweisen vorgaben, nämlich die Göttlichkeit und Wahrheit der christ-katholischen Lehre, nicht aber das lebenslängliche Privilegium der Unfehlbarkeit, wie z. B. der heilige Lehrer Bernardus und der wunderbare evangelische Herold Franziskus Seraphicus. — Nun drängt sich aber die Frage vor: So verschwand denn also mit den Aposteln die Unfehlbarkeit und mit dieser die zuverlässige Gewißheit aus der Kirche? — Dann wäre ja die Kirche selber verschwunden, und somit ergibt sich die rechte Antwort schon a priori. — Doch wir wollen die Sache selber in ihrem Lichte anschauen. — Die Apostel wählten sich die geeignetsten Gehülfen und Nachfolger aus und ertheilten ihnen nebst der vollständigen Belehrung auch die priesterliche und bischöfliche Vollmacht, welche wie ein Mensch nur von Menschen, so auch nur von Bischöfen ausgehen kann. Diese Vollmacht ist nicht ein hohles Abstraktum, sondern Kraft und Leben, und zum Symbole dessen den Aposteln, gleichwie dem Adam die Seele, vom Gottmenschen eingehaucht; weßhalb denn auch die Fortbestehung des Priesterstandes durch eine mystische Zeugung und lebendige Succession bewirkt wird. Nun diese bevollmächtigten Nachfolger standen aber nicht mehr so vor den Völkern, wie die Apostel, denn die Lehre der Apostel bedurfte keiner Controle, aber die Lehre der Nachfolger hatte nur insoweit volle Zuverlässigkeit, als sie ihre Identität mit der apostolischen an den Tag legte. Diese Identität ließ sich nun durch die natürliche Glaubwürdigkeit der Vorsteher selber, durch die Zeugnisse anderer Vorsteher, durch die Zeugnisse der unzähligen Gemeinden, welche das Wort der Apostel noch in der Brust trugen, durch das von den Aposteln eingeführte und von dort an bestehende kirchliche und religiöse Leben — durch schriftliche und andere Dokumente — sichtbar machen und sonnenklar ausweisen. Eben daraus erhellt, mit welcher Ignoranz oder Insolenz eine Verfälschung des apostolischen Christenthums in den ersten Zeiten vorgeworfen wird. Es bestand in den meisten, wenigstens größeren, Gemeinden so zu sagen eine natürliche Unfehlbarkeit, indem die Infizirung einer Religion, für die man Gut und Blut hingab, von Seite der Vorstände und der Gemeinden kaum möglich war. Gleichwohl gab es schon zur Zeit der Apostel, und noch mehr in den nächstfolgenden Jahrhunderten Pseudo-Christen, indem theils jüdische, theils heidnische Vorurtheile in die heilige Gemeinde eingetragen wurden. Doch sobald sie sich zeigten, wurden sie offen und feierlich ausgeschieden oder schieben sich selber aus, und so diente der Schatten nur zur Verklärung des Lichtes, wie der Apostel schreibt, nicht aber zu einer Trübung und Verunstaltung. — Die apostolische Lehre ließ, je näher an der apostolischen Zeit, desto leichter sich nachweisen; deßhalb waren in den ersten Zeiten Concilien nicht so nöthig, und wegen der Verfolgungen nicht wohl möglich. Im Jahre 325 ward bekanntlich das erste ökumenische Concilium zu Nicäa gehalten; bis dahin gab es also blos eine ecclesia dispersa. Doch war die Conferenz der Bischöfe schon lebhaft und vielseitig und weitläufig; der Orient, der Occident und das südliche Afrika standen, außer dem inländischen Verbande, schon von den frühesten Zeiten an mit Rom in Rapport, wie sich faktisch nachweisen läßt. Es bestand daher nicht nur ein allgemeiner Consensus, sondern man war sich auch desselben bewußt. Sowie, in der Regel, schon jede Gemeinde an und für sich selber eine natürliche Unfehlbarkeit hatte, so erhielt sie, durch das Einleben in den großen Organismus der Christenheit, auch Theilnahme am allgemeinen Consensus und Bewußtsein, Theilnahme an der übernatürlichen Unfehlbarkeit! — Denn keine Partikular-Kirche hatte oder hat als solche die göttliche Versicherung der Unvergänglichkeit, wohl aber hat dieselbe die allgemeine, die katholische Kirche, schon kraft der Wesenheit Christi und kraft ausdrücklicher Prophezeiungen des Herrn. Wenn eine Partikular-Kirche, wie etwa die von Jerusalem, Antiochia, Alexandria ꝛc. unterging, so ging mit dieser noch Christi Werk nicht unter; lösete aber die allgemeine Kirche sich auf, so zerfiele Christi Werk, und die Trümmer bedeckten Seinen falschen Ruhm! — Doch vielleicht fragte da Jemand: Was ist die allgemeine Kirche? Als der hl. Augustinus den eigensinnigen Donatisten **ihre Akatholicität** vorwarf, erklärte sich **jede** ihrer Sekten, von denen einige nur aus 2—3000 Seelen bestanden, als die **allgemeine, katholische Kirche**. Die **Arianer** hingegen waren so zahlreich, daß der feurige Hieronymus in hyperbolischer Ekstase ausrief: Totus orbis se Arianum esse ingenuit! Doch mußte wohl ein Theil des orbis noch unarianisch sein, um über den arianischen erseufzen zu können. Also noch einmal: **Was ist die allgemeine Kirche?** — Gehört zu **ihrem Wesen** eine große **Zahl?** die **Majorität** der **Partikularkirchen?** Auf die **erste Frage** antworte ich: die Kirche zählte ja ursprünglich nur **wenige Glieder**, und war doch schon die **allgemeine, katholische Kirche**, also gehört die **große Zahl nicht zum Wesen** derselben; doch da die **Ausbreitung im Wesen** der katholischen Kirche liegt, wie die Entwickelung zum großen und breiten Gewächse im Senfkörnlein, so muß, in späteren Zeiten, die **katholische Kirche** ihre innere **Katholicität** nothwendig auch **äußerlich**, mehr und mehr approximirend, darstellen; weßhalb denn die allgemeinen Kirchen der Donatisten eben so zerplatzen, wie der aufgeblähte Frosch in der Fabel. — Auf die **zweite Frage** aber, nämlich ob die **katholische Kirche** in der **Majorität der Partikular-Kirchen** bestehe, erwiedere ich: die **Majorität an und für sich** bildet keine **Repräsentation der Kirche**, denn diese muß **nothwendig aus Haupt und Gliedern** bestehen, weßhalb ganz richtig ein Concilium ohne Beitritt des Papstes, wenn es auch noch so zahlreich wäre, für kein **ökumenisches**, d. h. für keine Vertretung der allgemeinen Kirche, angesehen wird. Wie? kann also **der Papst** mit der **Minorität** dieselbe repräsentiren? Das gäbe für die Concilien 2c. eine lächerliche Consequenz; ja — der Papst brauchte, um als **unfehlbar** aufzutreten, nur den Beitritt so **vieler Bischöfe**, die man Minorität nennen kann, d. h. auch nur **eines Einzigen**. Ich behaupte also: die allgemeine Kirche kann nur von der **Majorität der Bischöfe in Verbindung mit dem Papste** repräsentirt werden. So verlangt es die Idee, so das natürliche Gefühl eines Jeden, so die Praxis. Damit Gott die Unfehlbarkeit der allgemeinen Kirche bewirke und erhalte, muß er also die Majorität der Bischöfe in der ecclesia dispersa oder congregata und den Papst — in den Einklang der Wahrheit versetzen, und durch diesen Einklang Beider das Wort der Offenbarung aussprechen. Gott braucht ihnen aber deßhalb nicht allen den innern, lebendigen, wahren Glauben einzuflößen, sondern sie nur zum äußern wahren Bekenntniß des Glaubens anzutreiben, seien die Antriebe nun Furcht, Herrschsucht ꝛc. oder die wirkliche Gesinnung der Wahrheit. So konnten und können auch die elendesten Bischöfe und Päpste als Werkzeuge zum Guten in der Hand des Allmächtigen dienen; und je elender sie waren oder sind, zu desto größerer Schande für sie — und desto größerer Ehre für Gott — gereicht ihr Zeugniß der Wahrheit. — Manche möchte auch noch das arithmetische Kriterion der wahren und allgemeinen Kirche befremden: doch für's Erste bemerke ich, daß nach obigen Erklärungen nicht das bloß Arithmetische, sondern das Ideale in und mit ihm — das Kriterion bildet; die Majorität der Bischöfe mit dem Papste ist die wahre, ideale, schöne Repräsentatio der großen Gemeinde Christi. Daß aber das Arithmetische doch auch so mächtig einwirke, darf nicht abstoßen: ein äußeres Zeichen, eine äußere Schranke, woran aller Streit zerschellt, ein Damm, woran der Strom der stürmenden Wogen bricht, muß bestehen, sonst würde meistens keine Ausgleichung zu Stande kommen, keine Ruhe eintreten, und wären 99 Gegner überzeugt, der 100ste könnte mit wildem und blindem Trutze noch widerstehen. — Daß in den Concilien Skandale und Gräuelthaten vorgefallen, weiß jeder nur etwas Sachkundige; selbst in ökumenischen sehen wir Leidenschaften auf den vergoldeten Stühlen, und Laster in der Versammlung der Repräsentanten der Heiligen der Erde, doch daß die Majorität der Bischöfe in Verbindung mit dem Papste je Eine Verfälschung der Einen Wahrheit Jesu Christi vorgebracht, davon liefern 18 Jahrhunderte noch kein Beispiel, ja — nicht einmal von einer Irrlehre des Papstes allein, die er der Kirche vorgetragen hätte! — Wen eine solche Thatsache nicht erschüttert, wem eine solche Bestätigung nur als eine zufällige vorkommt, wahrlich, der muß vom Vorurtheile nicht befangen, sondern besessen sein! Meistens aber ist es nicht das Vorurtheil, das die so evidente, so historische, so universell dastehende Wahrheit nicht einleuchten läßt, sondern, wie der Erlöser sprach, der finstere Wille, der das Licht scheuet, weil er darin zu Schanden würde, oder sich ändern müßte. Wer aber eines wahrhaft guten Willens ist, tritt mit Wonne hinein in's Licht und macht darin ihn offenbar! Darum riefen die Engelchöre über den Gefilden Bethlehems auch nur Denen Heil und Jubel zu, die eines guten Willens sind! — Wer sich wahrhaft nach dem Heilande sehnt, wird an einem Zeichen des Himmels erkennen, daß Er schon geboren, und wär' er noch so ferne davon, als die drei Weisen des Morgens — er wird wie diese, die winterliche Reise nicht scheuen, wird wie diese, am rechten Orte nachfragen, wird wie diese, die rechte Antwort erhalten, seien die Antwortgeber gut oder böse, wird wie diese, obgleich das sinnliche Auge nur Unscheinendes sieht, dennoch glauben, daß dieses die Wohnung des Erlösers, daß dieser — der Erlöser, und vor Ihm niederfallen und anbeten! — —

Ich sehe wohl ein, daß meine Darstellung noch Vieles nicht enthält, was zur vollen Klarheit nothwendig wäre, doch in die engen Schranken eines Briefes lassen sich nicht alle Fälle hineinpressen, und zudem brauche ich Dem, der selber denkt, ja nicht Alles vorzuhalten. Andeutungen sollen Dir genügen, und durch solche versuchte ich, Dir nachzuweisen: 1. daß jede akatholische Religion nicht die wahre sein kann, weil sie kein Bewußtsein als solche hat, 2. daß hingegen die römisch-katholische Kirche mittelst der Tradition in Leben und Schrift und Wort und Zeichen, und mittelst des Glaubens an Gottes Allmacht und Seine Verheißung, sich als die allein wahre fort und fort durch alle Jahrhunderte wußte, und weiß und wissen wird bis an der Zeiten Ende, und daß die Skandale dieser Würde keinen Eintrag thun, auch das Arithmetische keinen. Du kannst nebenbei ersehen, daß der Primas mit allem Rechte Petrus, der Felsenmann, vom Gottmenschen genannt worden, denn ohne ihn — besteht kein Kosmos der Christenheit, ohne ihn wanken die Säulen der Kirche; er ist der Fels, getragen selber sammt der Kirche von Dem, von welchem geschrieben steht — portans omnia verbo virtutis Suae! (ad. Hebr. 1.)

Was nun insonderheit noch die Ohrenbeichte anbelangt, so ist Dein Dilemma wohl nur als Scherz zu nehmen, wenn die Sache nicht den größten Ernst geböte. Nicht der Priester, sondern Gott durch den Priester — ertheilt die Vergebung der Sünden. Er ertheilt sie auch ohne Priester, doch Dem nicht, der die Anordnung verschmähend das Außerordentliche verlangt, und dem Allmächtigen nicht gehorsam und anbetend sich unterwirft, sondern Ihm gleichsam ein Wie und Was vorschreiben will. Daß aber Gott die Ohrenbeichte angeordnet, erhellt aus der Lehre Seiner Kirche, welche zwar aus dem ersten Jahrhunderte keine evidente Zeugnisse aufweisen kann, wohl aber aus dem zweiten und von da an kontinuirlich; und da Zeugnisse aus dem zweiten wohl auch für das erste beweisend sind, bei so treuer Anhänglichkeit an das apostolische Depositum, so kann demnach die Kirche ihre Lehre von der Ohrenbeichte selbst wissenschaftlich und natürlich schon als eine apostolische und somit christliche aufweisen; volle und übernatürliche Zuverlässigkeit gewährt aber nicht der Beweis, sondern der Consensus der Kirche, welcher kraft des allmächtigen Gottes, unfehlbar ist und bleibt. Zudem entspricht diese Anordnung den Bedürfnissen und der Natur der Menschheit so sehr, daß gar viele Protestanten für sie ihre Stimme erheben, und unter diesen gar vernehmbar der edle und begeisterte, nur noch nicht völlig enttäuschte Steffens.

Doch nun habe ich sattsam geschrieben. — Ich bitte Dich, mir alle Deine Zweifel vorzustellen; vernachlässige nur nichts, und laß uns miteinander mit allem Ernste an unserem wahren Leben arbeiten. Dein Freund, Alois Flir.

Brixen, am 28. Dez. 1833.

Theuerster Freund!

..... Daß Du mir innerlich noch gut geblieben und bleiben werdest, daran zweifelte ich nie, denn eine völlige Entwurzelung unserer Freundschaft hielt ich für rein unmöglich. — Aber im Aeußern ist denn doch eine auffallende Aenderung zwischen uns eingetreten, und da das Verstummen nicht aus

dem Absterben der Liebe herkommt, so scheint es gerade,
als wenn wir uns wohl gerne hätten, aber einander nichts
mehr zu sagen wüßten. — Doch im Sophokles steht das
Sprüchlein: „Wo's Thun gibt, wird das Wort nicht mangeln";
und so meine ich's auch. Wenn wir ein geistiges Leben
bewahren und entwickeln, so muß es Stoff zum Sprechen der
Menge nach geben, und zwar da das Leben nun weit thätiger
und entfalteter geworden, so sollte unsere Correspondenz
auch noch sogar lebhafter sein, als sie es je gewesen. Oder
meinst Du etwa, das geistige Leben habe sein Treiben und
Ausschlagen und Wachsen nun vollendet und bleibe, wie
es stehe? Gott bewahre! Das Leben muß leben, oder es
ist nicht mehr, es darf nicht stille stehen. — Sind auch die
Grundsätze gewonnen, so ist doch das Denken nicht fertig, im
Gegentheile, es verhält sich wie die Körper, welche, je weiter
sie fallen, desto schneller und reger fallen. Nur ist die Bewegung des Denkens kein Fallen, sondern ein Steigen. — Deine
Natur ist einmal für ideelle Entwickelung geschaffen, und wenn
Du zu bequem bist, ihr diese zu gewähren, so wird sie sich
an Dir rächen. Du — mußt wissenschaftlich bleiben, oder
Du verfällst in Melancholie, in Zerwürfniß. — Das ganz
einfach gläubig-religiöse Leben geht Dir nicht recht ein, wie
es manche andere, wackere Geschäftsmänner haben: Du hast
es durch Denken verloren; Du mußt es — zum Theile —
durch Denken wieder gewinnen — freilich in verklärter
Gestalt. Oder hast Du es etwa wirklich schon erreicht?
Wenn Du im katholischen Sinne betest, beichtest, commu-
nicirest, lebest ꝛc., dann ja — sonst nicht; sei hierin ernst, und
mache Dir ja nicht etwa einen eigenen Katholicismus. Du
mußt die katholische Lehre entweder ganz anerkennen, oder
Du bist noch außer ihr. Das ist einleuchtend, aber doch
nur zu oft verkannt. Ich fragte einmal in N. einen Bekannten, wie er's denn mit dem Communiciren habe? ob er denn
das Dogma wohl glaube? Da sagte er mir, nun ja, —
das Communiciren sei seine Lust, und er vereine sich dabei
mit Gott — Gott sei ja überall, und somit sei da nichts zu
zweifeln. Aber ich machte ihm dann begreiflich, wie daß er
seine Communion besser stehen lasse, bis er sie im katholischen Sinne gewinne. So geht's oft. Daher ersuche ich Dich,
Deine Ansichten ja strenge nach der katholischen Lehre

zu prüfen, bevor Du annimmst, daß sie ächt katholisch seien. Es ist sehr verfänglich. — Wenn Du dann die Uebereinstimmung findest, so strebe nach Kräften, diese Erkenntnisse zu leben, und noch klarer zu entwickeln, und zu erweitern, und Gott und Welt immer tiefer zu erkennen. Ruhe nicht, ich bitte Dich! — Du kannst, Du sollst. Du hast Kraft, Du hast Bücher, Du findest auch Zeit, wenn Du eine willst. —

Daß Du den Haller liesest*) freut mich sehr; studiere ihn, und schreibe mir seine Grundansichten, da ich unmöglich Zeit finde, ihn vorzunehmen. — Ist Deine Poesie ganz verstummt? Brechen keine Satyren mehr aus? — Auch ich will Dir immerhin mein Thun und Treiben zu wissen machen, und die Resultate mittheilen. So fördert Einer den Andern, — und so ist's schönes Freundschaftsleben. — Doch für diesmal kann ich von meinen Studien Dir nichts vorlegen, denn Du siehst es wohl diesen Zeilen an, welche Eile mich drängt. Ich konnte nun drei Wochen fast nichts studieren und komme noch nicht recht daran. — Für den „Regnar" habe ich nun einmal keine Zeit, laß ihn ruhen — es hat nicht Eile, ich will ihn lieber vertilgen als hergeben, bevor er nach meinem Sinne ist. Das Abschreiben muß von mir geschehen, weil ich dabei noch Manches verbessere. Nonum prematur in annum. Herausgeben soll man nur möglichst Vollendetes, ich verachte die Skribler. — Am 8. Dezember erhielt ich ein Schreiben von Flatz aus Rom. Er kam den 8. Oktober daselbst an. Die erste Nacht schlief er nicht — aus Bewegung. Morgens eilte er — eine Stunde weit — in die Peters-Kirche — zum Grabe der Apostel — warf sich nieder und weinte! — Eine schöne Scene! — Da segnete ihn Gott gewiß und weihte ihn! — Dann schaute er hastig die berühmtesten Kunstwerke da und dort an. — Nächsten Tags bezog er seine Wohnung beim österr. Gesandten, nel Palazzo di Venezia.

Nun — lebe wohl! — Dein Freund   Al. Flir.

---

*) Das bekannte Werk von Carl Ludwig v. Haller „Restauration der Staatswissenschaft oder Theorie des natürlich geselligen Zustandes." (Winterthur, 1816.)

Brixen, am 2. August 1834.
Theuerster Freund!

Da ich weiß, welchen Antheil Du an meinen Schicksalen und Zuständen nimmst und empfindest, so melde ich Dir noch vor meiner Abreise eine Neuigkeit. Mein Koncurs (um die Kanzel der Aesthetik und klassischen Philologie in Innsbruck) ist wirklich als soweit voraus seiend erklärt worden, daß es kaum mehr zweifelhaft sei, ob ich die Stelle bekomme. So sagte mir gestern der hochw. Fürstbischof. Eben deßhalb bin ich als Hülfspriester oder vielmehr Sekretär zum Dekan nach Innsbruck beordert, theils um in loco zu sein, da die Anstellung nicht lange auszubleiben scheine, theils um die wirklich nöthige Hülfeleistung einstweilen zu entrichten. — Ich bitte Dich zugleich, diese Nachricht meinen trostbedürftigen Eltern mitzutheilen.

Indeß — Tirol ist nicht Wien, und was dort entschieden wird, steht erst zu gewarten. —

Gott segne Dich, mein geliebtester Freund, und erhalte und stärke Dich in allem rechten Erkennen und Thun! —

Am Dienstag hoffen wir in Innsbruck anzukommen, am Donnerstag oder Freitag — zu Hause.

Sei zum Voraus umarmt von Deinem Freunde
Alois Flir.

Innsbruck, am 20. Juni 1844.
Lieber Herr P.

Die Vorwürfe, welche Sie uns an die Köpfe schleudern, müssen wir geduldig acceptiren. **Die schöne Zeit, wo mir das Briefschreiben ein innigstes Bedürfniß war, ist längst vorüber:** der Drang nach einem behaglich trauten Gespräche in lebendigem Gedankenspiel oder Ernst trat an die Stelle. Der Plunder der Alltagsgeschäfte legt sich so drückend auf das Leben, daß es, wie der Fuchs mit seinen Flöhen, in das Nasse sich flüchten muß, um ihrer ledig zu werden. Durch Tinte und Feder wird man bis zu kranker Reizbarkeit gegen beide abgemüdet; zu diesem Ekel gegen Pult und Geschreibsel kommt noch ein zweiter Grund: man hat seit Jahren die Erfahrung gemacht, wie einseitig, ungenügsam, todt — die Buchstabensprache das Innere mittheilt. Und mittelst gegenseitiger Mißverständnisse, die sich oft bis zu tollem Aerger steigen, eine langgedehnte Correspondenz fortzuschleben, ist denn doch eine miserable Krämerei. Also muthen Sie mir ja nicht zu, mich in Ihre Feuerkreise hineinziehen und in Ihrer brausenden Geistesbewegung umschwingen zu können.

Je unerquicklicher und widriger mir das Schreiben ist, um so erfrischender und belebender sind mir Briefe aus lieben, befreundeten Gemüthern. Ich verschlinge sie enthusiastisch, wie Ezechiel sein Buch: sie sind mir ein Manna in der Wüste. — „Verd— Egoist!" rufen Sie vielleicht aus. Nun ja — ein Egoist bin ich allerdings ebenso, weil ich ein Ego bin, wie ich menschlich bin, weil ich ein Mensch bin. Ein Egoist sind S i e auch, mit Verlaub zu reden. Wenn es sich also mit Ihrem Egoismus vereinbart, meinem Egoismus eine Freude zu machen, so wird mein Egoismus dem Ihrigen dankbar sein.

Zerreißen oder zerstoßen Sie das Blatt noch nicht, sondern lesen Sie geduldig weiter. Ihre Weltansicht ist von der meinigen zwar vielseitig nicht nur verschieden, sondern mit ihr auch im Gegensatze. Doch das verschlägt nichts. Ein Jeder strecke sich nach seiner Elastizität, ein Jeder trage die Nase, wie sie ihm gewachsen, ein Jeder suche das Wahre und Gute nach seinem Vermögen. S i e sind in Ihren Jahren weit toleranter, als i ch in Ihren Jahren war. Wer nicht mit mir stand, stand gegen mich, und hochmüthig hielt ich Jeden für dumm und bornirt, der nicht so dachte, wie ich. Sie scheinen diesen Paroxismus der Jugendjahre längst überwunden zu haben. Wenn Ihnen aber etwa ein Wunsch aufzuckt, sich mit mir philosophisch zu balgen, so habe ich auch diese Rauflust schon seit Jahren überlebt. Die geistige Entwickelung durchläuft ihre Stadien, wie die physische; eine energische Natur stockt nicht zu lange auf einem untergeordneten Punkte, ihr eigenes Leben treibt sie weiter; es bedarf der Handlanger nicht, — ich taste mir hinein in ein strebend Wesen, und jedem Pedanten, der so Etwas versucht, ruft man mit Recht zu: „Rühre nicht Bock, denn da brennt's!" Wollte aber ein Jüngerer an mir einen Bekehrungsversuch beginnen, wie es wohl schon Einige sich einfallen ließen, so stopfe ich ihm mit einer Liebkosung den Mund, oder gebe ihm eine Ohrfeige. —

„Aber was hat er denn noch übrig nach allen Ueberlebtheiten? Sein Brevier und die Chrestomathia latina?" — Die Frage ist unrichtig gestellt. Dadurch, daß ich viele Dinge überlebt und abgestreift habe, folgt nicht, daß ich zu einem Residuum, zu einem magern Reste reduzirt worden; — wenn es mir auch noch an unendlich Vielen gebricht, so fühle ich mich doch in meinem Mannesalter tausendmal lebendiger und glückseliger, als in allen früheren Jahren. Die Stoßseufzer über dahingeschwundene Jugend sind mir ein Eckel. Schön und freudig war es **damals**, schöner und freudiger ist es **jetzt**! Meine größte Wonne ist meine Ueberzeugung; und diese Ueberzeugung in strengen Gedanken immer mehr zu entfalten und zugleich auszuleben und mich damit zu identifiziren, das ist mein seligstes Streben. Was ich bisher gelegentlich geschrieben, ist eben nur Gelegenheits-Schmarren. Ueberhaupt hat mir das Einzelne aus seiner Ganzheit, der es angehört, und wo es allein seine Stelle und Verständlichkeit hat, herausgerissen, einen sehr geringen Werth. **Nach einem Modelle des Ganzen drängt mein Innerstes: die Arbeit wirkt im Stillen** — ungesehen und unbelauscht. — Unseren Studenten ein **Lehrer** zu sein, ist nicht meine Absicht; — nur **Wachrufer** Manchem zu werden, genügt. — Das Leben unserer Universität, oder vielmehr unserer Studenten nimmt von Jahr zu Jahr einen kräftigern Aufschwung. — **Sie** und P.....r waren eben auch tüchtige Motores. — Gestern haben sechzig Enthusiasten vor dem Publikum im Redoutensaale das „deutsche Lied" gesungen, daß eine stürmische Begeisterung ausbrach und die Pedanten, welche die Sperrketten immer in der Tasche tragen, beschämt Augen und Ohren sinken ließen. — Die Liedertafel macht Epoche dahier. Es wäre zu wünschen, daß auch allerwärts ächter Chorgesang aus Studentenschaaren erschalle. Geh' ich Abends durch die Gassen, so tönt es bald da, bald dort herzerhebend von einer Sängergruppe. Am Donnerstage ging es lustig und gemüthvoll zu auf dem Hufselhofe; vor 14 Tagen sangen alle 60 Sänger im Schlosse Ambras. Der Gesang ist Schwingung der tiefsten Geisteskräfte, und wo männliche Energie ist, kann es bei musikalischer Allgemeinheit und Simplizität nicht verbleiben. Leider sind auch einige Klopfereien vorgefallen — nicht von den Sängern, auch nicht im Löwen-

hause, — aber Sie wissen wohl, man wirft gerne Alles in
Einen Topf, weil gewisse Leute so arm sind, eben nur
Einen Topf zu haben. So zurückgezogen und friedliebend
ich in meiner Stube eingeschlossen lebe, so gelte ich doch als
der Sündenbock, und längst schon hätten manche Freunde der
Ruhe mich ausgepeitscht, wenn sie es gewagt hätten, mich
öffentlich anzurühren. Meinen Gegnern verzeihe ich um
so lieber, je klarer ich sehe, daß sie von ihrem Standpunkte
aus ganz natürlich handeln. Uebrigens hat mich mein ster-
bender Freund (T.... sch) in eine unabhängige Lage versetzt; ich handle, momentane Uebereilungen abgerechnet, ohnedieß nur zum offenbaren Wohle der Studenten; sollte ich
einmal wirklich lästig zu sein scheinen, so kann ich ja gehen,
wohin es mir beliebt. Doch so lange B. das Ruder führt,
geht Alles frei und zugleich zum Bessern.

T. hat oft von Ihnen gesprochen: Sie waren ihm sehr
lieb. Ich habe ihm in Ansehung seiner religiösen Ueberzeu-
gungen nur gedient, nichts aufgedrungen. Der Katholizismus, sowie die Religion überhaupt, kann für das
Subjekt keine Wahrheit und kein Leben sein noch werden — ohne
innerste Freiheit. Intoleranz ist der Mord der Religion.
Ich bin aus Katholizismus tolerant, aber wohl auch zugleich aus tausend anderen Motiven. Ehre sei Gott nicht
blos in den Höhen, sondern überall, und Friede den Menschen, die eines guten Willens sind, wenn auch von irrender
Ansicht. — Heute haben die Landstände dem lieben N., dem
Wiedergegebenen*), das Stipendium zuerkannt. Grüßen
Sie mir ihn herzlichst!

Ihr aufrichtiger Freund   Al. Flir.

Innsbruck, ben 31. Jänner 1845.
Lieber Herr P.

Ihr Brieflein hat mich überrascht, ebenso erfreut. Wie
wir Alle der Luft froh sind, daß wir in ihr Athem schnappen
können, so sind auch edle Gemüther ein lustiges Element,
darin zu leben. — Die „Frühlieder" **) sind, mit rothen

---

*) N. hatte kurz vorher eine gefährliche Krankheit überstanden.

**) Es sind die im Jahre 1846 von Adolf Pichler, damals noch
Student der Medizin in Wien, herausgegeben: „Frühlieder aus Tirol"

Strichen und Klammern schon ausstaffirt, an meine Censur gekommen, nebst einer Präsidial-Aufforderung, durch einen Bericht das Gutachten zu motiviren. In der Vorrede er erklärte ich nur den hingeworfenen Ausdruck: „Moser ging einen beschränkteren Weg" — als nicht ganz statthaft. Das Uebrige vertheidigte ich; Oeffentlichkeit berechtige zum öffentlichen Worte. Von den Gedichten habe ich nur sehr wenige — einige Bagatellen als verwerflich erklärt, z. B. den Gekreuzigten im Roggenacker; den Gruß an die Geliebte beim Ave Maria. Aber ich habe vernommen, wie in der Unterwelt, müssen auch da droben mehrere Urtheile über Leben und Tod entscheiden; mir traut man am allerwenigsten; nur der Legalität zu Liebe wurden dem Aesthetikprofessor die Gedichte zugesendet. Unter uns gesagt, wünsche ich, daß Sie

---

gemeint. Trotz ihrer Harmlosigkeit hatten sie lange mit der damaligen Censur zu kämpfen, welche darin die Kundgebung eines „jungen Tirols" sah und dabei mit Schrecken an das „junge Deutschland" dachte. Die „Frühlieder" verdienen übrigens auch jetzt noch Beachtung und zwar nicht bloß wegen des Inhaltes, sondern auch wegen der Dichter, welche dabei mitwirkten. Wir begegnen hier vielen Namen, die auch jetzt noch mit Auszeichnung oder Anerkennung genannt werden. So Alois Mages (Alois **ern), Karl Freiherr v. Seyffertitz, Franz Hochegger, Vinzenz v. Ehrhart; bereits verstorben sind: Heinrich Perthaler (H. P.) der bekannte Publizist, welcher das Kriegsmanifest von 1859 verfaßte, Josef v. Schnell, österr. Consul zu Alexandria, Alois Meßmer (Alois *r) Verfasser der „Reiseblätter" und Professor der Theologie zu Brixen, Sigmund Schlumpf, der Dichter einiger Lieder voll tiefer Innigkeit, Adolf Purtscher, dessen Beiträge Gabriel Seidl besonders hoch stellte, weil sie sich durch charakteristische Darstellung des tirolischen Volkslebens auszeichnen, und endlich Hermann v. Gilm (** m). — Die meisten dieser Männer waren Flir befreundet, er nahm auf ihr geistiges Leben fördernden Einfluß, und wenn auch mancher derselben in der Folge einen Standpunkt einnahm, der von dem seinigen fern ablag, so hat doch keiner derselben das Gefühl der Dankbarkeit für ihn verläugnet. Dieß zeigt am besten für den edeln, duldsamen Charakter Flirs. — Die „Frühlieder" fanden übrigens bei ihrem Erscheinen nicht jene Aufmerksamkeit, welche sie zu beanspruchen berechtigt waren: es herrschte damals in Deutschland die Tendenzdichtung, obwohl auch sie in gewissem Sinne ein Manifest waren, — das Manifest eines jugendlich aufstrebenden geistigen Lebens in Tirol, welches sich der engen polizeilichen Bevormundung zu entwinden strebte. — Wenn einmal die deutsche Literatur- und Culturgeschichte nicht mehr fast ausschließlich jenseits des Maines nach den bekannten Schablonen fabrizirt wird, so erhalten die Zustände Tirols, wo mehr geistige Regsamkeit herrschte und noch herrscht, als in gar manchen Provinzen Oesterreichs und Deutschlands, gewiß einige Blätter der Berücksichtigung.

auch von Ihnen einige Gedichte beilegen, und zwar gehalt=
vollere, ernstere, als Ballast für das schwebende, gar zu leichte
Schifflein und seine flatternden Eroten und klingenden Glöcklein.
Man könnte sich boshafter Weise wohl auch noch an die
sieben Schwaben erinnern, wenn eine ganze Schaar handfester
Tiroler an einem halben Pfunde sentimentaler Gedichte schiebt,
noch obendrein unter dem Kommando eines „Gefreiten." — Ich
darf jedoch keine gar zu saure Schulmeistermiene ziehen:
Manches hat mir innig zugesagt, und wenn noch Besseres
dazukommt, so soll das Ganze muthiglich erscheinen. —
Vale! Ihr Freund Al. Flir.

Anfangs Mai im Jahre 1848 erhielt Prof. Flir in Innsbruck folgende
Zuschrift, worin ihm von einigen Wählern seine Wahl zum Deputirten
in die deutsche Nationalversammlung zu Frankfurt angezeigt
wurde. —

Ew. Hochwürden!
Liebster Herr Professor!

Heute sind hier in Landeck, bei Gelegenheit Ihrer
Wahl als Deputirter nach Frankfurt, die fast ein=
stimmig ausgefallen ist, sehr viele Geistliche versammelt vom
obern Innthale sowohl als vom Vintschgau. Bei dieser Ge=
legenheit war auch die Rede von unserm Landesgouverneur,
dem Grafen Brandis, und den Jesuiten und Liguo=
rianern in Innsbruck. Das ganze Oberinnthal und beson=
ders der Klerus dahier liebt den Gouverneur und schätzt ihn
sehr hoch, und würde dessen Entfernung sehr ungerne sehen
und selbe für einen Sieg der Radikalen halten, und die Ent=
fernung oder Vertreibung der Jesuiten und Liguorianer für
den ersten Schritt gegen Religion und Klerus ansehen. —
Dagegen würden alle Oberinnthaler mit Leib und Seele
einstehen.

Daher haben wir mit Freuden die Erklärung der Passeirer
in den „Katholischen Blättern" in dieser Hinsicht gelesen und
bitten Sie, daß Sie im Namen der Oberinnthaler, deren De=
putirter in Frankfurt Sie jetzt sind, eine ähnliche Erklärung
in die „Katholischen Blätter" geben wollen, welche blos etwas
kräftiger und deutlicher reden dürfte, mit der Versicherung,
daß dem Oberinnthaler nichts lieber sei, als der ungeschmälerte

Besitz und die Ausübung und der Schutz seiner heiligen Religion, und daß ihm das Treiben dagegen aus ganzem Herzen und in der Seele verhaßt sei, und daß er mit Blut und Leben dagegen kämpfen werde.

Haben Sie also die Liebe, im Namen unserer Aller sich in den „Katholischen Blättern" auszusprechen und sich in fernern Dingen mit dem werthesten Ueberbringer dieses Briefes zu besprechen.

Landeck, am 8. Mai 1848.

Matth. Volderauer, Kurat von Imsterberg. Jos. v. Comini, Dekan von Imst. Al. Schranz, Pfarrer von Graun. Franz Moll, Kurat von Naffereith. Jakob Neurauter, Kurat von Mils. Al. Holzknecht, Kurat von Kappl. J. E. Schratz, Kurat von See. Johann Knapp, Provisor in Tobadill. J. M. Lauterer, Kurat von Kaltenbrunn. A. Hellrigl, Kurat von Strengen. Ferdinand Hosp, Kurat von Stanz. Franz Kapeller, Kaplan von Pians. Rudolf Tschofen, Kurat von Landeck. Ign. Schmid, Kurat in Grins. Alois Stecher, Kaplan in Zams.

Frankfurt, am 14. Juni 1848.

Theuerster!

— — Die hiesigen Debatten entnimmst Du wohl besser aus den Zeitungen als aus meiner Feder. Die Schleswig'sche Sache gab wieder Stoff zum Reden. Dahlmann wurde mit verehrender Aufmerksamkeit angehört. Er sprach mit Rührung und mit bebender Stimme. Ich harrte immer auf Gründe, aber die kamen nicht. Es war eine politisch-sentimentale Phraseologie, dergleichen Du selbst mehrere gehört hast Er warf immer mit dem Guten und Rechten herum und entwickelte gar nicht, worin dieses bestehe. Gleichwohl schwang ihm der Senat und die Gallerie das Rauchfaß und seine Worte tönten aus den nachfolgenden Reden immer noch als Echo fort. Endlich — nach hundert Mißhandlungen — trat Heckscher auf. Er übertraf sich selbst und alles Bisherige. Seine Rede war schneidende Ironie gegen die hohlen Enthusiasten, sein Blick kehrte sich durchbohrend gegen Dahlmann. Denn dieser hatte sich zugleich gegen den Collegen unloyal benommen. Heckscher sagte es nun rund heraus, wie es ist. So wünschte ich's. Aber die Herren wollen nur Flimmer und Flitter. Das Resultat weißt Du. — Die Luxemburger-Frage ist vorläufig erledigt, indem die Regierung erklärte, die Deputirten seien nur an ihr Gewissen gebunden und von jeder andern Rücksicht frei. — Beda Weber hat einen von uns mitunterzeichneten Antrag eingereicht, Tirols Integrität auszusprechen, mit dem Beisatze der Dringlichkeit seit dem Falle Peschiera's. Der Präsident nahm noch die Sache nicht vor; Andrian versprach die beschleunigende Vermittelung. Mir ist leid, daß Du diese Gelegenheit verabsäumst: da hättest Du Dir goldene Tiroler-Sporen verdient; sonst sind keine mehr zu erobern, wie ich glaube, außer in allgemeinen Angelegenheiten. — Heute beschloß man fast einstimmig die von Rabowitz beantragten Millionen für die Marine. — Die Umgegend hier wird immer durchgreifender bearbeitet, bis an den Rhein hin. Die Republik scheint hier unaufhaltsam. In Offenbach sind vor einigen Tagen Zwei geblieben und Einige wurden verwundet. Es war jedoch nur ein zufälliger Krawall. —

Ich war in Köln! Gott, welch ein Bau! Zwirner, der Architekt, führte uns. Stolzenfels ist erbärmlich ausgestattet. Ich ward zornig. Illuminirte Lithographien! Copien alter Gemälde! Schreinerartige Schnitzwerke! Hohenschwangau ist durch und durch ein Fürstenschloß, dieß ist ein Fürstenbau, aber die Ausstattung ist größtentheils Philisterthum.

Frankfurt, am 18. Juni 1848.
Theuerster Freund!

Nur einige Zeilen! — Ich danke Dir nochmals für Deinen sehr interessanten Brief. Zugleich möge das Sprichwort gelten: Dank ist eine neue Bitte. — Wir Tiroler scheinen die Schwindsucht zu haben: erst verschwand Schuler, jetzt Grebler, Dekan Schmied will nach Hause, Haßlwanter wird wohl auch noch entzogen. Morgen kommt die Frage der provisorischen Exekutiv-Gewalt zur Sprache. Dahlmann's Antrag, den Du aus den Zeitungen kennst, wird wenig modifizirt durchgehen, und wie verlautet, sind die Regenten damit zufrieden. Der österreichische Präsidialgesandte, Ritter v. Schmerling, der zugleich Abgeordneter ist, nimmt eine sehr freisinnige und offene Haltung an, so daß er neulich lauten Beifall gewann. Ein Linkischer rief: „Der verlorene Sohn sei nun zum Vaterhause heimgekehrt." — Wenn sich die Angelegenheiten in Italien ehrenhaft erledigen, hat Oesterreich immer noch ein großes Gewicht für die Würde des deutschen Oberhauptes. Ob jedoch Ein Oberhaupt gewählt wird oder ein Direktorium, weiß man hier noch so wenig, als bei Euch. Die Vorarbeiten sind nun in den meisten Ausschüssen beendigt oder dem Ende nahe; man schrie über Unthätigkeit, weil man auf die stille Thätigkeit der Abtheilungen keinen Einblick hatte; es geschah sehr viel und es wird sich jetzt öffentlich zeigen, was geschah. Das Ansehen der Linken nimmt täglich ab, wenn ihr nicht etwa die österreichischen Deputirten aufhelfen, welche in den letzten Tagen zu ihr übergetreten seien — aufgefordert hiezu durch die Sendlinge des Sicherheitsausschusses in Wien. Letztere überreichten im Namen Wiens eine Adresse an das souveräne Parlament; darin stand ein Mahnruf zum Vorwärts in der Durchführung des großen Prinzips des absoluten Volkswillens. Beda Weber unterschied (in der Sokrateshalle) zwischen März und Mai. Da wurde er als Rebell erklärt; denn der Kaiser habe die Errungenschaften des Mai sanktionirt. Ich stieß mit A. P. schmetternd zusammen. Er schalt über Tirol ganz empörend; ich zog über Wien los und sagte, Tirol werde wissen, was es thue 2c. 2c. 2c. Wir Deutschtiroler unterschrieben auch diesmal die Adresse nicht. — Warum waren wir so närrisch, wieder in diese Sokrateshalle uns verlocken zu lassen! — Unser Bündniß mit den Gottseligen gefällt mir auch nicht recht. Sie benützen uns nur als Aushängeschild, bemächtigten sich der Debatte; wir kommen kaum zum Worte und müssen Dinge hören, die uns wenig berühren. Die Petition Tirols in Betreff der Religionsfrage macht hier große Sensation und erschwert uns außerordentlich das ohnedieß schwere Geschäft. Wir hätten das Gesetz ignoriren sollen mit dem Bemühen, ignorirt zu werden. Ein Ausnahmsgesetz wird weder Wien noch Frankfurt zugeben. Wenn man die Augen zudrückt, haben wir das

Mögliche erreicht. — Denkt Euch, die Wälschtiroler protestirten gestern gegen den Titel: „Südtirolische Abgeordnete!" Sie buhlen mit der Linken, aber sie werden eklatant durchfallen. — Gestern wurde ein Antrag zur Diskussion der nächsten Sitzung angenommen, daß jeder feindliche Angriff eines deutschen Bodens als Kriegserklärung betrachtet werde. Die Veranlassung hiezu gab Triest. Natürlich ist Tirol sub eadem causa. — Die deutsche Flotte wurde dekretirt; aber nur Gott bringt durch Worte Realitäten hervor. Bedürfniß ist eine Flotte allerdings; das zeigt uns Nord und Süd. Das Heerwesen wird sicherlich sehr bald einheitlich gestaltet sein. Die Krieger selbst begrüßen diese Einigung mit Enthusiasmus. Ebenso wird die Diplomatie einheitlich. An diesen zwei Reformen zweisle ich nicht. In vierzehn Tagen werden sie in's Dasein zu treten beginnen — durch die provisorische Exekutiv-Gewalt und das verantwortliche Ministerium. Weil die Mäßigung im Parlamente obsiegt, wird das Gewünschte möglich. Selbst in der Pfalz, wo die Republikaner so wild sich umtummelten, hat das Gerede der demokratischen Abgeordneten, die das Feuer des neuen Lebens dort ausgießen wollten, wenig Anklang gefunden. Der wüthende Giskra sprach für konstitutionelle Monarchie, Robert Blum fiel durch. Dieser läßt sich jetzt — seit der Geschichte mit dem preußischen Ministerium — nicht mehr hören. Er blamirte sich, und sein Vertheidiger Schaffrath machte durch das Geschrei: „Blum sei ein Volksmann und ein Volksmann bedürfe keines Beweises" das Uebel nur noch größer. — Neulich war Robert Blum mit Johannes Ronge in einem Biergarten. Ronge bestieg einen Tisch und wollte predigen. Da schrie die Menge: „Herunter! Herunter, du Kelchdieb!" Er habe nämlich einen ihm eingehändigten Kelch versilbert. Er konnte gleichwohl nicht umhin, sich zu expektoriren, — er sp— —. Der Rongeanismus und alle Sekten des Protestantismus werden bald zusammensinken, oder vielmehr — die protestantischen Confessionen werden das Schicksal theilen, das den Rongeanismus jetzt schon getroffen hat: die Trennung des Religiösen vom Staate entrückt ihnen die Stütze. Die Protestanten sehen es selbst ein und bekennen es unverhohlen. Sie sehen mit Wehmuth auf die wohlorganisirte Geschlossenheit und Festigkeit des Katholizismus . . . .

Frankfurt, am 23. Juni 1848.

Theuerster Freund!

Deinen Brief an Johannes habe ich geöffnet und sonach auch gelesen, weil er an mich adressirt war.... Die polemischen Urtheile, von welchen Du Nachricht gibst, müssen wir über uns ergehen lassen; dafür haben wir ja die Diäten oder wenigstens die Zusage derselben. Was mich anbelangt, so steckt jene Aeußerung, die ich im Hofgarten losließ, dem Sinne und Triebe nach leider auch jetzt noch in mir. J. wird Dir nichts Gutes von mir gesagt haben, besonders über meine Politik um die eilfte Stunde der Finsterniß. In der Paulskirche halte ich jedoch mit meinen Landsleuten, weil wir die Gesinnung Tirols zu repräsentiren haben und weil, wenn es zum Ernste kömmt, ich doch den tollen Gelüsten der Linken nicht beistimmen kann. Meine Demokratie ist nur ein desiderium pium, ein idealer Wunsch menschlicher Freiheit und Brüderlichkeit, aber was die Demokraten jetzt in Bewegung setzen, das ist Anarchie. Ich bekomme vor diesen Menschen einen immer größern Abscheu und gerieth neulich mit einem derselben in einen heftigen Streit. Es kam nämlich vom Sicherheitsausschusse Wiens eine Deputation hieher mit einer Adresse, welche unter dem Glast einiger Lobhudeleien uns die stechendsten Vorwürfe unter die Nase hielt. Die österreichischen Abgeordneten wurden namentlich zurechtgewiesen oder vielmehr zulinkgewiesen: der Volksgeist Oesterreichs gebiete, daß seine sämmtlichen Repräsentanten bei den Männern des Fortschrittes ihre Plätze nehmen; mit Bedauern habe die Deputation das Gegentheil bemerkt; Oesterreich sei also nur durch gar Wenige vertreten. Hierauf erfolgte eine Mahnung, und der Eindruck war so groß, daß sofort etwa 40 oder 50 aus der Sokrateshalle in den Deutschen Hof, den Sammelplatz der Linken, übersiedelten. Tags darauf wurden sämmtliche österreichische Abgeordnete dringend in die Sokrateshalle beschieden. Mein Inneres sträubte sich dagegen. Doch ich wurde von den Freunden mitgezerrt. Wir wußten von den Vorgängen des früheren Tages nichts. Da legten sie uns wieder eine Adresse an die Wiener vor als dankende Erwiderung. Wir Tiroler verweigerten die Unterschrift. Beda (Weber) ergriff das Wort: er unterscheide zwischen

März und Mai. Sofort wurde er als „Rebell" erklärt, indem der Kaiser ja auch die Errungenschaften des Mai sanktionirt habe. Gasser verlangte eine Aufklärung über einen unbestimmten Ausdruck; man berief sich auf den vorigen Tag: man könne jetzt unmöglich die ganze Debatte wiederholen. A. P., Mitglied der Wiener Deputation, begegnete mir im Saale; er schimpfte über das Parlament, über die österreichischen Deputirten, und besonders über Tirol und über uns. Ich wurde zornig und Du weißt wohl, daß ich in einer solchen Ekstase nicht höflich bin. — Er drohte mit seinem bevorstehenden Einflusse als Generalsekretär des Unterrichts-Ministeriums: man werde das Pfaffenscepter zu brechen wissen ꝛc.

Auffallend ist es, daß gerade in dieser Zeit zwei Vordermänner der Wiener Liberalen mit der Linken gebrochen: Giskra warf ihr vor, daß gerade sie, bei allen Klagen über Zeitverlust und Nichtsthun, an Alledem schuld sei, durch ihr immerwährendes hohles Geschwätze. Wie schäumten die Getroffenen! Möring betrat gestern, in der Frage der provisorischen Exekutiv-Gewalt, die Tribüne und sprach, er lüfte das Visir und zeige sich der Linken unverhohlen als ihr Gegner. Seine Begeisterung sei übrigens abgekühlt, indem er eben durch den Jordanfluß der Rhetorik geschwommen. Er stellte dann mit soldatischer Energie den Antrag, die Fürsten von Oesterreich, Preußen und die Andern sollen aufgefordert werden, aus ihrem Geblüte Drei zu ernennen und mit der provisorischen Centralgewalt zu bekleiden. Mich beschleicht die Vermuthung, daß Giskra und Möring durch die Hand oder Zunge des österreichischen Präsidialgesandten abgelenkt worden. Das obige Wortspiel vom Jordanflusse bezieht sich auf den Dir wohlbekannten Jordan von Berlin. Er hatte nämlich eine phraseologische, pikante Rede gehalten, welche jedoch keineswegs erst aus dem Haupte entsprang, sondern früher sogar schon gedruckt war. Vincke bemerkte, Jordan bringe ihm jedesmal das Gefühl bei, als befände er sich im Theater. Wirklich macht Jordan Gebärden, hebt und senkt und modulirt die Stimme, gebraucht Wendungen und Figuren, welche an die Bühne erinnern. Er ist übrigens ein schöner, schlanker, junger Mann mit schwarzem Bärtchen im cholerischen Gesichte; doch Ironie und Hohn, welche aus Blick und Miene sich kundgeben, machen ihn unangenehm. — Arnold Ruge hat dünne Vorderhaare, einen blonden Schnurrbart, er scheint mir etwas Abgearbeitetes, Ermüdetes, Geschwächtes an sich zu tragen. Doch ist er sehr thätig, macht allerlei und mitunter nicht unglückliche Vorschläge, aber mit seiner Grundansicht läuft er der ganzen Paulskirche tausend Meilen voraus: er will, daß man alle Nationalitäten unbehindert aus allen Verbindungen und Verwachsungen sich ablösen lasse; dann sollen sie und werden sie zu neuem Verbande sich einigen und ganz Europa werde eine föderative Republik, gleichsam als die jüngere Schwester der Republik Amerika. — Der alte Jahn schalt ihn vor etwa drei Wochen einen politischen Philister. Ruge bestieg den Sessel und antwortete mit einer trefflichen Rede: das Volk habe sich erhoben und sei vorgeschritten; aber vor den Thronen sei es achtungsvoll stehen geblieben. Die Revolution sei mäßig und besonnen und sie dulde das Bestehende so viel als möglich; nur sei Klugheit und Rechtschaffenheit der Fürsten nothwendig ꝛc. ꝛc. Diese Rede harmonirt nicht recht mit seinen übrigen.

Die wichtige Frage der provisorischen Exekutiv-Gewalt wurde bereits in drei Sitzungen verhandelt; 189 (!) Redner haben sich eingeschrieben, 40 wurden angehört. Auf Ruge's Vorschlag schied man die Amendements, welche Unterstützung fanden, aus; es ergaben sich 7, dann kömmt noch der Antrag der Majorität des Ausschusses (Dahlmann) und der Minorität (Blum und Trützschler) also neun Kategorien; über jede werden nur noch zwei Redner vernommen und dann — abgestimmt. Wahrscheinlich kommen wir also morgen zum Beschlusse. Das Wichtigste und Ueberraschendste für uns ist aber dieß, daß die Preußen, in Hinsicht auf die schauderpolle Lage Deutschlands, vom Anspruche für ihr Fürstenhaus abgingen und sich öffentlich und privatim erklärten, dem Erzherzog Johann als einigem provisorischem Machthaber Deutschlands ihre Stimme zu geben. Ob er nun von den Fürsten vorgeschlagen und von uns bestätiget wird, oder vice versa, das läßt sich noch nicht vorausbestimmen. Welch ein unerwarteter Triumph Oesterreichs! Den Grund hiezu müssen wir besonders in ganz Süddeutschland suchen; die Preußen selbst sind getheilt, denn die Rheinpreußen würden eher den Sultan wählen als einen preußischen Prinzen, und so gaben denn die Stockpreußen nach, aber erst nach plumpen und feinen Versuchen für ihren König. Schmerling versichert, daß Prinz Johann auch von den mächtigern Regierungen schon angenommen sei. Der morgige Abend kann der Anfang der großartigsten Aera Deutschlands werden. Denn die Einheit des Heerwesens und der Diplomatie muß sogleich eintreten. Ueberhaupt wird das Hiersein immer angenehmer, denn am günstigen Erfolge zweifle ich jetzt nicht mehr. Krawalle mögen wohl noch ausbrechen, aber sie werden nichts erschüttern, um so weniger umstoßen. Deutschlands geeinigte Kraft wird imponiren, und nimmt Rußland den Kampf mit uns auf, so mag es wohl schaden, aber es wird nicht siegen. Das Gefährlichste bleibt immer noch das Proletariat . . . . .

Frankfurt, am 26. Juni 1848.
Innigst geliebter Freund!

Vor zehn Minuten erhielt ich Dein Schreiben, welches mich mit doppelter Freude überraschte. Denn erstlich höre ich wieder Deine freundlichen Worte, die ich so schwer vermißte, und dann — weckst Du mir die entschlafene Hoffnung auf Deine Rückkehr. Nun bin ich theilweise getröstet über den Unwillen, den mir die Verweigerung der bewußten Unterschriften eingeflößt hatte. Zu den genannten Renitenten muß ich noch Hrn. F. ansetzen. Die Ursache des Sträubens wurde mir nicht klar; mich verdroß die Sache und ich brach wehmüthig und trotzig ab. Es ist seitdem nie mehr ein Wort darüber gefallen. Doch etwas Feindseliges kann ich kaum vermuthen, denn sie sprachen sich sämmtlich mit größter Hochachtung über Dich aus, und von sehr vielen Seiten, namentlich von Phillips und Consorten, wird oft gefragt, ob denn Dr. Sch. nicht wiederkehre.

Die Wälschtiroler haben den betreffenden Ausschuß, namentlich den Herrn Fr. v. Raumer, sehr für sich eingenommen, und sie wußten ihm die Meinung beizubringen, Trient und Roveredo seien erst 1814 zu Tirol geschlagen worden! Beda (Weber) und Kerer wurden als Auskunftsmänner beigezogen und gaben die gehörigen Aufschlüsse. Die Folge davon war, daß die Wälschtiroler ihre Petition um Entlassung aus dem politischen Verbande Deutschlands zurücknahmen und nur auf der Trennung Wälschtirols in administrativer Hinsicht bestanden. Beda ließ dieses auf sich beruhen, aber jetzt ergriff Kerer das Wort und erklärte, Tirols Kraft würde dadurch zerrissen. Heckscher verfocht Kerers Ansicht, und so versprach Raumer in seinem Berichte nur noch die Bemerkung beizufügen, die Nationalversammlung hege das Vertrauen, die österreichische Regierung, welcher unstreitig die innere Administration obliege und zustehe, werde allen billigen Wünschen des italienischen Tirols Rechnung tragen. Allem Anscheine nach ist also diese Sache hiemit abgethan. — Hoffentlich hat R. meinen Brief erhalten, worin ich so freudig unsere Zukunft im schönsten Rosenlichte schaute. Seitdem hat sich Vieles geändert. Am Samstage betrat Gagern die Tribüne; seine Rede machte einen unbeschreiblichen Eindruck, die Majestät des Mannes hat noch nie so imponirt. Die Linke beugte sich wider Willen unter die Hoheit des Giganten und selbst die Gallerien brachten ihm den Tribut des Applauses. Hätte man sofort unter dem frischen Einflusse dieser Auktorität abgestimmt, Alles wäre im Nu entschieden gewesen, und Erzherzog Johann wäre gewählt. Aber so bekam die Linke Zeit sich zu erholen, und Soiron, der das Präsidium einnehmen mußte, weil Gagern gesprochen, machte zu leicht Concessionen, er erlaubte nämlich, daß Zitz, Schober und Blum ihre Amendements, die er doch selbst als prinzipiell sich ausschließend erklärte, vereinigten; so war also die Linke durch einen großen Theil des linken Centrums verstärkt und sie besteh'n nun darauf: 1. daß die Wahl des Einen, dem die provisorische Centralgewalt übertragen werde, nur von der Nationalversammlung ausgehe ohne Rücksicht auf die Einzelregierungen; 2. dieser Eine soll verantwortlich sein. — Die Rechte und das rechte Centrum hatten in letzter Nacht Zusammenkunft im Weidenbusch; Gasser und ich blieben bis Ein Uhr. Beseler präsidirte. Ach, wie erbärmlich war das ganze Verhandeln! Welcher Pedantismus! Welche Wortklaubereien! An Nebenfragen verhingen sich die Herren, und die großen Fragen brach man dann über das Knie ab. — Heute brachten Bassermann und Auerswald ein Amendement ein, und Heckscher stellte hiezu ein Unteramendement, wobei sie wenigstens einige Rücksicht für die Regierungen festhalten wollten. Da brach nun ein stür-

mischer Streit aus über die Einbringung neuer Amendements
nach dem Schlusse der Debatte. Das Centrum kämpfte dafür
sich todesmüde; die Linke drohte mit Verweigerung der Ab=
stimmung; da erklärte Vincke, der Anspruch auf Einbrin=
gung neuer Amendements sei wirklich unberechtigt, und
Rabowitz behauptete dasselbe, selbst nachdem die Entschei=
dung Soiron's, auf den das Parlament kompromittirte, für
die Zulässigkeit jener Amendements ausgefallen war. Basser=
mann und Auerswald traten zurück; der Letztere nur unter der
Bedingung, wenn auch Heckscher und alle Uebrigen ihre neuen
Anträge zurückzögen. Heckscher verlangte Bedenkzeit. Die
Sitzung wurde bis 5 Uhr unterbrochen. Was wird nun ge=
schehen? Das Centrum und die Rechte sind doppelt zerfallen.
Eine große Majorität wird für nichts herauskommen; Prinz
Johann wird nicht annehmen. Zudem wird die Festigkeit
der Majorität als Bockbeinigkeit verschrien werden. — Wir
wissen nicht, ob Du uns hier noch erreichst. Jedenfalls warte
G.'s. Brief ab, der Dir schnell nach der Abstimmung, also
morgen Abends oder übermorgen, schreiben wird. Uebrigens
wurden herrliche Reden gehalten und meine Zufriedenheit
wuchs. Nur vermisse ich Dich! Sei umarmt von Deinem
treuen Freunde   Al. Flir.

Frankfurt, am 5. Juli 1848.

Theuerster Freund!

Dein Schreiben aus Wien hat mich freudig überrascht.
Du stehst nun fest im Vertrauen Deiner Heimath. Unklare
Nachrichten deuteten mir auch an, daß Du Dich auf dem Land=
tage zu Innsbruck thätig benommen und daß Du B. in
die Minorität geworfen. Bestimmte Kunden über den Land=
tag kommen mir keine zu. Ich hatte lange auf Dich geharrt....
Der schlechte Erfolg meines Empfehlungsschreibens für Dich
bei A. hat mich sehr verstimmt; aber noch mehr Dein Zweifel
an mir. Doch ich bin sehr oft in der Lage, Beleidigern zu
verzeihen; ich verzeihe auch Dir. Vermuthlich hat Dich R.
mit seiner Skepsis angesteckt. Lassen wir das. Hrn. A.
schrieb ich einfach, daß ich Dich seit den Studien kenne, daß
ich Dein Herz und Talent hochschätze, daß Du nur das

Wahre und Gute wollest und auch gerne mit Verständigen Dich verständigest und daß Du in dieser Absicht seine Bekanntschaft wünschest. Dieß war Alles. Ich kann über die Ursachen der kalten Aufnahme meines Briefchens nach. Vermuthlich hat Dir ein Artikel der „Allg. Zeitung", worin wir Tiroler in Frankfurt ironisch preisgegeben werden, das Gemüth A.'s verschlossen und verriegelt. Auch hier war man unzufrieden. Man schiebt ihn Dir in die Schuhe und hält Dich für den mittelbaren oder unmittelbaren Auctor. Die Enge des Stilllebens, in welche uns jener Artikel versetzte, wurde längst erweitert, und wir wurden in allerlei Klubb's hineingezogen. Ich jedoch — ziehe mich wieder in das Stillleben meines Zimmers zurück; denn ich habe aus den politischen Salons nichts davongetragen als einen schwülen, dumpfen Kopf. G. und ich spazieren Abends miteinander unter traulichem Gespräche, wir trinken ein Glas Bier, und begeben uns dann in unsere Wohnung zurück. Vorgestern unterhielten wir uns in philosophisch-theologischer Unterredung mit Gfrörer so vortrefflich, daß wir bis 11 Uhr Nachts beisammen saßen. G. nimmt an den politischen Klubb's noch Antheil. Ich hole ihn dann aus und erspare mir die saure Mühe. Denn mir sind nun einmal derlei Gesellschaften unausstehlich.

Der Artikel der „Allg. Zeitung" hätte mich nun bald von der Bahn abgelenkt. Ich muß ja noch auf Deine Aeußerungen in Betreff des katholischen konstitutionellen Vereines in Innsbruck mich erklären. Die Absicht seiner Gründung enthält das von mir verfaßte Programm. Wenn man von dem Prinzipe abgewichen ist, so werde ich meinen Austritt melden. Ich erwarte noch früher ein Schreiben von meinem Freunde Sch., auf dessen Unbefangenheit ich mich verlassen kann. Ich muß natürlich meine Austrittserklärung motiviren, und wahrscheinlich geschieht dies öffentlich. Doch wie gesagt, wenn Sch.'s Bericht die hiezu nöthigenden Thatsachen und Beweise enthält.

Wenn Du in mein Inneres hineinzublicken nicht abgeneigt bist, so bekenne ich Dir, daß ich den einfachsten, historisch begründeten Christusglauben in mir nähre, daß ich ihm durch eigenes Denken da und dort eine Aufhellung abzugewinnen strebe, aber noch weit mehr alles Vernunftwidrige,

Verknöcherte, Mißbräuchliche vom Heiligen auszuscheiden und
ihm ferne zu halten trachte; doch viel zu wenig betreibe ich
das Allernothwendigste, meinen Glauben und meine Gedanken
in und an mir plastisch zu verwirklichen. Ich bin ein spröder,
fast unbändiger Stoff. Ich ringe, und werde in meinem
Läuterungsprozesse nicht ermüden. In politischer Beziehung neigte sich meine Natur zur Republik; in Frankfurt
habe ich jedoch die konstitutionelle Monarchie gründlicher kennen gelernt, und für sie entschied ich mich unter den
dermaligen Verhältnissen. Die bisherigen Beschlüsse der Nationalversammlung entsprechen im Wesentlichen vollkommen meiner
Ansicht und ich freue mich, daß ich bei dem Werner'schen
Antrage den liberalern Standpunkt betreten habe; denn von
dort aus geht die klarste Consequenz, während so Viele, die
jenem Antrage nicht beigestimmt, nun inconsequent geworden
sind und es bleiben.

Die Haltung, den Charakter der Nationalversammlung
entschied Gagern, der Gewaltige. Ohne ihn wäre die Paulskirche leer. Die Wahl des Erzherzogs Johann wurde hier
und weitum mit Enthusiasmus aufgenommen. Hoffentlich
trägt sie auch bei, die baufällige österreichische Monarchie
einstweilen mit deutschen Strebepfeilern zu stützen.
Habe die Liebe, über Wien's und Oesterreichs Zustände mir
Deine Beobachtungen und Gedanken mitzutheilen. Das
Heranwogen der Bauern zum Reichstage wird die Herrschaftsrechte hinwegschwemmen; die erste Errungenschaft macht nach
der zweiten gierig: kurz — der Krieg der Nichtshabenden
gegen die Habenden bereitet sich rings in Europa vor, und
der Kampf oder vielmehr die Schlacht zu Paris*) war nur
eine Signalrakete. Was wird aus dem Chaos sich aufbauen?
Werden wir es erleben? Es mag da kommen was immer!
Mir ist das Furchtbarste lieber als der vorige Zustand. Denn
dort waren wir lebendig begraben; jetzt werden wir im
schlimmsten Falle bloß todtgeschlagen. — Schmerling erwiederte gestern einen Angriff Blum's mit trefflichem Humor.
Daß er jedoch wegen einer Aeußerung nachträglich zur Ordnung gerufen wurde, kühlte wahrscheinlich seine Laune und

---

*) Im Juni 1848, wo die rothe Republik nach fürchterlichen Kämpfen der
Ausdauer Cavaignac's unterlag.

Siegesfreude wieder ab. Auch ich mißbillige das Gratulationsschreiben der Bundesversammlung. Denn die Versicherung, daß sämmtliche Regierungen beistimmen, paßte nicht mehr für eine Zeit, wo die Nationalversammlung allein und absolut den Reichsverweser gewählt hatte. Schmerling bekannte selbst, daß die Beistimmung der Regierungen unter dem Einflusse des Commissions-Antrages eingeholt worden sei. Warum wurde also diese Beistimmung nach der Verwerfung des Commissions-Antrages noch ausgesprochen? Das war nicht in der Ordnung. Diesen Punkt hat keiner der Opponenten berührt, und doch ist nur er die Blöße, wohin der Stoß zu appliciren ist. —

So eben meldet mir ein Brief aus Innsbruck, daß, troß der Gegenbemühungen Schulers, die viergliederige Ständeverfassung durchgegangen. Mich wundert nur Schulers Gegenbemühung; denn hier war er noch für die vier Stände und zwar aus liberalen Tendenzen. Wahrscheinlich hat er sich jedoch überzeugt, daß, auch beim Uebergewichte der Bauern, vom Klerus nichts zu besorgen wäre. — Vale!

Dein Freund Al. Flir.

Frankfurt, 15. Juli 1848.

Theuerster Freund!

Dem lieben Sch. schrieb ich einen ellenlangen, leider aber doch nicht viel enthaltenden Brief. Ich meinte, H. reise direkt und rasch nach Hause. Nun aber macht er Umwege. Dir noch einige Zeilen zum Danke für Deinen zweiten uns sehr werthen Brief. — Johann ist gestern (14.) um 11 Uhr Vormittags abgereist. Das neue Ministerium wird der Linken nicht munden. Peucker ist preußischer General; er war militärischer Commissär beim Bundestage, also eo ipso nicht accept. Er sei ein schöner, noch ziemlich jung aussehender Mann. Heckscher ist eigentlich ein Stock-Hamburger; man glaubt, daß nicht das Recht und die Wahrheit ihn leite, sondern das Interesse seiner Heimath. Er möchte wohl der pfiffigste Mann der ganzen Nationalversammlung sein. Sein Standpunkt zwingt ihn, das Conservative zu verfechten, z. B.

Schleswig's Einverleibung anzugreifen. — Ueber Schmerling war ich anfänglich nicht gut zu sprechen. Doch fernere Beobachtungen haben mich überzeugt, daß er ein tüchtiger Mann und sehr redegewandt, mit Charakterwürde und Geistesgegenwart ausgerüstet sei. Zwischen ihm und der Linken herrscht Todeshaß, besonders seitdem er sie neulich persiflirte. — Wird ein einiges Deutschland zu Stande kommen? Den Hauptbeweis wird die Befolgung oder Nichtbefolgung eines Beschlusses abgeben, den wir gestern votirten, nämlich das deutsche Heer auf 900,000 Mann zu erheben. Radowitz stellte die Nothwendigkeit dieser Macht sonnenklar heraus. Die Linke sträubte sich dagegen mit allen Kniffen. Denn sie fühlt, daß eine solche Macht imponiren würde und daß die Anarchie kaum möglich wäre. Wir Tiroler steckten freilich in der Klemme. Denn das Ja war gegen Tirol, das Nein gegen Deutschland. Gleichwohl stimmten wir Anwesenden (Kerer und Haßlwanter waren in Mainz) für das große Heer. Wir dachten, in Tirol wird man ohnedies die Landesvertheidigung beibehalten und in Rücksicht derselben weniger Soldaten fordern. Der Prunk des Militärs ist abgestellt. Sie werden durch Einfachheit der Kleidung sich der Landeswehr anschließen und nicht mehr so viele Kosten verursachen. — Die Stimmung für den italienischen Krieg wird besser. Deutschland sollte das Große wagen, und mit Oesterreich im Süden und Südost das Rechte schaffen — Oesterreich würde dann größer als je auch aus diesem Kampfe hervorgehen. Aber wenn Deutschland nichts wagt, wenn Oesterreich seinen anarchischen Unterthanen und Ministern preisgegeben wird, was wird erfolgen? Mit Entsetzen denke ich an Wien. Welche Zustände! — Gut, daß unser Ländchen Berge und Stutzen schirmen. Es bleibt hoffentlich ein Asyl der Ordnung und des Rechts . . . . .

Frankfurt, 23. Aug. 1848.

Innigst geliebter Freund!

Herzlichsten Dank für Deinen werthesten Brief, für den überraschenden Einschluß und für alles Liebe! — Die eilfte

Stunde der Nacht rückt heran; ich ergreife die Feder, um den Drang meines Herzens, Dir zu schreiben, nicht fürder zu verschieben. — Wie lange werden wir noch getrennt sein?.... G. und F. kehren im September nach Tirol zurück; Sch. streckt die Arme nach den Bergen aus, und Du weißt wohl, daß der Wunsch seine Gründe findet. Ich — vermisse hier zwar vieles Werthe, aber wahrscheinlich werde ich bleiben. Ich möchte jedenfalls die Entscheidung über unsere künftige Stellung beim Lehramte abwarten. Entspricht sie mir nicht, dann werde ich der Professur mein Lebewohl sagen. Zudem sind die polemischen Wirren der Heimath nicht einladend. — Das hiesige Klima ist ungesund, wenigstens für uns Gebirgsländer. Aber seltsame Natur-Homöopathie! Nervenschwache erstarken, Nervenstarke werden geschwächt. Die Paulskirche war früher, wo noch bei 2000 Zuhörer sich anbrängten, ein Magazin mephytischer Dünste; seit dem Skandale Brentano's oder vielmehr seit dem Donnergewitter der Preußen wurde die Atmosphäre reiner; denn der Einlaß auf die Gallerie findet nur gegen Vorzeigung der Karten statt. Wie stille, wie öde ist's jetzt! Der Linken ist ihr Hebel entrissen, wodurch sie auf das Publikum außerhalb wirkte und selbst auf die Mehrheit der Paulskirche einen lästigen Druck ausübte. Der Chef der Gallerie-Bundesgenossen war ein gewisser Metternich, und er ist es im Kleinen noch — früher General, jetzt Korporal. Dieser Metternich ist ein großer, schöner, junger Mann mit röthlichem, wallendem Barte. Er stand an der Spitze des demokratischen Vereins, von dem jetzt nichts mehr verlautet, Ronge war sein College. Metternich, aus dem katholischen Mainz gebürtig, war vermuthlich selbst Katholik, jetzt ist er Deutschkatholik in freiester Façon. Eines Abends trank er an der Seite seiner Schönen mit Ronge im Biergarten des Essighauses. Als sie in bester Stimmung waren, erhob sich Metternich und sprach: „He, Freund, steh' auf und mach' einmal Ordnung mit mir und meiner Lieben, wir halten nun bei drei Jahre zusammen, traue uns." Ronge stand auf, in zwei Minuten war der ganze Akt vollzogen; man setzte sich wieder und machte die Gläser klingen. — Ronge durfte sich hier, wo man ihn einst beinahe vergötterte, in ehrlichen Gesellschaften nicht mehr sehen lassen, — — und nun wird er als Prophet in Wien mit Ehren umgeben!!

Auch Schütte dahin! Auch Hecker dorthin, wie man sagt! Was wird aus Wien werden? Wie elend hält sich der dortige Reichstag? Warum duldet er den Sicherheitsausschuß? Warum wurde die Dankadresse an die siegreiche Armee n i ch t votirt? Warum der 6. August nicht gefeiert? Ein sehr hochgestellter Mann sagte mir neulich: „Oesterreich — Oesterreich macht mir Kummer. Der Kitt hält nicht mehr. Es geht Alles aus den Fugen. Was von je zu Deutschland gehörte und der österreichische Kreis hieß, das muß bei Deutschland bleiben und zwar in Wahrheit. Es ist möglich, daß sich ein Ostreich bildet, und daß Pest die kaiserliche Residenz wird." — Hier bildet sich ein österreichischer Klubb. Schon anfänglich hatte man einen so genannten versucht, die Sokrateshalle (sonst Freimaurerloge) war das Lokale. Schmerling präsidirte zuerst, dann bald Dieser, bald Jener, denn es herrschte meistens ein chaotischer Tumult: die Barrikaden-Helden aus Wien und die Ultra-Radikalen tobten und rasten, daß es nicht zum Aushalten war. Die Folge war die Auflösung. Um nun einem gleichen Gewirre vorzubeugen, beriethen Andrian, Sommaruga, Schuler, Dr. Egger ꝛc. ein Programm, welches das Princip der Monarchie — bei übrigens freiester Verfassung — als Bedingung des Anschlusses enthält. Gestern wurde dieses Programm förmlich redigirt, und von den Versammelten unterzeichnet. Es waren nur Eingeladene zugegen, und doch hatte sich schon wieder eine Krähe eingeschlichen. Ein Dr. Maly wußte dem Dr. Egger die Meinung beizubringen, als seien sie politisch gleichgesinnt; aber als wir eintraten, widerhallte bereits das Zimmer von der Debatte. Maly schimpfte über den italienischen Krieg, man hätte Mailand gleich Anfangs abtreten sollen, man werde es doch in keinem Falle behaupten ꝛc. Er allein unterzeichnete das Programm nicht. Schuler sprach einigemal und zwar mit Einsicht und Nachdruck. Ich bedauere überhaupt, daß er nicht irgend einem großen Klubb sich anschließt — er würde im schönsten Glanze seine Kenntnisse und Gedanken entfalten. Vielleicht wird jetzt der österreichische Klubb der Spielraum seines Wirkens. Wir glauben, daß sich etwa 30 oder 40 Mitglieder um das ausgesteckte Panier versammeln werden. Der Hauptzweck ist — österreichische Angelegenheiten zu besprechen, um dieselben übereinstimmend in der Paulskirche zu vertreten.

Das Erste, was geschieht, ist vermuthlich eine Dankadresse an Radetzky und sein Heer, mit der Meldung, daß sich die Nationalversammlung auf das Wort des begeisterten Radowitz zu Ehren des siegreichen Heeres in Italien jubelvoll erhob.

Zwei Tage lang dauerten die Debatten über die Religionsfrage, und dieß nur der Anfang. Jordan von Marburg, unser Landsmann, überraschte uns mit seiner Religionslehre um so mehr, als wir ihn wegen seiner soliden politischen Grundsätze liebgewonnen und in Ehren hielten. Er ist ein großer Mann, aber die Kraft ist gebrochen; das Gesicht hat etwas Schustermäßiges, und man erkennt noch daran die tirolische Treuherzigkeit und Einfalt. Als wir ihn besuchten, sprach er viel, aber mit schwacher Stimme: er war kränklich; aber vorgestern beherrschte sein Laut die Paulskirche. „Ueber Trennung und Einheit der Kirche und des Staates streite man sich?" Er sei für die Trennung, aber in dem Sinne, daß man eine jede Kirche vernichte. Denn eine jede sei eine Knechtung des Menschen durch Unterdrückung der Denkfreiheit, und eine jede sei ein Staat im Staate als Ausüberin einer furchtbaren äußeren Macht. Die Religion werde dann erst frei; Gleichgesinnte werden sich associiren; das sei dann das Freie und Willige, das Menschliche und Rechtliche und Heilige. — Wie kurzsichtig! — Vogt trieb diese Ansicht hinaus auf das Aeußerste, in's Monströseste, wogegen sich die Seele der meisten Zuhörer empörte. Er stimme für volle Freiheit jeder Kirche, aber nur deßhalb, um auch für sich die volle Freiheit in Anspruch zu nehmen; die kirchliche Freiheit werde an der demokratischen Freiheit zerschellen; das nächste Geschlecht, in einer vom Klerus emancipirten Schule erzogen, werde dem Kirchlichen den Garaus machen, und die Religion werde ein Ende haben. Er verlange vor der Hand nicht nur Freiheit für jede Religion, sondern auch Freiheit für die Nichtreligion, für den Unglauben, für den Atheismus. — Vogt ist ein stämmiger junger Mann mit dem Gesichte eines Kindes, aus dem jedoch bald rohe Wuth blickt, bald böse Tücke, immer etwas Verwildertes, wie im Stadium eines Katzenjammers. Pfarrer Zittel (Protestant) sprach mit großer Geschicklichkeit für die Trennung, der ultramontane Lassaulx klatschte öfters und rief: Bravo! Bravo!

In meiner Rede, wie sie veröffentlicht wurde, blieben

Lücken, welche stören. Vielleicht wunderten sich Manche, warum denn ich zuerst sprach. Eben, weil's am Leichtesten war. Schuler und Kerer mit ihrer genauern Sachkenntniß sollten den Gegnern antworten. Die Gegner brachten nun aber nichts Bedeutendes vor, und deßhalb hatten die Unserigen keinen günstigen Stoff mehr; sie sprachen jedoch Beide sehr gut.

P. S. Noch einen Spaß! Detmold aus Hannover ist ein kleinwinziges, buckeliges Männlein mit einem schwarzen, markirten, humoristisch-geschelbten Gesicht. Er ist einer der Geistreichsten, berühmt durch eine komische Schrift, das Salz und der Pfeffer jeder Gesellschaft. Neulich war er mit dem alten F. eingeladen. Dieser Letztere gehört zur Linken. Er wetterte über die Regierung von Hannover und trank dem Stüve ein Pereat. Der Hausherr beklagte sich bei Detmold über diese Unart. Detmold versprach, noch bei demselben Abendessen den Freiheitshelden zu einem Ehrentoaste für Stüve zu bewegen. Der Hausherr hielt es für unmöglich; einige Flaschen Champagner waren die Wette. Detmold zieht den F. bei Seite und flüstert ihm in's Ohr: „Mein Lieber, welche Verlegenheit für mich! Stüve beauftragte mich mit Ihnen wegen der Stelle eines Oberjustizdirektors zu verhandeln, und Sie — — entweder müssen Sie einlenken oder mir ist mein ehrenvollstes Geschäft unmöglich gemacht." — „Lenken wir ein — lenken wir ein! — Machen Sie — machen Sie!" — „Gut. Gut." — Sie setzen sich wieder. — „Stüve hat doch auch seine guten Seiten." — F. stimmt bei, lobt, rühmt, stoßt an, dem Stüve zu Ehren! Schallendes Gelächter und Detmolds grinzendes, triumphirendes Gesicht deckten dem armen F. erst seine Düpirung auf. — Das sind unsere Vorkämpfer! Die begeisterten Volksmänner!

Frankfurt, 9. Sept. 1848.
Theuerster Freund!

Deine Klagen über unsere Saumseligkeit werden jetzt wohl verstummen; hüte Dich aber, daß Du nicht die unseren hervorrufst. Wir erwarten täglich den Briefträger mit einer Art von Heißhunger; der Tag, der uns einen Brief bringt, hat etwas Festliches, aber jeder andere ist ein dies nefastus. — Deine diplomatischen Wendungen haben wir in dem Grade bewundert, daß wir Dich im Namen Deutschlands, oder vielmehr ernstlich — im Namen unserer Freundschaft — bringend auffordern, Dich als Ersatzmann G.'s wählen zu lassen, sintemal A. nicht anbeißen will. Es ist allerdings unter gegenwärtigen Verhältnissen nichts Lockendes, ein Mitglied der Nationalversammlung zu sein. Die Klugen und Mäßigen, d. h. die Conservativen, schlagen die Hände über dem Kopfe zusammen: die Nationalversammlung habe sich den Todesstoß gegeben, oder — Deutschland erbrenne auf allen Seiten in Flammen des Bürgerkrieges. Selbst von Denen, welche mit der Majorität stimmten, also gegen das Ministerium, senken jetzt Viele den Kopf, Einige kündigten im Namen ihrer Klubbs den Rücktritt von ihrer Meinung an, der gelehrte Wurm sagte, wenn er Alles, wie jetzt, vor Augen gehabt hätte, so hätte er anders gestimmt; Dahlmann selbst soll geäußert haben, er sei durch den Erfolg seiner Opposition über die Gränzen seiner Absicht hinausgestoßen worden. Man will selbst die Linke mit dem Schatten der Trauer überdüstern, da der Sieg sie in das Gebiet des Unmöglichen geführt habe. So erzählen, so schildern die Ministeriellen die Sache. Ich weiß jedoch, daß die Linke nach dem errungenen Siege bis 2 Uhr Morgens beim Festschmause saß; ich weiß, daß man ernstlich vom Sturze des preußischen Ministeriums spricht und von der dortigen Sistirung der Maßregeln; ich halte es sogar für möglich, daß bei uns das gestürzte Reichsministerium noch in Anklagestand versetzt wird. Hefscher erklärte in der Paulskirche 1. der Waffenstillstand überschreite die Vollmacht der Centralgewalt an den König von Preußen; 2. die Nationalversammlung habe das Recht, diesen Waffenstillstand, der so lange dauern solle und nicht bloß militärischer Natur sei, zu genehmigen oder zu verwerfen. So sprach er im Namen des Gesammtministeriums, denn sie wollten miteinander stehen oder fallen. Nur verlangte er noch Aufschub bis zur gehörigen Prüfung der Akten. Man glaubte genugsam zu wissen: doch gab man nach. Die Majorität des versammelten Ausschusses entschied für sofortige Sistirung der Maßregeln. Die Minister verlangten neuen Aufschub: es seien noch nicht alle Papiere durchgesehen. Doch jetzt riß die Geduld, das Ministerium fiel, denn die Sistirung wurde entschieden. Nun gingen die Jeremiaden an: der Krieg mit Dänemark sei nicht ganz gerecht (jetzt auf einmal!); die preußische Regierung habe von der Centralgewalt die Vollmacht erhalten, **unbedingt nach Umständen und ohne Vorbehalt einer Ratifikation abzuschließen**. Wie stimmt nun dies mit Heckschers Rede zusammen? Das Ministerium wagte mit diesem Geständnisse anfangs nicht heraus, sondern hoffte die Sache escamotiren zu können, aber es hat diesen Frevel theuer gebüßt. Preußen handelte, wenn auch mit Vollmacht, doch auf eine für Deutschland schimpfliche und für die Centralgewalt demüthigende Weise; das Ministerium — handelte ohne Offenheit und Redlichkeit, und wenn jetzt fürchterliche Folgen daraus hervorgehen, so sollen Diejenigen, welche solchen Uebergriffen und Schändlichkeiten mit Indignation sich entgegensetzten, die Schuld tragen. Da mag folgen was will, es muß sich entscheiden, wo Deutschlands höchste Auktorität ist . . . . Wenn mich gewisse Anzeichen nicht täuschen, so brennt der Reichsverweser selbst von Zorn gegen Preußen. — Doch nun zu Friedlichem! —

Erzherzog Johann hat mich in Schulers Gegenwart so liebevoll und dringend ersucht, seinen Sohn in der Religion zu unterrichten, daß Schuler über meine Hartherzigkeit sich wunderte, als ich beharrlich **ablehnte**. Ich wollte mich nicht binden, vielleicht kehre ich im Oktober für immer nach Hause zurück. — Wenn ich bleibe, so ist Schuler das Hauptmotiv. Denn ihn **allein** hier zu lassen, das wäre mir fast unmöglich. Wenn Du kämest, hätte er einen tausendfachen Ersatz. Doch vielleicht lösen die Ereignisse den Zweifel. — Ich lege Dir ein Exemplar der Rede bei, die ich am 2. September im hiesigen Dome halten mußte. Das war kein Spaß. Um 9 Uhr sollte der Gottesdienst und zwar die Predigt beginnen, um 10 Uhr das Seelenamt. Da war nun ein Geräusch und Getöse, daß ich meine Stimme immer etwas anstrengen mußte. Erzherzog Johann und seine Gemahlin saßen unten, mir gegenüber — am Ende des prachtvollen Katafalkes, mit Waffenpyramiden umstellt, worüber Deutschlands und Oesterreichs Fahnen wallten. Das ganze Presbyterium nebst dem Hochaltare war mit schwarzen Tapeten ausstaffirt. Beda Weber hielt das Seelenamt. Achtzig Musikanten führten eine Messe Cherubini's auf. — Die Preußen wurden durch meinen Ausdruck „tapferstes aller Heere" eifersüchtig; den „Gottseligen" war die Rede zu wenig katholisch, aber die große Mehrheit war zufrieden. Die Frankfurter trugen mir ja gestern durch den Kirchenvorsteher mit allem Nachdrucke die hiesige Pfarrei v mit dem Charakter eines Domherrn und einem reinen Einkommen von 3 bis 4000 fl. Ich lehnte natürlich ab. Denn auf Tirol verzichte ich nur im Nothfalle, und zu einer so delikaten, verwickelten Seelsorge über 12,000 Individuen hätte ich ja gar keine Vorkenntniß, keine Uebung, keine Fähigkeit und — keine Neigung. Daß ich die Rede vor einem so gemischten Publikum mehr „reinmenschlich" als theologisch-dogmatisch hielt, wirst Du billigen. Ich sprach mich ja am Ende doch noch kirchlich genug aus.

Lebe wohl! Schreibe recht bald! Recht oft! Besuche uns wenigstens! J. und ich umarmen Dich! Dein Aloisius.

Frankfurt, am 30. Sept. 1848.
Theuerster Freund!

Vor einer halben Stunde erhielt ich Dein werthestes Briefchen. Deinen vorigen Brief hätte ich sicher lange schon beantwortet, aber ich trat dem Freunde J. die Priorität ab, und wollte mit meinem Schreiben erst nachrücken. Zufällige Umstände hinderten ihn, ich zögere nun nicht länger. — Du willst mir also bis Imst entgegenkommen? Ach, mein Lieber, wir werden uns noch lange nicht sehen — außer — Du begleitest die Gnädige nach Frankfurt, was von Dir gar ritterlich und zugleich gar freundschäftlich wäre. Einen Beschluß, im Oktober nach Hause zu kehren, hatte ich nie gefaßt, sondern nur den Wunsch gehegt. Die Anhänglichkeit an Sch., der Ernst der neuesten Ereignisse, die Wichtigkeit der bevorstehenden Verhandlungen, die Aussicht auf eine frühere Beendigung, die Abneigung vor der Supplirung am Gymnasium — bestimmen mich, hier zu bleiben. Wir österreichische Abgeordnete werden dringend aufgefordert, unsern Posten nicht zu verlassen. Die Ersatzmänner pflegen zu zögern oder gar nicht zu kommen; unsere Zahl schwindet ein und Oesterreichs Vertretung verliert alles Gewicht. Ein Entscheidungskampf rückt nahe! Der Verfassungsausschuß hat den Antrag vorbereitet: solche Länder, welche Bestandtheile des deutschen Bundesstaates seien, dürfen mit andern Ländern fürder nur

in einer Personalunion stehen. Dies gilt für Holstein,
Limburg, und im Großen — für Oesterreich. Die kaiser=
liche Monarchie würde demnach zertrümmert. Zwei Oester=
reicher, welche im genannten Ausschusse sitzen, haben den neu=
gebildeten österreichischen Klubb von diesem Beschlusse in
Kenntniß gesetzt und Debatten eingeleitet. Die meisten dieser
Herren sind der Ansicht, Oesterreich müsse eine solche Zumu=
thung mit Verachtung zurückweisen; der Kaiserstaat sei unzer=
trennbar und sich selbst genügend; Deutschland möge nur
durch einen solchen Akt nicht selbst sich beschädigen. So besonders
Hr. v. Mühlfeld, Advokat in Wien, ein sehr klar und
präcis sprechender Verstandesmann, schwarzgelb vom Wirbel
bis zur Zehe, äußerlich dem Napoleon ähnlich, nur nicht so
frisch und kraftstrotzend. Er hatte schon in Wien vor den
Wahlmännern diese Ansicht ausgesprochen unter ungeheuerem
Beifalle, — natürlich — Wiens Interesse liegt gewiß in der
Einheit der Monarchie. Schuler kehrte eine feinere Diplo=
matie vor: Deutschlands Wohl erheische selbst die Integrität
der österreichischen Monarchie, eine Ablösung der deutschen
Bestandtheile hätte ein kompaktes Slavenreich zur Folge,
dagegen soll der gesammte Kaiserstaat, ohne Bestandtheil des
deutschen Reiches zu sein, den möglichst engen Bund mit die=
sem eingehen. Diese Ansicht fand vielseitigen Beifall. —
Beda Weber erhob sich und erklärte lebhaft, seine Commit=
tenten würden in keinem Falle ihr Land vom deutschen
Reiche ausscheiden lassen und mit bloßer Föderation dafür sich
begnügen. Die Herren stutzten. Es zeigte sich, daß noch Andere
derselben Ansicht waren. Einstimmig waren jedoch Alle in dem
Beschlusse, den Bruch mit Deutschland möglichst zu hindern. —
Mühlfeld bemühte sich umsonst, den Ausschuß zu einer
größeren Mäßigung zu bewegen. Was wird nun die Folge
sein? Die Hälfte der österreichischen Abgeordneten (in un=
serem Klubb sind nur die Konstitutionell=monarchischen) wird
für den Ausschuß stimmen; den Schwarzgelben mit ihren
Schattirungen von Mühlfeld bis Schuler treten vielleicht
nur die Stockpreußen bei, entweder um den eigenen Particu=
larismus zu wahren, oder — durch ein solches Ausscheiden
Oesterreichs sich die Hegemonie Deutschlands sicher zu stellen.
Wenn sich keine Vermittelung ausfindig machen oder durch=
setzen läßt, (Einverleibung des gesammten Kaiserstaates, Real=

12*

union ganz Oesterreichs, aber Garantirung aller Bundes-
pflichten ꝛc.), werden wir vermuthlich von Frankfurt abbe-
rufen. Es frägt sich aber dann, was die deutschen Länder
Oesterreichs thun, ob sie dem Ministerium Wiens sich zuwen-
den oder dem Parlamente Frankfurts; selbst ein Bürgerkrieg
mit Oesterreich wäre dann möglich. Meine Ansicht habe ich
noch nicht ausgesprochen, außer privatim bei guten Freunden,
besonders bei Schuler; diesem sagte ich: „Wenn keine Vermittelung durchgeht, so wird entweder das österreichische
Kaiserthum verstümmelt, oder das deutsche Reich. Du wählst
die zweite Verstümmelung, ich — die erste; der Kaiserstaat
ist ein zufälliges Konglomerat, Deutschland, einheitlich schon
durch die Natur, scheint seine Einigung mit unaufhaltsamen In-
stinkte zu urgiren." Ich wäre dafür, daß die österreichischen Bestandtheile des deutschen Reiches ohne Rückhalt mit diesem sich
einigen, wie jeder andere Bestandtheil desselben; engste Bande
mit den übrigen Bestandtheilen des Kaiserstaates bleiben ja
deßhalb immer noch möglich. — Schuler hält diese Frage
für so kolossal, daß er die Befragung der Committenten be-
absichtigt, und vielleicht zu diesem Zwecke nach Tirol eilt. —
Die Krisis wird in Bälde eintreten. Denn die Grundrechte
rücken nun rasch vorwärts, der Verfassungsentwurf ist vorbereitet, und die Zeit drängt, ihn in Angriff zu nehmen. —
Ueber Frankfurts blutige Ereignisse schrieb ich Hrn. M.; Du
kannst also dort den Brief nachlesen, wenn er ihn Dir nicht
ohnedieß, wie ich hoffte, mitgetheilt hat. Die Centralgewalt
bekam Gelegenheit, sich aus der Potentia in Actum zu über-
setzen. Die Einzelregierungen müssen froh sein, daß eine vom
Nimbus des Volkswillens umstrahlte Macht den mißliebigen
Kampf mit der Anarchie aufnahm und fortführt. Wenn
aber die Centralgewalt von den Einzelstaaten, resp. von Preußen
und Oesterreich preisgegeben würde, dann hätten wir zunächst
die Dreitheilung Deutschlands und sofort den Bürgerkrieg, Anarchie, Militärdespotie. Mit Dänemark bricht's wahrscheinlich wieder los, wenn nicht England ernstlich vermittelt.
Palmerston sitzt in der Klemme: hilft er uns, so werden
wir ihm zu stark; hilft er den Dänen, so raubt ihm Rußland
den Preis des Dankes vorweg. Wird man temporisiren??
Jedenfalls hat Preußen zum zweiten Male die Centralgewalt
belogen und betrogen, und diesmal zum Glück so unverhohlen,

so sonnenklar, daß es gezwungen ist, nun selbst gegen Dänemark den Schein des Ernstes anzunehmen, und dienstfertig die unmittelbaren Bevollmächtigten der Centralgewalt zu unterstützen.

Das dringende Ersuchen Sr. kais. Hoheit, des Erzherzogs Johann, den Grafen von Meran in der Religion und allenfalls auch in der Geschichte zu unterrichten, lehnte ich ab, weil ich wirklich mit Bestimmtheit nicht wissen kann, wie lange hier meines Bleibens ist. Ich besuchte ihn auch lange nicht mehr. — Er hätte in den Zeiten der Gefahr zu schädlicher Milde sich geneigt gezeigt, aber Schmerling trieb zur Energie. So sagt man. Andere schreiben das Verdienst dem Reichsverweser selbst zu.

Was den vielbesprochenen Einbruch in die Paulskirche anbelangt, so verhält sich die Sache so. Vor den Pforten stand Militär. Gagern fand dieß unwürdig, und befahl, daß sich dasselbe in die Nachbarschaft zurückziehe. Ich mußte mich um zehn Uhr schon durch die dichteste Volksmenge durchdrängen, zu meinem großen Erstaunen. Etwa gegen Mittag donnerte Getöse am Eingange in's Centrum. „Ueberfall! Ueberfall!" scholl es; Diener und Abgeordnete warfen sich auf die Thorflügel und schoben sie und den Drang der Menge zurück. Riesser von Hamburg, ein dicker Advokat, war von derselben gleichsam in der Luft herangetragen und herangeschoben worden, wie ein Felsstück auf dem Rücken eines Wildbaches. Dieser versicherte, das Gedränge habe nicht nur den nächsten Platz, sondern die ganze Gasse gefüllt. Die Deputirten waren von ihren Sitzen aufgesprungen, und die meisten schrieen und fluchten und schienen zum Widerstande entschlossen. Der Präsident rief mit Donnerstimme: „Keiner verlasse seinen Platz!" Das Militär schritt ein, die Ruhe war im Nu wiederhergestellt. An der Pforte sah ich tiefe Narben von Stößen. Späterer Versicherung zufolge waren sehr Viele auf der Gallerie mit Pistolen und Steinen bewaffnet, um den Angriff von oben herab zu unterstützen. Niedermetzelung der ganzen Versammlung, selbst der Linken mit nur wenigen Ausnahmen, sei beantragt gewesen. — Die Linke sprüht von tödtlichem Hasse gegen Gagern. Er wird zur Zielscheibe aller nur denkbaren Angriffe in und außer der Paulskirche gemacht. Seine Riesennatur scheint zu erliegen. Wir besorgen seinen Rücktritt. Er wäre unersetzlich. Er wiegt mehr als das ganze Parlament. —

Am 27. September waren Schuler, Beba (Weber) und ich in Speyer. — Der Dom daselbst ist im eilften Jahrhundert gegründet worden. Schraudolph und Schwarzmann verherrlichen ihn jetzt mit prachtvollen Gemälden. Der Letztere wuchs neben mir in Landeck auf, vulgo „der Schmiedtoni's Bue." Er ist nun der erste Dekorationsmaler Deutschlands, ein genialer Künstler selbst in diesem scheinbar niedrigen Fache; das schönste Privathaus Münchens ist sein Eigenthum, und eine liebenswürdige Gattin mit holdseligen Kindern sein Glück. Er suchte mich hier auf, wir sind nun Freunde; auch Schuler schloß mit ihm den Bund der Freundschaft.....

Dich umarmt Dein Freund   Flir.

Frankfurt, 15. Okt. 1848.

Theuerster Freund!

Vorgestern ging ich sehr melancholisch nach Hause, und hier im Zimmer war mir zu Muthe, wie wenn ich in einer Grabesöde läge.

Gestern kam der jüngere Adjutant des Hrn. Erzherzogs Johann und fragte nach Dir. Ich meldete Deine Abreise und setzte mit Nachdruck bei, daß dieselbe nicht mehr verschoben werden konnte. Er forderte mich auf, zum Erzherzog zu gehen. Ich antwortete: „Ich bitte um Entschuldigung; ich bin kein Politiker." — Weil eben auch Gspan bei mir war, um sich nach Dir zu erkundigen, schob ich die Einladung diesem auf den Hals. Ich fragte ihn nach der Audienz, was denn an der Sache gewesen? „Nichts!" antwortete er und schöpfte ungeduldig seine Suppe.

Heute sollte ich den Unterricht des Grafen von Meran beginnen. Der junge Herr litt an Rheumatismus. Der Oberst Fr. sah mich und sagte, der Erzherzog wünsche mich zu sprechen. Was war's nun? Ich meldete nochmals Deine Abreise und entwickelte die Gründe. Er billigte Deinen Schritt mit auffallendem Antheile und mit Wärme. Denn fragte er mich traulich: „Was glauben Sie, wer wäre jetzt am ehesten im Stande, Tirol zu leiten?" Ich nannte Dich und setzte abermals die Gründe auseinander. Seine Augen funkelten, das Gesicht röthete sich, und er sprach mit Nachdruck: „Das freut mich, mein lieber Flir! Das ist recht! Das freut mich außerordentlich!" — Ob sich nun Folgen daran knüpfen, weiß ich nicht . . Sch . . . g suchte in Olmütz bei Sr. Maj. dem Kaiser eine Audienz nach; er wurde nicht vorgelassen; hier bewarb er sich um eine Mission; man achtet seiner nicht.

Nun noch eine Neuigkeit! — So eben erhielt ich einen Brief Schenach's. Sofort entschloß ich mich zur Heimkehr. Ich reise jedoch, weil ich das Geld schon erhob, wahrscheinlich erst am 24. ab . . .

Innsbruck, Aschermittwoch 1849.
(An einen Freund in Frankfurt.)

— Die Adresse nach Bayern wurde gestern von W. verfaßt, wird heute circuliren, und hoffentlich morgen abgehen. Die Verspätung wurde durch die Faschings-Zerstreuung veranlaßt, zum Theil durch meine Unpäßlichkeit. Ich konnte vorgestern unmöglich etwas schreiben. Uebrigens kann man jetzt auch noch die Reichsräthe mitaufnehmen. — Am vorletzten Montage feierten wir Sch . . . s Kreuzchen in H. und verspäteten uns dermaßen, daß wir nicht mehr zur Versammlung (des monarchisch-konstitutionellen Vereins) kamen. Vorsorglich hatte ich Hrn. K. ersucht, zu präsidiren. Er war jedoch nicht ganz glücklich. Es wurde nämlich W..s Aufsatz in Bezug Kremsiers und Wälschtirols vorgelesen. Die beiden Gubernialräthe erklärten sich dagegen: es sei unklug, eine so lebhafte Sprache zu führen u. s. w. G. opponirte auf's heftigste, M. schonte ebensowenig die Worte, und es wurden die beiden furchtsamen Herren ordentlich in's Kreuzfeuer genommen. Alle Stimmen für, nur die zwei Gubernialstimmen dagegen. K. brachte mir Tags darauf die Schrift und klagte mir die Noth und rieth mir den Aufsatz ja nicht in den Druck zu geben. Ich berieth mich mit W., empfahl einige leise Milderungen und drang darauf, den Beschluß zu respectiren. Was geschah? Kaum witterte dieß K., so eilte er zu Schumacher und forderte die Unterdrückung des schon gedruckten Aufsatzes. Schumacher kam zu mir, wegen eines neuen, rasch entlehnten

Artikels zu consultiren. Ich bat ihn, den Aufsatz ohne Rücksicht auf K. zu veröffentlichen. Dieß geschah und zwar zu großer Zufriedenheit des Publikums. Die feurige Schreibart, W.s gefällt. K. selbst ließ von seiner obstinaten Aengstlichkeit ab, vermuthlich nachdem er sich gedeckt und mich vorschieben konnte. — Der Aufsatz an die Wahlmänner floß aus K.s Feder. Wahrscheinlich wollte er diesen zuerst den Triumphzug machen lassen und fürchtete die Konkurrenz. Vorgegeben hat er jedoch ein Schreiben Stadions an Bissingen, worin Jener darauf bringt, daß man in Tirol ja nichts Aufreizendes gegen Wälschtirol kundgebe, er werde für Alles sorgen u. s. w.

Aus dem Oberinnthale bekam ich äußerst nachdrückliche Briefe, ich solle nach Frankfurt zurückkehren, eine neue Wahl koste tausend Gulden. Ich erklärte und rechtfertigte die Sachlage und war so boshaft, beizufügen, nach meiner Ansicht sei St. zum Hinausgehen verpflichtet, denn er habe die Wahl als Ersatzmann nicht abgelehnt. Was nun geschehen wird, weiß ich nicht. Die Wahl wurde, wenn ich nicht irre, auf morgen ausgeschrieben. Die Leute sind des vielen Laufens und Wählens schon völlig müde; zudem jammern sie wegen der Unkosten. Populär ist bei uns nur der Landtag. Kremsier und Frankfurt liegen geistig noch entfernter als physisch . . .

Das Tagesgespräch ist jetzt die Adresse der wälschen Armee. Mich freut es von Herzen, daß die braven Krieger durch die Dummheit eines Kremsierers Gelegenheit bekamen, dem elenden Reichstage vor aller Welt ihre Meinung zu sagen und auf die schändliche Kränkung die geeignetste Erwiederung zu geben. — Die römische Republik hält man auch bei uns, wie wohl überall, für die lang erwartete Krisis. Der Papst wird noch vor dem Palmensonntage in Rom den Alleluja-Einzug feiern.

Dem Vernehmen nach wird nun vom ständigen Ausschusse in Verbindung mit drei Vertrauensmännern die Universitätsfrage in Angriff genommen. Vor Allem muß man auf Brixen und Trient zu wirken suchen. . . .

Man erwartet in nächster Zeit die vorbereiteten Reformen in unserer Beamtenwelt — im Gubernio, bei den Kreisämtern u. s. f. Bissingen hat den Wälschen in Kremsier sehr deutlich seine Meinung gesagt. Ihre eigentliche Conspirirung mit Carlo Alberto müße Jeder durchschauen, der offene Augen habe.

Als Depretis beprecirte und seine und seiner Freunde Loya-
lität betheuerte, sagte er ihm: „Weil Sie mich dessen versichern, muß ich's wohl glauben. Es wird mich freuen, wenn
ich nicht gezwungen werde', gegen Wälschtirol jene strengen
Maßregeln zu ergreifen, zu denen ich bevollmächtigt bin." —
Die energische Haltung Bayerns findet hier allseitigen
Beifall, auch bei Bauern. Oesterreich erhielt dadurch einen
rechtzeitigen, guten Dienst. Das preußische Kaiserthum wird
nun als Unmöglichkeit erscheinen, ohne daß Oesterreich diesen
Beweis führt. Unser Kaiser wird freilich auch nicht Kaiser
von Deutschland werden, wenigstens jetzt noch nicht. Es
müßten nur die republikanischen Tumulte zuerst das Terrain
rasiren. Die Nationalversammlung wird beschließen, was die
Fürsten im Kabinete diktiren; — revolutionär (durch die
Zurückweisung des Vereinbarungsprincipes) hat sie begonnen;
legal und servil wird sie enden. Ihre Biographie kann
nicht die rühmendste werden. Oder wird man die letzte Hal-
tungsweise als Resipiscenz erklären? —

Innsbruck, 9. März 1849.
(An Ebendenselben.)
Habe Dank für Dein liebes Schreiben vom 1. März.
Indem wir Dich sehnlich vermissen, sind uns Deine Briefe
ein erquickender Ersatz. Leider kam mir der letzte gerade am Tage
nach unserer wöchentlichen Vereins-Versammlung zu. Beinahe
eine Woche lang muß ich also mit der Vorlesung warten.
Indessen kann sich viel entscheiden, besonders wenn es wahr
ist, daß die drei Abgesandten Frankfurts eine positive
Antwort erhalten werden. — Daß auch in Schwaz und im
Pusterthale und im Wälschtirol die früher abbestellten
drei Nachwahlen anjetzo vom Ministerium befohlen worden,
wirst Du vermuthlich schon wissen. Das Ministerium wird
Euch nicht bloß zum Regiren so zusammenschaaren, sondern
zum Bejahen. —
Dr. Gr. schrieb mir neulich, er sehe mit allen Gutgesinnten
und Wohlunterrichteten dem seligen Ende des Kremsierer Reichstages entgegen. Er komme dann nach Tirol, die ruinirte
Gesundheit in den Heimathlüften und an unsern Bergquellen

wieder aufzurichten. H.'s Rede wird von den „Kath. Blättern"
mitgetheilt und mit einem Nimbus von Adoration umrahmt.
Man gedenkt unsern drei Landsmännern vom Kremsierer
Reichstage, K., H. und St., mit Kreuz und Fahnen entgegen-
zuziehen, und wir Frankfurter müssen mit aschebestreutem
Kopfe an selbigem Feste vor dem Eingange der Kirche knieen.
— W. sei hier! Die Frau v. K. versichert, ihn früh auf dem
Pfarrplatze gesehen zu haben, — sie grüßte ihn und er sie.
Wahrscheinlich eilte er in's Oberinnthal und nach Reutte, um
alle Verleumdungen niederzuschlagen. Indessen, wenn er hier
sichtbar wird, ergeht es ihm nicht nach Wunsch, und als sein
Nachbar werde ich vermuthlich das Vergnügen haben, eine
Katzenmusik zu hören. . . . Ob Dr. M. die Wahl nach Frank-
furt annimmt, weiß ich noch immer nicht. Die Vintschgauer
schmähen über mich unverhohlen, daß ich abtrünnig geworden.
  Neulich — so erzählte man mir — war die monatliche
öffentliche Versammlung des Kathol. Vereins im Konvikte.
Zum Schlusse bestieg Fürst H. als Gast die Tribune und ermahnte
die neue Redaktion des „Volksblattes", im Geiste der bisherigen fortzuwirken und sich durch das Geschrei der Thoren
nicht beirren zu lassen. Welch' ein Salbungspflaster auf des
Redakteurs verwundetes Herz! Dem Vernehmen nach wird
dieser von einigen Aerzten Innsbrucks mit einem Prozesse bedroht, indem Dr. B. (und in ihm auch seine Collegen?) durch
eine satyrische Erzählung angegriffen worden sei. Ein Bauer
geht in die Stadt, weil ihm gesagt worden, er bedürfe einer
Radikalkur. Er fragt demnach vor der Brücke nach dem radikalen Doktor. Das Haus wird ihm sogleich bezeichnet. Er
macht die Thüre auf ohne Anklopfen und grüßt: „Gelobt sei
Jesus Christus!" — „Grobian, tritt man so in's Zimmer?"
„Bei uns ist's halt so der Brauch" ꝛc. ꝛc. ꝛc. — Unsere Gesellschaft (monarch. konstit. Verein) bei der gold. Sonne hält
sich gut. Vier Gymnasial-Professoren sind das Letztemal aufgenommen worden. Wir debattirten bis fast Mitternacht! Der
Gegenstand war das Verhältniß Oesterreichs zum Zollvereine.
M. hatte sich in einem Vortrage (und in einem Artikel des
„Tirolerbothen)" dafür ausgesprochen; die „Presse" enthielt
einen Artikel dagegen. Dieser wurde vorgelesen und dann be-
sprochen. Pf. salbaderte etwa eine halbe Stunde lang, und
Niemand wußte der langen Rede kurzen Sinn. In hohem

Grabe zeichnete sich dagegen Dein Schwager aus. Er sprach so klar, so praktisch, so einsichtsvoll, daß es eine Freude war, ihm zu lauschen. Wir vereinten uns einstimmig für die Ansicht: erstlich müsse die Schranke zwischen Ungarn und Oesterreich fallen; dann könnte successive die Zollfreiheit mit ganz Deutschland eingeführt werden, unter der Bedingung, daß gegen Frankreich und England scharfe Schutzzölle bestehen. Wir ersuchten den lieben G., seine Gedanken zu Papier zu bringen. Wie mir Schnell sagt, hat er diesem die Materialien an die Hand gegeben, mit dem Ersuchen, sie zu verarbeiten. Auch in Betreff der Universität, technischen Schule, montanistischen Schule wurde von dem energischen G. ein Antrag gestellt, daß an unsere Deputirten in Kremsier eine Adresse erlassen werde. G., Pf. und P. wurden mit der Abfassung beauftragt. Die Vertrauensmänner der Universität wurden gewählt: W., L. und ich. J. hatte sieben Stimmen und ich neun . . .

Ich unterziehe mich diesem Geschäfte sehr ungerne, indem ich dem guten Fürstbischofe Verdruß machen muß. Denn vor Allem, wie ich glaube, ist die bedingte Zustimmung der Ordinariate zu erwirken . . . Novissima! Wie man erzählt, war unserm Statthalter in Roveredo eine musica felina zugedacht. Vorkehrungen schreckten. Man wollte sie auf der Straße entgegenbringen: Patrouillen hinderten es. Tags vorher stach ein Spitzbube nach einem Soldaten und streifte die Rippen. Der Soldat hieb auf's Ohr: heulend lief der Hallunke nebst zwei Consorten davon. Drei Compagnien gehen nach Wälschtirol. — Vale!

Innsbruck, am 21. März 1849.
(An Ebendenselben.)

Im patriotischen Vertrauen, daß mein Brief Euch noch in Frankfurt antrifft, entwerfe ich diese Zeilen. Nur der Mangel äußern Stoffes in unserem einförmigen Gebirgsleben war die Ursache meiner Briefpause. Deine Hoffnungslosigkeit ersah ich aus Deinem Schreiben an Th. . . . . Lassen wir uns indessen darüber kein graues Haar wachsen: Oesterreichs Anerbieten ist nicht so schlimm; zum Theil übertrifft es die Erwartungen der Gutgesinnten. Oesterreich wird in Betreff der Vertretung die nöthige Concession machen; Preußen kann die Kaiserkrone nicht acceptiren. Die höchsten Wünsche werden nicht erfüllt, aber die nächsten daran. — Die jüngst eingetroffenen Nachrichten bestätigen meinen Optimismus. Ich glaube, Schmerling that einen argen Mißgriff. Welker war von je ein ungestümer Sanguiniker. Denn daß so scheußliche Motive, wie man sagt, ihn bestimmten, glaube ich nicht. Man wird ihm bange gemacht haben um seine staatsmännische Ehre, und so wird er die letzte Stunde des Tages noch hastig in die krampfhaften Hände genommen haben. Doch der Ruhm seiner politischen Weisheit ist nun zertrümmert. — Ob Ihr noch die Sache zu Ende bringt? Ich glaube: scheinbar. Doch dann kommt die Ueberarbeitung. — Verzeihe mir's, wenn ich Dich ermüde und mit Ekel erfülle.

Gestern erschien der Bürgermeister von Innsbruck in unserm monarchisch-konstit. Verein. Er wurde gebührend begrüßt. Er hielt auf unsere Bitte einen sehr langen interessanten Vortrag: 1) über die Auflösung des Reichstages; 2) über dessen und des Ministeriums Stellung zu Deutschland; 3) über die Grundlinien der Verfassung Tirols; 4) über die Parteien und Persönlichkeiten des Reichstages. — Die oktroyrte Verfassung Tirols wird bald kommen. Das Ministerium beantragte für den Landtag 1/3 aus der höchsten Besteuerung, 1/3 aus den Städten, 1/3 aus dem Landvolke. Hiermit wird man schwerlich zufrieden sein. Wir beschlossen gestern, die oktroyrte Verfassung durchzudebattiren und, wo möglich, daraus resultirende Aufsätze der Oeffentlichkeit zu übergeben. Weil die Sache drängt, werden wir auch noch an jedem Freitage zusammenkommen. Du siehst, daß unser Eifer nicht erkaltet. Haßlwanter weilt noch in Wien — ich glaube wegen der Ablösung. — W. ist hier. Man spricht von einer bevorstehenden Katzenmusik ohne Tropus. Heute wurde in meiner Nachbarschaft ein Versuch gemacht. Um 3/4 5 Uhr früh klingelt es bei F. Er springt aus dem Bette und guckt herab. Er sieht einen Mann in dunkelm Mantel. Der Mann zog sich in's Durchhaus zurück; eine Katze schob sich in einem Sacke mühsam fort und miaute ganz jämmerlich. Wahrscheinlich galt es dem Redakteur des „Volksblattes." Denn dieser hat nun wieder einen Strauß mit einigen Aerzten.

In Pusterthal wurden für Frankfurt Klebelsberg und Haßlwanter gewählt, wer von Beiden zuerst, weiß ich nicht, dann Hr. v. Mitis. K. hatte 34 Stimmen; da erhob sich ein Geistlicher von Windischmatrei und betonirte. So fiel K. durch. Wie ich höre, steht heute ein Bericht hievon in der „Innsbrucker Zeitung." Heute ist Wahl in Schwaz. Wahrscheinlich wählt man Hrn. B. Der Statthalter (Graf Bissingen) begleitete neulich zu Pferd die zwei ausmarschirenden Haller Schützen-Compagnien und hielt ihnen vor der Triumphpforte eine moralische Anrede: sie sollten sich wacker halten und dem Lande Ehre machen. Man nahm es ihm sehr gut auf. Er ist überhaupt bisher noch sehr beliebt. — Der Handelsstand trug auf eine Handelskammer dahier an — obgleich die Bozner meinten, eine solche könne nur bei ihnen existiren.

Um vier Uhr ist bei mir hier Conferenz wegen der Universitätsfrage. Die niedere und bloße Chirurgie ist nun im ganzen Staate aufgehoben, d. h. an den Lehranstalten. Dieß gibt uns ein Heft in die Hand. Die Ordinariate werden wir schwer bestimmen. Morgen ist Sitzung im Landhause. Von Tirol hat man hierin wohl wenig zu hoffen. Denn die Ansicht des Klerus hat sich gegen die Universität gestellt; Bozen und Meran und Wälschtirol denken nur an sich — was wird so herauskommen? Doch — stürmen muß man — und gibt's auch Beulen statt Breschen. — Es wird ein Schulrath Tirols errichtet für das ganze Schulwesen bis zur höchsten Klasse des Gymnasiums. Für das Technische habe Bissingen den Professor Böhm im Auge.....

Nun lebe wohl! Grüße mir alle Freunde und besonders Beda Weber, dem ich für seinen sehr werthen Brief herzlich danke.

Dein Freund Alois Flir.

Innsbruck, am 30. und 31. März 1849.
(An Ebendenselben!)

Unsere Briefe waren vermuthlich gleichzeitig auf dem Wege und schossen an einander vorüber. Wir sind Dir für jede Zeile um so dankbarer, weil wir wissen, wie wenig einladend Deine Frankfurter Verhältnisse zum Briefeschreiben sein können, und an wie Viele Deine Briefe sich vertheilen müssen. — Was sagst Du zur Selbstauflösung unsers Vereins? Unser Beschluß war einstimmig. Polizei-Com-

missär, Oeffentlichkeit, keine antiministerielle Ansicht, keine Zweig=
vereine, Drohungen und Strafen in Fülle — — — was
war da Anderes zu thun? Die kurze Erklärung im „Tiroler=
bothen," die denn doch nicht so ganz in den Kehrwinkel hätte
gesetzt werden sollen, floß aus K.'s Feder. Die Antithese
zwischen unserm löblichen Unternehmen und der Unmöglichkeit
der Fortsetzung desselben enthält allerdings einen stacheligen
Tadel gegen das Ministerium. Pillersdorf und Dobbl=
hof waren zu schwach, Stadion und Schwarzenberg
sind nur zu energisch. — Wir kommen nun als „namen=
lose Gesellschaft" alle Montage, wie bisher, zusammen, und
sollte sich ein Späher beigesellen, so werden wir so viele Nüsse
fallen lassen, daß der Hamster den Wanst voll davontragen
kann. — Der katholisch=konstit. Verein besinnt sich
noch. Das Politische wird er wohl ausscheiden, und von
Mainz wird er sich wieder trennen müssen.

Am vorletzten Donnerstage war Sitzung im Landhause
wegen der Universität. Es wurde eine Zuschrift an das
Ordinariat Brixen beschlossen — mit dem Verlangen einer
bedingten Zustimmung. — Zugleich bot Dr. Kl. im Namen
der Stadt für das Convict, welches zu einem Gebär= und
Findelhause wie geschaffen sei, 70,000 fl. an, natürlich eben=
falls nur bedingnißweise. — Das Projekt eines neuen
Bisthums (für Nordtirol, mit dem Sitze in Innsbruck)
mit der Universitätsfrage in Verbindung zu bringen, verbat
man sich nachdrücklichst. Zur Basis der Besprechung hatte
man R.'s Ministerialbericht genommen, worin unter Anderm
auf die Aufhebung des Klosters Wilten hingewiesen war!!

Der Hr. Bürgermeister hat sich nur zweimal bei unsern
Vereinssitzungen eingefunden; er wurde zum Vorsitzenden
erwählt, überließ jedoch die Funktion der Selbsterdrosselung
dem Stellvertreter K. — H. läßt nicht viel von sich hören.
Das Ministerium hat ihn zu einem gefährlichen Geschäfte
beigezogen. Die oktroyrte Landesverfassung wird
gewiß vielfach anstoßen; H. wird der Sündenbock sein. Ent=
spricht jedoch die Verfassung allen Wünschen, dann wird er
allerdings beim nächsten Landtage Dein wichtigster Rival in
Bezug des Präsidentenstuhles. Ein günstiges Geschick scheint
Dich nach Frankfurt geführt zu haben, sonst wärst Du
ganz sicher mit der Ehre betraut worden, die Kastanien aus

dem Feuer zu holen. H. hat für das Land viel gethan, aber als Präsident wäre er denn doch nicht ganz geeignet. Es steht ihm noch ein anderes Hinderniß im Wege: das Ministerium scheint durchaus vermeiden zu wollen, daß das Uebergewicht auf die ungebildete Menge falle. Aber nur Briareus ist H.'s Bundesgenosse.....

Vom Eingange des Sieges-Bülletins (Schlacht bei Novara) brauche ich Dir wohl nicht zu schreiben. Man bedauert nur den Abschluß des Waffenstillstandes. — Und denke, während Alles glüht und bewundert und jubelt, kommt vorgestern früh ein Kaiserjäger zu mir und frägt mich, ob er Gewissens halber dem Regimentsarzte Etwas in die Hand drücken dürfe, um als Kränkler nach Hause entlassen zu werden. Er ist von S. und war weiland mein Ministrant in der Kirche. Schon vor zwei Jahren hatte er mich ängstlich gefragt, ob es wohl keinen Krieg geben werde, und ob ich ihm nicht Urlaub auf immer verschaffen könnte ꝛc. ꝛc. Der Bursche war in Mailand mitten im Feuer, und noch so unkriegerisch, wie im Anfange! Naturam expellas furca, tamen usque recurret! —

Nun Etwas ganz Anderes. Günther und Veith gaben ein philosophisches Taschenbuch heraus, „Lydia" betitelt. Es ist hiemit die biblische Purpurhändlerin gemeint, welche zuerst Heidin war, dann Proselytin wurde (Anbeterin des Jehova), dann Christin, und zwar die erste in Europa. Sie soll nun Symbol der deutschen Philosophie sein, welche ebenso drei Stadien habe. Die Aufsätze sind theils philosophisch, theils theologisch; überrascht haben mich zwei ästhetische, „über das Geheimniß des Schönen" (gegen Gubitz), und über das Drama. Der letztgenannte Aufsatz ist so seicht, wie ich fast noch nie es gefunden. Der Verfasser M... ist mir unbekannt. Der andere Aufsatz sucht die Feuerbach'sche Ansicht, der Mensch fühle an dem, was seinem Wesen entspreche, sich selbst, und in diesem Einklange bestehe das Schöne — diese Ansicht also sucht Günther in Widersprüche aufzulösen. Aber ich finde die Gedanken des Gubitz jedenfalls viel tiefsinniger, als die Sudeltheorie, womit Günther den Leser abspeisen will: der Mensch habe ein Wissen, ein Gewissen, ein Gefühl (=Geschmack). Was nun ein angenehmes Gefühl errege, das heiße „schön." Wie undialektisch! wie flach! Günther

muß den Humor beiziehen, um mit deſſen Harlekinkleide die
Blößen ſeines Denkens zu bergen. In den übrigen Blättern
ſah ich eine Viertelſtunde lang nach, und warf das Buch weg.
Ich ſage Dir, lieber verzichte ich auf alle Philoſophie, als
daß ich mich mit dieſem Schematismus Günthers begnüge —
eine zerriſſene Welt, Geiſt und Natur blos zuſammenkommend,
wie zwei ſich begegnende Handwerksburſchen, und den himm=
liſchen Vater außer und über der Welt, daß man nicht weiß,
wann er das Firmament über uns eindrückt. Günther nennt's
„transcendentale Allgegenwart Gottes," d. h. eine ſolche, die
kein reelles Daſein iſt. Günther ſoll Herbartianer wer=
den — dort löst ſich ihm Alles in Brocken auf, und dort iſt
conſequent durchgeführt, was bei ihm nur ſtümperhafter An=
fang. Ich lobe mir die Einheit in der Vielheit und denke
mir's zurecht, ſo gut ich's vermag. Wenn man zu denken
wagt, ſo muß man doch Reſpekt haben vor Hegel — aber
Günther und Herbart ſammt Genoſſen — was ſind ſie?!....

Innsbruck, am 18. Auguſt 1852.
An einen Freund in Rom.

Daß ich Dich in Bälde zu ſehen und zu umarmen hoffe,
iſt Dir vielleicht keine Neuigkeit mehr. Mein Dir lang be=
kannter Wunſch, als deutſcher Prediger Rom zu ſchauen, iſt
nicht geſtorben; die ſchönſte Gelegenheit bot ſich zu ſeiner
Verwirklichung dar. Der Herr Miniſter Thun ließ mir
bereits privatim eröffnen, daß er mein Geſuch bei Sr. Majeſtät
beſtens empfehle. Ich erwarte nun von Tag zu Tag die kai=
ſerliche Beſtätigung des miniſteriellen Vorſchlages. Urſache
des leichteren Ganges der Sache iſt dies, daß jetzt für mich
kein Supplent mehr nothwendig iſt, indem die philoſ. Fakultät
in Olmütz aufgelöst und der Profeſſor meines Faches nach
Innsbruck verſetzt worden iſt. Nach dem jetzigen Studien=
plane ſoll jedes Fach der Univerſität, wo möglich, zwei
Profeſſoren haben. Ueber dieſe und andere Einrichtungen
werden wir, ſo Gott will, mündlich ſprechen. Gerne hätte
ich Dich vor meiner Bewerbung noch um Rath gefragt,
aber es war keine Zeit zu verlieren. Man ſagte mir, der
ausgezeichnete P. Steger habe die Stellung beſtens geordnet.

Gaßner billigte mein Vorhaben vollkommen. Einige Beschwerden würde ich gerne dulden, um das Heilige und das Schöne zu erlangen. Ich bin zwar ziemlich auf Jahren, nächstens 47; meine Haare sind dünn geworden, jedoch an **geistiger Kraft** fühle ich eher ein Reifen als ein Altern: vielleicht täusche ich mich jedoch hierin. Wenigstens hoffe ich mit Gottes Hülfe das Predigtamt noch erträglich zu führen. Ich predigte heuer auf Geheiß des Bischofes an Sonn- und Festtagen in der hiesigen Jesuiten-Kirche neben sehr gehäuften Amtsgeschäften; desto leichter werde ich ohne diese Last dieselbe Arbeit verrichten. Der Quietismus konnte sich meiner noch so wenig bemächtigen, daß ich schon im Traume einen Ausflug nach Griechenland und selbst nach Palästina mache.

Um was ich Dich jetzt bitte, das ist Folgendes: habe die Liebe und schreibe mir, wie ich etwa am besten die Reise mache und was ich etwa noch thun kann, um mich darauf vorzubereiten, wie meine Stellung in Rom sein wird ꝛc. Ich werde mich dort hauptsächlich Deinem Freundesherzen anschließen und in möglichster Stille meine Zwecke verfolgen. Wie freue ich mich auf **Overbeck**! Ihr Künstler müßt mir über die Kunst Aufschlüsse geben; ihr habt denn doch darüber das klarste Licht. Eine **christliche Aesthetik** zu schreiben, mit eurer Hülfe, ist mein Ziel.

Deinen Brief, der das mehr als dreijährige Stillschweigen unterbrach, habe ich erhalten, und nur in der Absicht, Dir recht viel zu schreiben, verschob ich unter der Wucht meiner Geschäfte die Beantwortung. Deine „Magdalena" hat mich **entzückt**. Die paar Zeilen im Tiroler-Bothen waren, wie Du im Briefe an Unterberger vermuthest, wirklich von mir. — Meine „Manharter" enthalten in Betreff der Dinge zu Rom einige Unrichtigkeiten, woran ich unschuldig bin. Gaßner überlas jene Partie des Manuskriptes. Ich betrachte diese Arbeit nur als eine Nebensache und bin weit entfernt, darauf ein Gewicht zu legen. — Man drang in mich, auch die Austreibung der **Zillerthaler** zu beschreiben. Hoffentlich erlöst mich die Reise nach Rom von diesem Geschäfte. Reicht die Muße noch aus, so schreibe ich die rohen Entwürfe zu meinen Vorträgen über Göthe's **Faust** in's Reine. Daß ich den Göthe vergöttere, setztest Du irrig voraus; ich bestrebte mich nur, möglichst unbefangen in des Dichters Geist einzublicken und seine innersten Intentionen beim Einzelnen und Ganzen darzustellen. Göthe erschien so bei weitem nicht als mein Ideal, aber als ein Mann, dessen Genialität ich anstaune und dessen Naturalismus sich zu einer Höhe hinaufrang, wo er das Uebernatürliche postulirt und dem frivolen Gesindel zur ernsten, strengen, hehren Predigt wird. Was man bei ihm als Zote angesehen hatte, wandelte sich in Satyre gegen das Zotenhafte und Gemeine um. Die Walpurgisnacht erklärte ich in der hl. Fastenzeit — und ich glaube, nicht gegen den Geist jener hl. Zeit. — Was das Jahr 1848 anbelangt, so werde ich Dir Alles mündlich erzählen. Ich war sehr aufgeregt, aber mein Schutzengel hat mich vor Abwegen ziemlich gesichert. Pedanten haben mir einiges Erlogene nachgesagt, z. B. ich hätte die Studenten aufgewiegelt! Meine vielbesprochene Anrede im Löwenhause hatte die Beruhigung zum Zwecke und zum Resultate, und daß ich den Studenten in der Nacht zuging, geschah im Auftrage des Gouverneurs. Die Studenten wollten einen Angriff auf das Jesuiten= Kollegium machen. Ich hielt sie davon ab. Als ich Tags darauf vom spätern Einbruche einer kleinen Rotte von Wäl= schen in ein Schulzimmer der Jesuiten hörte, verlangte ich den Ausschluß dieser Elenden von der Studentenschaft. Da war meine Popularität dahin. Zum Lohne dafür sagten dann selbst Ordensmänner: Ich hätte aufgewiegelt! Basta! . . . . .

Schuler ist im Achenthale. Er gilt jetzt als der Führer der Stocktiroler, und ist der Liebling der Schützen und des Klerus. Desto schwärzer ist er bei den Beamten und in Wien. — Hellweger malt am Altarblatte für die neue Kirche in Silz. Eine Kritik von mir über sein Altarblatt in der Pfarrkirche dahier hat mir (vor zwei Jahren) vieles Zürnen und Schmähen verursacht; Hellweger selbst nahm's mit edler Ruhe an.

Wien, den 8. Februar 1853.

Innigst geliebter Freund!

Morgen am Aschermittwoch — kommt nach meiner Be= rechnung mein Brief an Sch. in Innsbruck an; er wird Dir

ihn mittheilen, wie Du den gegenwärtigen, den ich eben ent=
werfe . . . Seit dem 4. d. Mts. war ich nicht mehr beim Hrn.
Minister. Seinem Wunsche gemäß besuchte ich das There=
sianum. Am Samstage war leider! nichts Rechtes mehr zu
hören; ich zog den juridischen Vorlesungen die philosoph. des
Hrn. Prof. X. vor! Was mich in seinen Hörsaal zog, war die
Neugierde, ihn zu sehen. Ich erschrak, als ich sah, wie er
gealtert war. — Er las und sprach über Jacobi. Von
den 9 Zuhörern schlummerten 3, zwei hatten eine andere
Lektüre, die Uebrigen diskurirten oder faullenzten. Ich selbst
erwehrte mich des Schlafes nur mit Mühe. Der Vortrag
war kläglich. Er blickte meistens, wie die Henne beim Futter,
aufzuckend zum Oberboden, und wie es scheint, blieb ich un=
bemerkt. Nach der Vorlesung stellte ich mich ihm vor, und
wir gingen miteinander den weiten Weg bis zum Stephans=
Platz. — Ob ich nach den Faschings=Ferien noch Muße haben
werde, Vorlesungen zu hören, weiß ich nicht. Mich juckt's
nicht darnach; denn der Weg ist garstig. — Diese freie Zeit
verwende ich auf Besuche. Am 4. ging ich zu A. Die Magd
hieß mich warten, bis sie mich angemeldet habe. A. stürzte
mir freudig entgegen. Er ist etwas bleich geworden; er scheint
zufrieden zu sein. Bei Thun gilt er äußerst viel. Dieser
äußerte, A. sei mit der ganzen Angelegenheit, für welche
ich arbeiten werde, bereits vertraut, und ich könne dort
vorläufig Genaueres hören. Zuhörer hat er zwar nur 50,
aber diese sind mit Leib und Seele sein. — Hrn. Phillips
sah ich nur im Vorzimmer des Ministers. Er verbat sich den
Titel Hofrath; er war sehr freundlich und erkundigte sich um
euch mit Theilnahme. Wie in Innsbruck, lehnt er auch hier
alle Einladungen der frommen Vereine ab. N. erblickt in
einigen derselben Ablagerungen des Radicalismus, indem
junge Brauseköpfe gegen kirchliche und weltliche Behörden
die Rechte der kirchlichen Freiheit geltend zu machen suchen.
— Thun erklärte den Phillips als den Professor nach
seinem Wunsche; gegen Andere ist er verstimmt. Denn Thun
ist innig religiös und geschichtlich; die Josephinische und ratio-
nalistische Richtung haßt er. — Man sucht einen Nachfolger
Grauert's für die Weltgeschichte. Wahrscheinlich wird
Höfler hiehergezogen. — Auch Schenach kann sehr leicht
einen Ruf hieher bekommen, denn Lott, von dem übrigens

A. mit Achtung spricht, kränkelt und befindet sich auf Urlaub in Venedig . . . .

Gestern Abends war ich in sehr angenehmer Gesellschaft: Tr. lud mir zu Liebe die Hrn. **Günther**, Dr. Seb. **Brunner**, Dr. **Kr**.. und **Br**... — (Güntherianer) zu sich ein. Man war sehr ungenirt und munter. Brunner ist ein junger, großer, lebhafter, humoristischer Mann, bisher Kooperator in Lerchenfeld, seit einigen Tagen Operarius an der Universitäts-Kirche. Ich gewann ihn sehr lieb. Kr.. ist der Verfasser der „**Fäuste**", ein magerer, schwarzer, gallichter Mann von etwa 38 Jahren; er ist Günthers unzertrennlicher Begleiter. Br... war mit Schenach und mit mir in dem ersten Kurse der Theologie; er erinnerte sich noch an uns. Auf dem Heimwege wollte er mich zum Güntherthum bekehren und zwar in einem so schulmeisterlichen Tone, daß ich des Lachens und der Sarkasmen mich nicht enthalten konnte. — Günther, jetzt siebzig Jahre alt, ist bleich, aber noch rüstig; er sprach nach seiner Art wenig, war jedoch sehr freundlich und heiter. Man sprach über **Veith**, München, Tirol ꝛc. Veith hat in Prag keine natürliche Stellung. Die Freunde wollten ihn nach Wien zurückziehen, aber man brachte keine genügende Anzahl von Unterschriften zusammen . . . . .

Wien, den 11. Februar 1853.

Innigstgeliebter Freund!

Um diese Zeit spazierte ich oft auf dem Quai am Inn mit Dir, mein Lieber, auf und nieder. Es ist eben neun Uhr Abends. — Ich hoffe, bald wieder bei Dir und den andern lieben Freunden zu sein. Denn so eben brachte Dr. **Gredler** die Nachricht, das Kriegsministerium sei aufgehoben; vermuthlich ist auch dem Ministerium des Kultus und Unterrichtes der Stab schon gebrochen. — Graf **Thun** kommt mir vor wie der troische Hektor: schon sein Aeußeres hat das Gepräge eines geistigen Adels, der nicht umsonst melancholische Züge trägt. Wenn er sich noch einige Zeit hindurch hält, so verdankt er es nur seiner Beliebtheit bei Hof und dem Umstande, daß man denn doch den alten Morast des

Studienwesens nicht wieder hereinwogen lassen will. Ob die
Arbeit, mit welcher ich hier beauftragt bin, noch begonnen
wird, weiß ich nicht; ob sie, wenn sie begonnen wird, zu
Ende gebracht wird, ist mir noch ungewisser; daß sie aber
den Charakter einer Kapitulation annehmen wird, wenn sie
zu Stande kommt, unterliegt keinem Zweifel. Retten lassen
sich nur die Penaten der Lehrfreiheit; die Lernfreiheit
wird sich wohl nicht halten. — Fällt das Ministerium, dann
steht die Universität unter dem Bureau. —

Heute hörte ich Vorträge von —r und —n Der Erstere
ist ein Mann von beiläufig 54 Jahren, eine gewaltige Perrücke
deckt sein gelehrtes Haupt; der vorgeschobene Mund ist mir
ein Ausdruck der Redseligkeit. Er spricht den gemeinen Kölner
Dialekt, und sein „och" und „uf" erinnerte mich oft an
Raveaux. Der Vortrag ist gewandt, aber etwas weit=
schweifig; der Inhalt war gut. Er erklärte den Brutus des
Cicero, etwa zwanzig Zeilen ohne Uebersetzung, welche schon
vorausgegangen war. Bei zwei Behauptungen war ich nicht
einverstanden: einmal wo er sagte, Cicero sei kein Rechtsge=
lehrter gewesen und dann bei einer lecken und ganz unnoth=
wendigen Aenderung der Leseart. Ich konnte mich bei diesem
zweiten Punkte nicht enthalten, dem Studenten, der mich in
sein Buch blicken ließ, in das Ohr zu flüstern: „Hiemit bin
ich nicht einverstanden." Am Schlusse der Stunde erklärte
ich ihm die Stelle nach der herkömmlichen Leseart, ohne mich
zu erkennen zu geben. Der Student sagte mir, —r sei ein
gelehrter Mann, aber ein Pedant, und Manches könne ein
Unbefangener nicht billigen. — Zuhörer waren etwa 28. —
Mein Nachbar sagte mir, wenn ich auch noch den Prof. —n
hören wolle, so solle ich den Platz nicht verlassen, denn da
sei der Zudrang groß; der Vortrag sei entzückend, besonders
wenn er übersetze; der ganze Mann sei die Wonne der Stu=
denten. Du kannst Dir denken, daß ich sehr gespannt war
auf die imposante Erscheinung. Tags vorher ging ich mehr
als eine halbe Stunde lang auf kothigen Wegen, um —n, von
dessen Adresse ich nur die Hausnummer wußte, aufzusuchen.
Er war nicht zu sprechen; ich gab mein Billet ab. Nun wie=
der zurück zum Hörsaale. Die angekündigte Menge sammelte
sich nicht; höchstens 4 Zuhörer waren der ganze Zuwachs.
—n ist ein junger Mann von etwa 36 Jahren, mittlerer

Statur, aber sein Aeußeres ist durchaus nicht so angenehm, wie man mir gesagt hatte; das Gesicht ist ohne Spur eines höhern Inhaltes, er kommt mir vor wie ein Geschäftsmann. Rasch ging er auf die Kanzel los. Als er dieselbe erreicht hatte, redete er schon, an die Brüstung gelehnt. Fortsprechend zog er nach einiger Zeit den Ueberrock aus; nach der Hälfte der Stunde ging er zur andern Seite der Kanzel und lehnte den linken Ellenbogen auf, er stand immer und sprach immer, Citate entnahm er, wie —r, seinen Aufzeichnungen. Er trug griech. Archäologie vor. Der Inhalt war ganz und gar nichts Besonderes, die Behandlung sehr mittelmäßig, der Vortrag ohne Leben und ohne Flüssigkeit, zerhackt, zerbröckelt. Die Wirklichkeit blieb weit und in Allem unter meiner Erwartung. Glaube nicht, daß ich aus Antipathie spreche, d. h. aus übler Gesinnung, — ich hätte sehr gerne einen tüchtigeren Lehrer gehört. Seinen Kenntnissen will ich nichts Tadelndes nachsagen: die Achtung, in der er steht, muß ihre Gründe haben. Die Studenten ziehen —n dem —r weit vor; ich aber gebe dem Letztern in Allem den Vorzug, insoweit ich aus je Einem Vortrage urtheilen darf. — Auf A.'s Thüre des Hörsaals fand ich den Zettel — er sei unpäßlich. Ich war übrigens nicht Willens, ihn zu hören, weil er es vielleicht nicht gut gedeutet hätte, denn er wußte, daß ich von Thun beauftragt im Theresianum weile. Im Geschäftsleben gibt's keine Freundschaft mehr; ich hätte ihn gerne aus Neugierde und aus Freundschaft gehört; er — hätte den Einfall bekommen, ich wolle sein Aufpasser sein. Kurz — ich dachte nicht daran, ihn zu hören. Einen Umstand muß ich jedoch berichtigen. Ich schrieb an Freund N., A. habe nur 50 Zuhörer. A. sagte mir nun, er habe 115; aber im Hörsaale erschienen allerdings nur 50. —

Meine bisherigen Besuche im Theresianum machten auf mich einen Eindruck, wie ein Gang auf den Friedhof: Alles ist trüb, gedrückt, stumm. Die Pulse könnten hier erstarren. Ich fragte A., ob er denn hier leben d. h. glücklich leben könne? Er antwortete, er füge sich in sein Schicksal.

Vor zwei Tagen machte ich meine Aufwartung beim Weihbischofe Zenner. Er kannte mich nicht mehr — beim ersten Anblicke; als ich mich nannte, war er freundlich im Uebermaß. Auch beim Erzbischof Milde war ich. Du siehst, daß ich ordentlich umrolle. Er nahm mich mit ganz besonderer Auszeichnung auf. Ueber Eine Stunde mußte ich bleiben. Ich ersah aus diesem Umstande, daß K. bei ihm sehr viel gilt. Denn nur so erkläre ich mir die Sache. Er mißbilligte meinen Plan, nach Rom zu gehen, und sagte, wenn er das gewußt hätte, daß ich mich zu Solchem herbeilasse, so hätte er mich eingeladen, als Universitäts-Prediger nach Wien zu kommen. Dieß war doch ein grelles Mißverständniß meiner Absicht. — Was meine römische Angelegenheit betrifft, so sagte mir H., Meschutar wünsche mich zu sprechen. Letzterer wolle unmittelbar durch den Kaiser den deutschen Prediger in Rom ernennen lassen mit Umgehung des parteiisch gesinnten Gesandten, — dieser wolle die Jesuiten. Ich war dreimal bei Meschutar, ohne ihn zu treffen. Im „Fremdenblatte" hieß es vor drei Tagen, ich sei nach Venedig abgereist. Vielleicht ging diese Finte von gewisser Seite aus, um meine Beschäftigung zu maskiren . . . . .

Wien, am 17. Februar 1853. (Abends).

Innigstgeliebter Freund!

Glaube nicht, daß ich Dich in der Freundschaft Andern nachsetze, weil ich Andern vor Dir geschrieben habe. Die Freundschaft ist mir keine Treppe mit Stufen nach der Zahl der Freunde, sondern ein Asyl gesetzlicher und geheiligter Freiheit und Gleichheit. — Ich entbehre euch Alle schmerzlich genug; die Träume von euch sind meine Zeugen; auch das Fremdartige, das ich hier noch immer fühle, obgleich ich von Freunden umgeben bin und nur Güte und Wohlwollen finde. — Meine eigentliche Arbeit soll ich erst nach Ostern beginnen; inzwischen lese ich einige bezügliche Werke und Abhandlungen, besichtige die Kunstwerke und besuche sehr viele Vorlesungen. Leider raubt mir die weite Entfernung der Hörsäle viel Zeit oder Geld . . . . .

Das Theater besuchte ich noch nie, weil die Sperrsitze bei guten Stücken vorweggenommen werden; um im Parterre einen Platz zu bekommen, muß man 3—4 Stunden früher sich anstellen. Dagegen sah ich Kaulbachs großen Karton: den Thurm von Babel. Ah, — das ist eine Komposition und Zeichnung! Weil sich das Gute von selbst versteht, bemerke ich nur meine Einwendungen. Jehova ist zu wenig erhaben und die Hand schwerfällig. Bei der herrlichen Gruppe der Semiten sitzen zwei Kinder auf dem Rücken der Rinder wie Amoretten, nur des Reizes wegen, ohne Wahrheit u. s. w. — In der Kunstausstellung ist besonders ein dargeliehenes Gemälde des Franzosen Papety, die Findung des Kindleins Moses, eigenthümlich: der Künstler ahmte die egyptische Race nach, einverleibte dieser jedoch selbst den Moses und dessen Schwester. Die egyptische Steifheit sogar ist nachgeahmt. Doch ich breche ab, denn derlei Dinge interessiren Dich nicht. Du willst lieber vom Leben Etwas hören . . . . .

Ich machte heute bei Sr. Eminenz dem Kardinal Schwarzenberg meine Aufwartung. Er saß an einem ganz einfachen Tischchen, ich ihm gegenüber. Er rühmte den Prof. Dr. Ehrlich*), Höfler ɾc. Er äußerte seine Zufriedenheit über meinen Plan, nach Rom zu gehen; die Wissenschaft daselbst bei jeder Gelegenheit zu verfechten, werde für mich eine wichtige Aufgabe sein. Der bloße Glaube, getrennt von der Wissenschaft, werde nur zu leicht ein Köhlerglaube; die Wissenschaft werde dadurch unchristlich und dann — antichristlich; die Theologie habe ohne Wissenschaft wehrlose Hände, der Glaube müsse somit wissenschaftlich, philosophisch beleuchtet werden.

Meine römische Angelegenheit verliere ich nicht aus den Augen. Gestern war ich bei dem geistlichen Hofrathe Meschutar. Dieser sagte, es gehe nun ein Ultimat an den österr. Gesandten nach Rom; wenn dieser den Vorschlag nicht sogleich mache, werde das Kultus-Ministerium den Herrn Gesandten umgehen und unmittelbar bei Sr. Majestät meine Ernennung beantragen. — Meine Beschäftigung beim Ministerium wird wohl ein Vierteljahr dauern; was wird dann mit mir geschehen, wenn meine Arbeit beendigt ist? Man wird mich meinem Wunsche gemäß nach Rom ziehen lassen. Meine Anwesenheit hier ist sehr zweckdienlich, um die Bedingungen vortheilhaft zu gestalten. — Wenn Minister Thun sich hält, bekomme ich wahrscheinlich früher oder später den Antrag, die Aesthetik dahier zu übernehmen. Der Herr Minister hat sich

---

*) Professor der Theologie in Prag. Starb den 23. Okt. 1864.

nämlich dahin geäußert, nicht bei mir, wohl aber bei Freunden. Ich bewerbe mich gewiß nicht um diese Stelle und nehme nur an, wenn ich gar keine Aussicht bekomme, in Innsbruck einen Wirkungskreis zu erlangen. Hier kann ich nicht glücklich werden . . . .

Bei Minister Thun hatte ich bisher zwei Audienzen. Er ist ein höchst liebenswürdiger Herr. — Grebler ist ein vortrefflicher Mann; sein Wohlthun in Wort und Werk übersteigt alle Ahnung. Er behandelt mich wie einen Bruder. Auch Kohlgruber ist sehr freundlich. — Ich umarme Dich und alle Freunde.

Dein Freund Al. Flir.

Wien, Ostermontag, (28. März) 1853.
Innigstgeliebter Freund!

Heute ist der Festtag für mich wahrhaft erfreulich: zwei Briefe überraschen mich, von Dir und von Sch. Ihr seid biedere Freunde. Es läßt sich schwer sagen, wie werth mir Freundesbriefe aus Tirol sind. Hier kann ich mich nicht akklimatisiren; gleichwie man durch die Krankheit die Gesundheit schätzen lernt, so fühle ich erst jetzt in der Fremde mein Glück des Lebens in Innsbruck und bei euch. Vor einem Monate dachte ich noch, wenn sich in Innsbruck kein befriedigender Wirkungskreis hoffen lasse, müsse ich denn doch darauf verzichten und da oder dort eine andere Gelegenheit versuchen; jetzt denke ich schon zahmer: was kann ich dafür, wenn es in Innsbruck für mich nicht viel Nützendes zu thun gibt? Ich habe doch dort meine Wurzeln und meine Luft und mein Licht. Selbst Rom's reizende Farben erbleichen, und ich habe ein weit größeres Verlangen nach Tirol als nach Italien. Ich hoffe bei euch mein Leben fortzusetzen und bei euch zu sterben. Höchstens bin ich Ein oder zwei Jahre abwesend an der Tiber. Das ist zweideutig. „Abwesend an der Tiber" bin ich ja schon lange und auch jetzt. Aber anwesend an der Tiber bin ich vielleicht einige Zeit . . . . .

Was mich hier besonders verstimmt, das ist die Unmöglichkeit, Etwas zu studieren. Ich kann nichts lesen als mein Brevier, die Zeitungen und Bücher oder Broschüren, die sich auf das Schulwesen beziehen. So las ich Tomeck's Geschichte der Prager Universität; jetzt lese ich das Werk von Buß über die Reform der Gelehrtenbildung u. A. Außerdem las ich seit dem 25. Jänner nichts als die „musikalischen Charakterköpfe" von Riehl, die mich innig erfreuten. — Ich muß eben die Beobachtungen der Wirklichkeit als ein Stück Studium gelten lassen; aber das fördert mich wenig.

Ueber die Charwoche war Prof. H. aus Prag hier; er besuchte mich öfter. Er wünscht nach Wien berufen zu werden und machte hievon beim Minister kein Hehl. Aber umsonst. Er ist verurtheilt, in Prag zu bleiben. Der ostensible Grund ist seine schöne Wirksamkeit daselbst; der wahre Grund sei, weil Thun nicht zu viel Münchner hier zusammenkommen lassen wolle. Ich glaube dieß Letztere nicht. Thun wird nur die schnellen Veränderungen meiden. — Die Broschüre des Clemens in Bonn macht hier gewaltiges Aufsehen. Die Güntherianer sind sehr gereizt; Prof. B. in Breslau schreibt die Widerlegung. Beim Ministerium machte die Schrift des Professorleins aus Bonn einen Eindruck, als hätte die größte Autorität gesprochen. Günther und seine Schule sind dort unbeliebt — vermuthlich weil C. sie verspottet und weil Br.'s Artikel reizten. Die Philosophie Günthers wird gegenwärtig in Rom untersucht. Das Resultat wird zur Aeußerung dem Kardinal Schwarzenberg zugesendet werden. Enthält das Urtheil Rügen und Censuren, so wird Günther seine aufklärenden Gegenbemerkungen abgeben, zugleich aber die Versicherung seiner katholischen Gesinnung und die kindliche Unterwerfung unter die Autorität des kirchlichen Oberhauptes aussprechen. So wenigstens sagt er. Höfler und ich riethen ein, Günther und seine nächsten Anhänger sollen, weil sie so vielfach als halbe Irrlehrer ausgeschrieen werden, sogleich die Unterwerfung aussprechen und dann ruhig schlafen . . . .

Exner befindet sich in Venedig. Er scheint rettungslos zu sein. Der hiesige Professor L. ist ebenfalls ein Kränkler. Er wird vom Urlaub in Italien zurückkehren und wieder dociren. Er ist Herbartianer. — Diese Herren führen die Erscheinungswelt auf relationslose Monaden zurück. Wissenschaftlich sind sie ohne Gott und Schöpfung. Drobisch wollte eine Monade als ordnenden Gott einführen. Aber da wäre ja Relation. Es bleibt ihnen nichts übrig, als die

Fiktion, das Gemüth bedürfe eines Gottes und einer Setzung der Monaden durch Gott: das sei aber nur ein Postulat des Gefühls; die Wissenschaft ende mit den einfachen Substanzen.

Osterdienstag. Gestern Abends war ich bei Günther eingeladen. Die Güntherianer T., B. (Minorit), K. (Weltpriester) und G. (Professor der Literatur in X.) waren nebst mir die Gäste. G. schrieb den „Spartacus", „Simson", „Andreas Hofer", dann eine Naturphilosophie und Predigten. Er ist ein junger, hoher, schlanker Mann, langen, bleichen Gesichtes mit geistvollen Augen und einer großen Adlernase. Er spricht hübsch (die sächsische Gränze in Böhmen ist seine Heimath). Leider ist auch er krank und geht in Urlaub. Er hat den Bluthusten, und man sieht ihm die Aengstlichkeit an. Er entfernte sich bald. Das Hauptgespräch drehte sich um Clemens. Der alte Günther hat eine ehrwürdige Ruhe; er wird „Meister" genannt und wie ein Inspirirter verehrt. — Später wurden Räthsel aufgegeben. Warum sandte Pio dem Kaiser einen Zahn Petri? Um die wälsche Nuß aufzuknacken. — Warum starb Haynau? Weil der Wirth zum „wilden Mann" den Feldzeugmeister auf den Schild malen ließ und Haynau darüber sich zu Tode ärgerte. Ferner: er starb, weil er sich weigerte, zum Abweichen einzunehmen u. s. w.

Zu meinem Befremden sagte mir neulich der Unterstaats-Sekretär Helfert, daß ich, wenn auch hier die Arbeit fertig sei, noch lange — lange nicht nach Hause zurückkehren könne. Was steckt dahinter? Will man mich in außerordentlicher Verwendung für die Philosophica behalten? — Am Ende schicken sie mich noch an andere Universitäten. Aber ich gehe ihnen nicht mehr, außer als offen bevollmächtigter Visitator. Doch ich weiß nicht, was man vorhat.

R. wird von F. als ein Mann geschildert, der an Energie und Wissenschaft im Episkopat von ganz Deutschland nicht seines Gleichen habe. Die Güntherianer fürchten ihn . . . .

Wien, den 22. April 1853.

Innigstgeliebter Freund!

Längst hätte ich Dir gerne geschrieben, aber es geht nun immer schwerer. Ich bin wirklich jetzt so sehr angestrengt, daß ich nicht nur ein Tag- sondern auch ein Nachtwerker zu sein scheine. Gestern holte ich einen starken Akten-Fascikel aus der Ministerial-Registratur; heute um 12 Uhr konnte ich ihn schon zurückstellen. Ich arbeitete bis Mitternacht. Dieser Fascikel war sehr interessant. Es kamen darin die Ansichten sämmtlicher Ordinariate der Monarchie über den alten theologischen Studienplan vor. . . . Ich stelle nun die hauptsächlichsten Data zusammen über die Verhandlungen der Studienreform aller vier Fakultäten vor dem März 1848. Die Erlässe vom Jahre 1848 bis zur Gegenwart sammelte ich und gruppirte sie unter dem jedesmaligen Chef des Ministeriums. Dann folgt eine Schilderung des Zustandes des gegenwärtigen Universitätenwesens, wobei ich nur die philosophische Fakultät zu bearbeiten habe. Ich bin auch hiemit fertig; die Ministerialräthe der medizinischen und juridischen Abtheilung hoffen bis Ende April ihr Operat zur Redaktion mir übergeben zu können. Dann folgt eine Abhandlung über den Zweck der Universitäten. Ich habe dieses schwierigste Pensum zuerst abgethan. Der Minister äußerte mir hierüber seine entschiedene Zufriedenheit, obgleich ich **höchst freimüthig** mich aussprach. Dann folgt die Beantwortung von etwa fünf oder sechs heißen Fragen; da werden aber vermuthlich Konferenzen gehalten werden. Im Juni reist Graf **Thun** nach Karlsbad, und ich kehre **spätestens dann** — nach Tirol und zu euch zurück. So hoffe ich mit Zuversicht. In Thuns Abwesenheit geschieht gewiß nichts Wesentliches. Ob ich dann aber nicht wieder zur Fortsetzung der Arbeiten hinzugezogen werde, weiß ich nicht. Denn meine bisherigen Geschäfte setzten mich in eine detaillirtere Kenntniß der Sache, und so wäre es leicht möglich, daß die außerordentliche Verwendung noch länger anbauert, als mir lieb ist . . . . .

Wien, 22. April 1853.

Theuerster Freund!

Eilf Uhr Nachts ist's wohl, aber ich fühle einen mächtigen Antrieb, noch einige Zeilen an Dich zu schreiben, bevor ich mich zu Bette begebe. — Wie geht es Dir, mein Lieber? Du sitzest jetzt wahrscheinlich noch im Judenstübchen. Ich habe noch ein Krümchen von jenem Brode, das ich beim Abschiede in der Sonne aß, im Sacke des Paletot, und ich lasse es dort. In der That — das Heimweh macht schwärmerisch, und Schwärmerei ist schon ein Stück Narrheit. — Heute kaufte ich mir Uhlands Gedichte. Dieser Ton stimmt jetzt zu meiner Seele. Das erste Gedicht, das mir in's Auge fiel, lautet: „Der Tod." — Das „Flir-Kränzchen", wie man den Kreis zu nennen beliebte, habe ich seit drei Wochen nicht mehr besucht. Die Herren sammeln sich erst von 9 Uhr an und scheiden nach 11 Uhr. Das eignet sich nicht für mich. Man verlangt hier vom Priester eine streng priesterliche Haltung. Bei T. bin ich fast jeden Abend. Die alte Frau sehe ich blos alle Mittwoch; sie ist mir wieder so gut als je und sucht mich zu bereden, daß ich in Wien bleibe. H. kommt oft in's Haus. Neulich hatte er die „Tiroler Gedanken" in der Tasche. Er hatte sie eben gelesen und hielt eine lebhafte Lobrede darüber. Er stimmt den Ansichten des Verfassers vollkommen bei und hält die Schrift für ein Meisterstück. — Günthers epistola papalis ging bereits nach Prag ab, wo Veith die lateinische Uebersetzung machen soll. Das Schreiben sei genial, freimüthig, und nicht ohne edlen Stolz. Doch ist Günther sehr angegriffen und sehr leidend. Neulich sank er um. — L.'s Studium über Thomas von Aquin ist kolossal. Das Werk wird einst berühmt werden, vielleicht auch berüchtigt, wo nicht gar in Rom berichtigt. Die Arbeit dauert wohl noch zwei Jahre. — Neulich war ich — erst zum Zweitenmale — im Theater. Die vergötterte Bürk-Bair entzückte mich als Adrienne in der zarteren Conversation; aber für die Raserei dieses Pathos ist sie zu schwach. — Heute lernte ich — freilich nur in der Registratur, den Dichter Mosenthal kennen. Er will mich besuchen.

Empfehlungen und Grüße! Lebe wohl! Dich umarmt innigst Dein A. F.

Wien, den 8. Mai 1853.

Innigstgeliebter Freund!

Mit einigem Schamgefühl bemerke ich, daß Dein werther Brief vom 28. März noch unbeantwortet vor mir liegt. Ich war jetzt auf's Aeußerste angestrengt, weil ich mich beeilen wollte, abzukommen. Ein Hase hat die zögernden, hockenden Herren endlich aus der Staude getrieben. Der Hase selbst rannte vom Jäger verfolgt so ungestüm an. Ich will Dir das Räthsel erklären. Ein Herr Em. H. wollte etwa vor einem Jahre oder darüber sich als Docent der Geschichte habilitiren. Er legte eine Abhandlung über den Geist des achtzehnten Jahrhunderts vor. R. stimmte im Professorenkollegium **gegen** die Zulassung: die Abhandlung sei erstens dem Faktischen nach nur eine Compilation aus Schlosser, der Geistesrichtung nach eine zelotische Parteischrift. Prof. K. rief: „**Das katholische Prinzip** muß an der Hochschule vertreten werden!" R. entgegnete: „An der Hochschule ist die **objektive Wissenschaft** zu vertreten, nicht das Parteigezänk." Applaus erfolgte. Dem Prof. K. stimmte nur der alte Physiker X. bei, und der Direktor des Antikenkabinets. H. rächte sich gegen R. in der „Augsburger Postzeitung", wie euch bekannt ist, und gegen das ganze jetzige Lehrsystem zuerst in Zeitungsartikeln, nun in einer aus solchen gesammelten Broschüre. Sie geht wie Lauffeuer durch Wien. Graf Thun ist gewiß darüber entrüstet und betreibt vermuthlich deßhalb nachdrücklicher unser Geschäft, indem er es bei den Herren, welche hiezu Beiträge zu liefern haben, urgirte. Dieß geschah vor sechs Tagen, und doch hat Einer **noch nichts** eingeliefert. Ich **meinerseits** wäre nun so ziemlich fertig und habe nur noch zu revidiren und zu feilen; aber möglich, daß mir das noch erwartete Operat und besonders die erst beginnenden Konferenzen allerlei Modifikationen aufbürden. Wenn die Herren nicht saumselig sind, hoffe ich Ende Mai abzureisen; welchen Weg ich einschlagen werde — ob über Linz und Salzburg, oder über Berlin und Dresden, oder über Triest und Venedig — weiß ich noch nicht.

Plötzlich überraschte uns neulich B. Nichts Angenehmes führt ihn hieher. Sein Bruder in Zara verlor unerwartet — ohne Verhör — seinen Dienst — die Postdirektion. Er ist pensionirt. Veranlassung soll seine „wälsche" Frau sein. B. sprach mit dem eben hier anwesenden Militärgouverneur von Dalmatien. Es sei nichts mehr zu machen. Uebermorgen reist B. nach Prag zurück. B. und A. und ich saßen gestern bis 10 Uhr Nachts im Hotel-Zimmerchen beisammen; wir sprachen vom Goldrainer-Stübchen: das Herz wurde uns weich und elegisch. O irdische Vergänglichkeit! Wäre ich nicht noch für meine Angehörigen nothwendig, ich möchte nichts

lieber als sterben. — Ich begann jetzt übrigens trotz dieser
melancholischen Stimmung den Unterhaltungen nachzugehen:
ich besuche nämlich von Zeit zu Zeit das Burgtheater; kürz=
lich sah ich im Leopoldstädter Theater den unübertrefflichen
Komiker Treumann als falsche Catalani. Er ahmt die
hier florirende Sängerin Medori zum höchsten Ergötzen
durch Kleidung, Haltung, Mimik und Gesang nach. Hie
und da würde man schwören, er sei wirklich eine italienische
Dame. — Abends bin ich gewöhnlich bei T. Er ist sehr
leidend. Neulich wäre er beinahe von zwei Wagen zerquetscht
worden, da er mit seinem kranken Fuße nicht ausweichen
konnte. Er betrachtet seine Rettung wie ein Wunder. Mich
behandelt er mit innigster Freundesliebe. Freunde
sind noch das einzige Glück meines Lebens. — Die Abende,
wo ich mit Dir spazierte, bleiben mir unvergeßlich ....
 Wie überraschte mich neulich K.s' ellenlanger Brief!
Sage man noch einmal, er sei faul und phlegmatisch! Die
reizendsten Schilderungen! Eine Wärme bis zur Sentimen=
talität! Erstatte ihm vorläufig meinen lebhaftesten Dank. Die
herzlichsten Grüße an die lieben Freunde. O ich bin Tag
und Nacht bei euch! — Lebe wohl!
        Dein alter Freund A. F.

Wien, in der Nacht vor Pfingstsonntag (14. Mai) 1853.
    Innigstgeliebter Freund!

— — Wie schlägt der Mai an? Wie die Wolkenkur?
— Mich wundert, daß ich trotz des anhaltenden Sitzens ge=
sund bin, nur Kopfschmerzen plagen mich hie und da, und
meine Disposition zu Hallucinationen nimmt wunderlich zu.
Dieser Ueberreiz der Nerven kann nur vom vielen Schreiben
herkommen, denn das Denken hat mich wahrlich nicht ange=
strengt und der Kanzleistyl auch nicht. Kummer und Sorge
beunruhigten mich aber zu wiederholten Malen, wenn mir die
nöthigen Hülfsmittel fehlten, oder wenn mich sonst 'was be=
irrte. Der Minister gibt nur Schlagwörter; behelfen muß
man sich selbst, und für einen Fremden und für mich Unbe=
hülflichen war dieß kein Scherz. Lachen würdet ihr von
Herzen über meine Philippika gegen die Studiendirektoren

aus dem Beamtenstande. Leider werden diese Wahrheiten
wenigstens in diesem Gewande die Censur des Ministers nicht
passiren. — Ein Studienjahr an der philosophischen Fakultät
würde für Juristen und Mediziner faktisch sich aufdrängen,
wenn die ihnen vorgeschriebenen Fächer der philosophischen
Fakultät sogleich im ersten Jahre gehört werden müßten. —
Ach Gott, was wird herauskommen?! Freie Anordnungen sind
nur dort möglich, wo wir Professoren eifrig und energisch
sind. Ueben wir den Schlendrian, so sind maschinenartige
Zwangsmittel unvermeidlich. Vielleicht ist die erwartete Modi-
fikation des Studienplanes nur wieder ein Provisorium. Man
wird über jeden Mangel so lange schreien, bis dem Allen
möglichst nahe gerückt wird. Sind die Vorschriften und Einrichtungen übersichtlich und (scheinbar) klar, so begnügt man
sich gerne; aber wo man nicht mehr nachrechnen kann,
sondern auf die Professoren vertrauen muß, sind die Beamten und die Kriegsmänner unzufrieden. — Der Kaiser ist
übrigens den Schmähern nicht geneigt: ein Ministerialrath,
der unter Thun stand, wurde neulich wegen seiner Ausbrüche
über die jetzige Studien- und Kultusleitung plötzlich
pensionirt.

Jene Abhandlung, durch welche sich Dr. H. als Privat-
docent habilitiren wollte, und die bekanntlich N. als unzulänglich erklärt hat, erhielt eine günstige Approbation von
Seite Hurters, und es ist leicht möglich, daß H. hievon
Gebrauch macht. Das Uebrige wirst Du aus meinem Briefe
an M. entnommen haben. — Daß Günther noch nicht
auf dem Index steht, geben nun auch die Gegner zu. Ein
verläßlicher Privatbrief aus Rom versichert, der Papst habe
sich sehr wohlwollend über Günther ausgesprochen; ohne
Zweifel hat Pio IX. das Urtheil des Ufficio suspendirt. Ritterlich benahm sich Balzer in dieser Angelegenheit. Er nahm
nicht nur den Clemens auf's Korn, sondern verfaßte auch
eine ausführliche Apologie Günthers für Rom. Er ist ein
intimer Freund des L. T. und wohnte bei ihm in Baden.
Auch Günther behandelt Hrn. T. als einen seiner vorzüglich-
sten Schüler oder Anhänger. Veith macht eine Schwenkung.
Löwe leitet ihn und dieser zerschlug sich mit Günther, weil
ihm derselbe eine zugeschickte Schrift zergeißelte. Diese Güntherianer sind eine Art von Geheimniß. — Neugierig bin ich,

wie es noch den Herbartianern in Oesterreich ergehen wird. Gegenwärtig gelten sie als Philosophen der Erfahrung, welche das Transscendentale aus dem Spiele lassen; daß sie aber ohne Gott und Freiheit sind, wird bis jetzt ignorirt, aber die Güntherianer werden Sturm schlagen. Nun — mich freut es, wenn man sich regt; nur keinen Quietismus, nur keinen Todesschlaf. — Der Minister selbst sieht die Güntherianer als verkappte Hegelianer an; er beruft sich dießfalls auf die Aussage gewiegter Männer, er selbst macht auf eigenes Urtheil keinen Anspruch. In dem Aufsatze über den Zweck der Universitäten habe ich meine Ansicht mit starken Strichen gezeichnet; er las, bemerkte über diesen Punkt nichts, sondern bezeigte nur im Allgemeinen seine Zufriedenheit: die Abhandlung enthalte alles Einschlägige, und seine Intention sei ganz richtig aufgefaßt.

Hier glaubt man, die Ankunft des Königs von Belgien, wo die Franzosen bereits die Straßen rekognosciren, des Königs von Bayern, dessen Rheinlande der Neffe des Onkels schon in Rechnung genommen haben soll, endlich die des Erbherrn von Neuchatel — sei nicht eine bloße Höflichkeit; Einsichtige zweifeln am Kriege mit Frankreich nicht mehr, und hier wird Louis Napoleon nur als Aventurier angesehen....

Wien, am 30. Mai 1853.

Innigstgeliebter Freund!

Meinen Dank für Deine lieben Briefe habe ich bereits ausgesprochen, und ich wiederhole ihn jetzt unmittelbar. — Meine Hoffnung, zu euch zurückzukehren, wird nicht so bald erfüllt. Mein Operat wird von dem Herrn Minister vermuthlich mehreren Ministerialräthen übergeben, und da kann es leicht sein, daß es wochenlang liegen bleibt. Ich weiß jetzt gar nicht, wie die Sache steht. Seit einer Woche hatte ich ungestörte Ferien; nun erhielt ich den Auftrag, einige Aufsätze zu machen, welche mit dem Operate nichts zu thun haben. Das soll vermuthlich für mich ein Zeitvertreib sein. Ich werde auch wirklich sehr bequem den Auftrag realisiren. Jetzt tröstet mich nur noch Eines: die Gewißheit, daß der Herr Minister

im August in's Bad reist. Bis dort muß doch hoffentlich
Alles zu Ende sein. Ein solcher Trost ist mir aber eine
schlechte Kost. Meine Ungeduld steigert sich mit jedem Tage
und nimmt bald die Form der Trauer, bald die des Zornes
an. Denn es wird mir in der That ein großes Stück aus
dem Leben geschnitten. Denn zu einer planmäßigen wissenschaftlichen Thätigkeit fehlen mir die Mittel; ich kann nur
so gelegentlich durch Lesung oder Anschauung mir Einiges
aneignen. Ich war erst Einmal im Belvedere; die Betrachtung der italienischen Schule war mir eine Wonne.
Morgen hoffe ich wieder etwa drei Stunden der niederlän-
dischen zu widmen. Die Sammlungen sind nur am Dienstage und Freitage zu sehen. Im Burgtheater sah ich in der
letzten Woche zwei Shakespeare'sche Dramen: das Lustspiel
„was Ihr wollt" und das Schauspiel „der Kaufmann von
Venedig." Ich war entzückt. —

Daß Beda Weber hier ist, wirst Du wohl schon wissen.
Wir speisten neulich bei A. und gestern bei dem Vice-Präsi-
denten Hock. Dieser wohnt außerhalb der Stadt in Währing,
auf einer sanften Anhöhe, von wo ein unermeßlicher Horizont
sich öffnet. Ein nassauischer Hofrath nebst Frau und Sohn
waren zugleich Gäste. Hock ist ein interessanter Mann: er
kennt ganz Deutschland und die ganze Literatur der Gegenwart. Er liest sehr schnell und mit bewunderungswürdiger
Leichtigkeit der Auffassung. Sein Urtheil ist nicht streng. In
der Conversation hat er etwas Weiches und Gemüthliches.
Er spricht sehr gewandt. Von seinem eigentlichen Fache, dem
Commerzialwesen, macht er keine Erwähnung. Das
Religiöse ist sein Lieblingselement. Seine Brust ist mit
Orden bedeckt. Er ist gemäßigter Güntherianer, und als
schmiegsamer Diplomat wünscht er Abschleifung der ver-
wundenden Spitzen und Ecken. Als er noch untergeordneter
Cameralbeamter war, hatte er einen Federkrieg mit List.
In der Folge kamen sie bei einem Bankette dahier zusammen.
„Was Teufel — sind Sie jener Gegner von mir g'wesa?"
— „Leider war ich so kühn, meine unebenbürtige Waffe gegen
den Heros der Nationalökonomie zu erheben." — „Wäre Sie
nicht a würdiger Gegner g'wesa, hätt' ich Ihne kein' Acht
gebä. Aber wissa Sie, was unser Unterschied g'wesa ist?
Sie — schwebta in der Luft, wie Perseus; ich — tappte

und trat auf dem gemeina Bode. Aber Sie komma och
noch herunter — ja ja — Sie komma herunter." — Hock
neigt sich dem genialen Bruck zu; Baumgartner ist ihm
zu wenig praktisch und zu pedantisch. —

Heute war ich bei der feierlichen Versammlung der
Akademie im ständischen Saale. Man bekam nur mittelst
einer Karte Zutritt und mußte in Gala erscheinen. Die Bänke
bilden sehr große Kreissegmente um den grünen Tisch in der
Tiefe. Rechts saßen die hohen Beamten, im Centrum und
links die übrigen Gäste; auf der ersten Bank in der Nähe
des Tisches die Reichsräthe, Minister und Präsidenten. Ich
sah den Baron Kübeck und den Justizminister Kraus. Am
grünen Tische saßen — in der Mitte — der Minister Bach
als Curator, rechts Baumgartner als Präsident der
Akademie, links Karajan als Vicepräsident. An den Enden
der Tafel — rechts und links — ein Sekretär. Zu beiden
Seiten stand eine Reihe von Sesseln für die Mitglieder der
Akademie. Sie saßen vier Mann hoch. Albert Jäger und
Beda Weber neben einander; neben Albert der Chemiker
Redtenbacher, neben diesem der Custos Bergmann.
Von Auswärtigen war nebst Beda nur Palacky aus
Prag zugegen — ein schlanker Mann im besten Alter,
bleich und unerquicklich aussehend. Den Minister Bach sah
ich da zum Erstenmale. Er erschien in schwarzer Galatracht
mit weißer Kravate und dem breiten rothen Ordensbande über
der Brust. Roth und blühend, sauber rasirt, ein hübscher
junger Mann. Etwas Bürgerliches klebt ihm noch auffallend
an .... Seine Komplimente waren zahlreich, aber nicht an-
muthig. Erst als er sprach, beobachtete ich die häßliche Form
des Mundes. Als er die Eröffnungsrede vorlas, verdeckte er
den Mund durch die Haltung des Papieres. Er las mit
leiser Stimme ohne Spur eines Pathos. Der Inhalt war
ohne Wichtigkeit. Minister Baumgartner las eine Rede.
Ich verstand ihn nur theilweise und wurde schläfrig. Der
lange Bericht des Sekretärs Schrötter weckte mich durch
interessante Nekrologe, besonders durch den des edlen Schmeller.
Prof. Unger las eine Rede über Pflanzen und Luft; in
ellenlangen Umschweifen bedauerte er die Nothwendigkeit sich
kurz zu fassen. An Floskeln, wie sie bei Naturphilosophen
üblich sind, fehlte es nicht. Der wirkliche Inhalt wurde mit

norddeutscher Prätenfion gegeben. Den Schlußvortrag hielt
der alte Arneth: über Auguft, Karl den Großen und Karl V.
Was ich erlaufchen konnte, war fo allbekannt, daß ich nach
dem Uebrigen nicht lüftern war; wer gehen konnte, ging, die
Andern gähnten, fchlummerten, fahen zu den Deckengemälden
empor u. f. w. — Der intereffantefte Moment war mir der-
jenige, wo der Präfident nach Ablefung der Preisfrage und
des Urtheils, diefelbe fei in einem Operate vollkommen gelöst,
das verfiegelte Briefformat vorwies, das Motto las: „Wer
im Großen fich nicht erproben kann, muß fich im Kleinen
üben", endlich öffnete und den Namen des Preisträgers
promulgirte: N. N., Profeffor der Oberrealfchule in Schotten-
feld. Die Rührung und Freude war allgemein. — Daß
Günther korrespondirendes Mitglied der Akademie geworden ift, verdankt er nur dem Gerüchte vom Index. — Am
Sonntage wird Rubigier konfekrirt. Auch ich bin zur
Tafel beim Nuntius geladen und mache morgen meine vor-
läufige Aufwartung....

Wien, den 15. Juni 1853.

Innigftgeliebter Freund!

Das lange Stillfchweigen, das mir euch bedeckte und
entzog, hat mich fehr verftimmt, und ich war manchmal darüber recht melancholifch. Denn feit T. nach Baden abgereist ist — und es find feitdem zehn oder zwölf Tage — bin
ich mit Ausnahme der Converfation bei Tifche ganz ifolirt,
und da ich mitten in der Gefellfchaft mit meinem Gemüthe
in Tirol und bei euch bin, fo wird diefer Zug in der
Einfamkeit noch weit mächtiger. Du kannst aus diefen Be-
kenntniffen fchließen, wie angenehm mir Dein Brief war, den
ich geftern erhielt. Die jüngere Welt kommt mir fremdartig
vor, und felbft wo ich mit Freude fie anblicke, mifcht fich
eine Trauer darein. Es ift das Gefühl, daß Jung und
Alt nicht vollkommen zufammenpaßt. Defto fefter und inniger
müffen wir Gleiche zufammenhalten. —

Wie lange wird wohl meine provisorifche Stellung hier
noch dauern? Sie ift mir höchft läftig. Wenn meine Geduld zu

lange hinausgespannt wird, reißt sie und ich bringe auf
Erlaubniß, ohne fernere Rücksicht auf Rom nach Innsbruck
zurückzukehren. Auch zu einer außerordentlichen Verwendung
beim Ministerium werde ich nicht mehr lange mich hingeben.
An ein eigentliches Studium ist hier, wo ich von meinen
Hülfsmitteln getrennt bin, nicht zu denken; mein Leben würde
so verschüttet, wie Spülwasser. — Vergib mir diese Jere=
miaden! —

Ich habe nun noch Eine Schrift zu vollenden, dann gehe
ich vermuthlich auf einige Tage nach Baden zu T. — Ich
begreife nicht, warum der Minister das Geschäft so langsam
betreibt. Auf diese Art ist an eine definitive Sanction für
das nächste Jahr noch nicht zu denken. Zögert man absicht=
lich, weil, je länger man aufbaut, desto schwieriger abgebrochen
werden müßte? Vermuthlich setzt Thun die Reform durch
den Willen des Kaisers durch. So ging es auch mit den
Ecclesiasticis. Die Josephiner stemmten sich mit Händen und
Füßen dagegen. Thun brach die Verhandlungen mit ihnen
ab und erwirkte bei Sr. Majestät ein motuproprio-Billet.

Die Baronin B. war leidend. Seit drei Wochen war
ich gestern wieder zum Erstenmale bei ihr. Sie weiß sich
äußerst liebenswürdig zu benehmen. Sie erzählte mir mehrere
Fälle ihres magnetischen Hellsehens, das sie in der Jugend
und noch als Gattin in J. hatte. Ennemosers magne=
tische Behandlung kurirte sie. In Wien bekam sie bei An=
hörung einer grellen Musik einen Rückfall und erlitt einen
neuen Ausbruch der Gesichtsschmerzen. Dem Auftrage Enne=
mosers gehorchend blieb sie im Bette, möglichst ruhig, bei
Absperrung des Lichtes; so genas sie ohne medicinische Ein=
wirkung. — Das Magnetisiren durch Auflegen der Hände
ist hier sehr üblich. Das Tischrücken verstummt allmählig.
Man hält es denn doch für theilweise magnetisch. Ich, mit
T. und Kr., legte dreiviertel Stunden lang die Hände auf
ein Tischchen: es rührte sich nichts.

Bachs Ansehen ist in der Culmination. Als die Ange=
legenheiten von Montenegro im Ministerrathe, wo der Kaiser
präsidirte, verhandelt wurden, setzte Bach den Minister des
Aeußern Buol=Schauenstein gräulich in Schatten.
Denn dieser war mit dem historischen Detail unbekannt,
Jener hatte, eine solche Berathung vorhersehend, in einem

Archive zu Venedig die betreffenden Akten sich ausheben
lassen, referirte und debattirte nun und entwarf sofort
die Instruktion für FML. Leiningen. Der Kaiser war
entzückt und sagte beim Aufstehen: „Nun — heute hörte ich
einmal wieder meinen lieben Schwarzenberg."

Dr. Gr. reist in Bälde nach Paris. Eine Jüdin, welche
ein Vermögen von fast drei Millionen hat, erhielt durch seine
Vermittlung den Scheidebrief von ihrem unausstehlichen Manne,
der der Sohn eines reichen Bankiers in Augsburg ist. Die
Befreite gibt dem Agenten, dessen sich Gr. in Bayern bediente,
10,000 fl. Regal. Gr. selbst wird ihr den Scheidebrief über-
bringen. —

Wien, den 18. Juni 1853.

Innigstgeliebter Freund!

Heute bekam ich Briefe von zwei Freunden: ein Trost für
meine Stimmung. Aber ein Schmerz war auch dabei, denn
Sch. schreibt mir, X. habe den Posten erhalten Ich hatte
in der That gehofft, man werde Dir die Stelle, wenn Du
sie annehmest, geben; aber ich sehe wohl, der Weltlauf er-
wahrt sich auch an Dir. **Die Mittelmäßigkeiten sind
bequemer, und sie scheinen brauchbarer.** Was
die Beweglichkeit zum Vorrücken zu geben pflegt, der Schmutz
der Geschmeidigkeit — war freilich **bei Dir** nicht zu
finden. Aber desto inniger erkennen, schätzen und lieben wir,
Deine Freunde, Deinen innern Werth, und nimm diesen
meinen Herzenserguß als einen kleinen Ersatz hin für die
unwürdige Behandlung, wodurch man Dich bei Seite geschoben hat.

Ich danke Dir für das Brieflein, worauf ich Dir noch
die Antwort schuldig blieb. Du warst dort verstimmt; nun
begreife ich's. Du warf'st mir einmal die Frage hin, ob ich
Deiner spotte; nun begreife ich's. Aber Freund, **übe die
Weisheit der Fröhlichkeit;** begreif' Du dieses, erhebe
Dein edelstes Selbst über diese ekeln Bedrängnisse, laß **Heiterkeit** strahlen auf Deiner jovialisch geschaffenen Stirne.
Die Behaglichkeit darf aber keine fingirte sein, sondern sie
muß Dir von Herzen gehen, denn was hast Du sonst davon?

„Liebe den Nächsten wie Dich selbst" — also soll man sich selbst lieben und nicht sich selbst quälen. Die Selbstquälerei ist eine Narrheit.

Wie meine Verhältnisse sich gestalten werden, weiß ich nicht; aber ich wünsche sehnlichst, eine Gelegenheit zu bekommen, für Dich Etwas zu thun. Komme ich aber, wie ich wünsche, in Bälde wieder nach Innsbruck zurück, so werde ich wenigstens das Dir anthun, daß ich Dich hie und da durch meine Tollheit stören werde, der Düstere, der Heraklit, der Prinz Hamlet, Prophet Jeremias oder gar König Saul zu sein.

Doch Melancholiker wollen vielleicht homöopathisch kurirt werden, nicht durch Lustigkeit, sondern durch Melancholie. Ich bin zwar jetzt nicht selten melancholisch, und ich will Dir diese meine Melancholie als Dosis eingeben; ich will Dir dieses Papier voll Traurigkeit schicken: iß sie und heile durch mein Leid das Deine. Aber traurig bin ich nur auf Zeiten, wenn ich allein oder nicht bei Freunden bin; aber wenn ich bei euch — wenn ich bei Dir wäre, — dann ja wäre ich nicht mehr traurig. — Doch weil Du als strenger Kritikus bekannt bist, so will ich nun doch noch etwas Praktischeres folgen lassen, das man doch im Gedächtnisse behalten und guten Bekannten erzählen kann. — Nun womit soll ich aufwarten? — Ich lese die Messe in der St. Michaels-Kirche. Da sah ich manchmal einen auffallenden Mann, ziemlich groß, bleich, hager, steif und starr; er kniete im Chorstuhle wie eine mißlungene Statue. Daß er ein Frommer sei, witterte ich leicht, aber — quis? unde? „Der Mann Gottes sieht aus wie ein Holländer" — sagte mir eine innere Stimme. Aber das Aeußere war so einfach, wie wenn's ein mystischer Landdechant wäre. Zu meiner Verwunderung trat er, als Tafel beim Nuntius war zu Ehren Rubigiers, unter den Gästen mit Reverenz vor den Nuntius. Ich kneipte dem Häusle das Ohrläppchen und flüsterte: „Wer ist dieser Mann?" — „Pater B...!" — Also richtig ein Holländer! Wir saßen bei der Tafel ziemlich nahe. Ich beobachtete besonders ihn. Er saß so gerade und so steif und fast so still, wie er im Chorstuhle kniete. Er aß fast nichts und löste den Ernst nur hie und da — aus Herablassung — in menschliche Heiterkeit und in Leutseligkeit auf. Bald darauf reiste er nach Rom zum Kapitel. Hr. Pilat sagte, B... werde wahrscheinlich General der Societät, weil Pierling zu alt sei. — Der armenische Erzbischof der Mechitaristen war mir eine interessante Gestalt: ein langes Gesicht mit ächt orientalischem Typus, mit der großen langen Nase (der Orientalist Hammer-Purgstall liebt es deßhalb, recht oft eine lange Nase zu kriegen), mit großem, wallendem weißem Barte. „Ehrwürdiger Erzvater!" dachte ich. In der That, auch hier täuschte ich mich nicht...

Wien, den 25. Juni 1853.

Innigstgeliebter Freund!

Schon war ich Willens, die Erwartung eines Briefes von Dir trotz der Zusage fallen zu lassen und Dir zu schreiben, als Deine Handschrift auf dem Couverte mich gestern überraschte und statt meiner Adresse mir zuflüsterte: „Kleingläubiger!" Und in der That — ein förmlicher, weitläufiger, umständlicher, allerliebster Brief voll Liebe und Gefühl und Geist! Sei umarmt dafür! — Du gibst mir den Rath, wieder zu euch zurückzukehren, weil doch „nichts Rechtes herauskomme." Wie sehr ich mich nach der Rückkehr sehne, doch ausreißen kann ich doch nicht. Der Herr Minister ließ mich vor sechs Tagen in S....s Angelegenheit rufen: es gelang mir, durch nachdrückliche Vorstellungen die Ernennung Desselben soviel als durchzusetzen. Bei dieser Gelegenheit klagte der Minister über Ueberbürdung mit Geschäften: er habe noch nie Muße gefunden, meine Abhandlung zu lesen; nächster Tage werde er sich aus der Stadt zu diesem Zwecke zurückziehen. „Nun — wie steht es mit Ihrer römischen Angelegenheit?" — „Ich hätte gar gerne Ew. Excellenz um Aufschluß gebeten." — „Ich habe den Gesandten zu wiederholten Malen zur Erledigung der Sache aufgefordert." — „Ew. Excellenz, der Gesandte wird die Sache nicht erledigen; er will die Stelle den Jesuiten in die Hände spielen, und in dieser Absicht temporisirt er. Ich will Ew. Excellenz nicht länger inkommodiren; ich bin bereit, mein Gesuch zurückzunehmen und auf meinen Posten in Innsbruck zurückzukehren." Bei den Bemerkungen über den Gesandten war der Herr Minister sichtbar verstimmt; bei meiner letzten Aeußerung lachte er.

Soviel ich aus den Aeußerungen des Herrn Staatssekretärs abnehmen oder vielmehr enträthseln kann, hat Graf Thun die Absicht, mich hier zu beschäftigen — entweder im Ministerium oder an der Universität. Aber meine mit einigen Derbheiten gespickte Abhandlung wird dem Herrn Minister beweisen, daß ich zu Bureau-Geschäften nicht tauge, und wenn er sieht, daß ich in der That gerne nach Innsbruck zurückkehre, wird er mir nichts in den Weg legen. Was mir das liebe Innsbruck und euch Lieben daselbst mit einem düstern Nebel umzieht, ist der entsetzliche Gedanke, daß die Universität wahrscheinlich wieder unter das Kommando der Statthalterei kommt.... Soviel ist gewiß, daß in hohen Kreisen das Korporations-Regiment der Professoren als unstatthaft angesehen wird. Welchen Vorschlag würdest Du unter diesen Verhältnissen machen? Ich hatte einmal Gelegenheit, mich zu äußern: ich schilderte die Uebelstände der Direktoren aus dem Beamtenstande und die Unmöglichkeit wissenschaftlicher Direktoren, wenn sie nicht als solche wie die Schulräthe besoldet und mit allen Kanzleirequisiten ausgestattet würden. Die jetzige Organisirung der akademischen Behörden mit ihren Funktionen möge man belassen; ein Inspektor als Controle genüge; nur müsse dieser ein Mann der Wissenschaft sein und unabhängig vom Lehrkörper wie von der Statthalterei. — Als solche Inspektoren bezeichnete ich vorzugsweise die ausgezeichnetsten Professoren jeder Facultät, die aber dann nur als außerordentliche Docenten ihr Lehramt noch fortsetzen könnten. — Beiläufig ersuche ich Dich, auch über andere Gegenstände mir Deine Meinung mitzutheilen, z. B. über die Art und Weise, die Studierenden schon während der Studienzeit zu Erprobungen des Fleißes und Fortschrittes zu verhalten. Denn mit den bestehenden Maßregeln ist man hohen Orts sehr unzufrieden. Ueberhaupt — habe die Güte, das Universitätswesen zu besprechen — wenn auch nur in Andeutungen. Du kannst vielleicht durch einen einzigen guten, ausführbaren Gedanken sehr nützlich werden: Eine tüchtige Maxime zieht dann oft andere herbei.....

Gegenwärtig bin ich beauftragt, Kink's Geschichte der Wiener Universität zu durchlesen; um zu sehen, ob ich Einiges daraus für meine Aufgabe benützen könne? oder um eine Art von Gutachten abzugeben? — Kink hat den Prager

Tomek weit überflügelt. Er ist ein geistreicher und kenntnißvoller Mann; Tirol kann auf ihn stolz werden.*) Zugleich bewahrt er den liebenswürdigsten Charakter..... Beda Weber und ich speisten neulich bei Albert (Jäger). Beda würde einen Ruf an die hiesige Universität sehr gerne annehmen. Sein Buch wird hier stark gelesen und viel gelobt. Baumgartner gab bekanntlich den Akademikern große Tafel. Bach ließ sich den Beda vorstellen und machte ihm einen Vorwurf daraus, daß er ihn nicht besucht habe. Beda entgegnete, er habe vernommen, es sei sehr schwer, bei Sr. Excellenz eine Audienz außer Geschäftszwecken zu erlangen. „Für Herren wie Sie, bin ich immer zu sprechen," war die Antwort.

Anlaß zu einiger Heiterkeit gab vor Kurzem die Audienz mehrerer wissenschaftlicher Notabilitäten bei Sr. Majestät dem König Max von Bayern. Fürst L. schilderte zuerst in der Antichambre die hohen Eigenschaften der Könige von Bayern: Ludwig habe die Kunst so hoch geehrt, Max ehre die Wissenschaft. Einer der Anwesenden äußerte bescheiden: „Es ist nur zum Verwundern, weßhalb den gerade wir — will sagen — auch meine Wenigkeit — zu dieser Ehre gelangt." Grillparzer öffnete hierauf zum Erstenmale den Mund und gab eine Antwort, die allgemeines Lachen hervorrief.... Bei der Audienz suchte nun Se. Majestät einem Jeden etwas Schmeichelhaftes zu sagen, wie sich dieß von selbst versteht; zu Chmel sagte er: „Ah, Sie eifern dem Hormayr nach — mit großem Erfolge und auch — was ich freilich nicht sagen sollte — mit größerer Treue für Ihren Monarchen." Dem K. sagte er: Altdeutsche Literatur sei sein Lieblingsstudium gewesen; er wäre aber seinem Papa fast gar zu deutsch geworden; daher seien jene Studien eingeschränkt worden und jetzt unterblieben sie gänzlich. „Ew. Majestät haben jetzt freilich etwas Besseres zu thun", bemerkte Karajan. Den Halm fragte Max, welche Werke er denn in neuester Zeit herausgegeben habe? „Einen Band lyrischer Gedichte, Majestät." — „So, so; ist mir leid; habe sie noch nicht gelesen." —

---

*) Rudolph Kink, ein geborner Tiroler (aus Kufstein), zuletzt k. k. Statthaltereirath in Triest, ist leider! im besten Mannesalter am 20. Aug. 1864 gestorben. A. d. H.

„Ew. Majestät erlauben mir wohl, den schwachen Versuch zu Füßen zu legen." — „Ja, thun Sie das, thun Sie das."

Nun habe ich kaum mehr Platz, Deiner Gnädigen sowie dem Fräulein A. und den Contessen für die huldvolle Erinnerung meinen innigsten Dank zu erstatten und mich ergebenst zu empfehlen. Ich wünsche nichts sehnlicher als die baldige und vollkommene Genesung der besten Frau Gräfin. Grüße mir die Freunde und sei mit wärmster Liebe umarmt von Deinem unveränderlichen Freunde

A. Flir.

Wien, den 9. (11.) Juli 1853.

Innigstgeliebter Freund!

Du warst wieder sehr brav; ich danke Dir vom Grunde meines Herzens. Gerne hätte ich Dir sogleich geantwortet, aber ich muß die Briefe eintheilen; zudem hatte ich wieder eine scharfe Zeit. Ich komme eben aus dem Ministerium, wo ich die revidirte Partie der Vorschläge ablieferte. Der Hr. Minister war kurz vorher nach Schönbrunn abgefahren, wo er bei Sr. Majestät speist. — Ich fahre in 1¼ Stunden nach Klosterneuburg ab und werde mich wieder erholen. Ich betrachte mein Geschäft nun quasi für erledigt. Konferenz wurde neulich durch 2½ Stunden nur in camera mit dem Minister allein gehalten; er nahm meine Arbeit sehr gütig auf — trotz ihrer etwas grellen Sprache. Es folgen andere Berathungen schwerlich mehr nach. Wird aber mein Operat dem Gutachten Anderer unterzogen, so wird es wohl gräßlich zerzaust werden, weil begreiflicher Weise einem . . . . . Tiroler, einem Pfäfflein, einem simpeln Professorlein und zudem einem offenen Tadler mancher Uebelstände keine Vernünftigkeit zugemuthet werden darf. Zwei Ministerialräthe sind zwar noch im Rückstande; aber ich trug darauf an, daß diese Operate blos „eingelegt" werden sollen: so komme ich früher ab. — Der Minister, dem ich neulich die noch immer bestehenden Schwierigkeiten in Rom eröffnete, gab hierauf sofort eine Vorstellung ad Majestatem. Ob er blos die Erledigung betreibt, oder meine Ernennung unmittelbar vorschlug, weiß ich nicht. Eher das Erstere. Wenn nun bis zum Schluſſe des Julius keine Beſtimmtheit vorhanden iſt, leiſte ich auf Rom Verzicht, verbitte mir jedes andere Proviſorium (wüßte auch kein ſolches zu bezeichnen), und kehre nach Innsbruck zurück.

Neulich fuhren wir (Grebler, Kohlgruber, Hocheder) auf den Lichtenſtein — eine wunderſchöne Gegend! Im Waggon ſaß ich hinter einem Uhlanen-Oberſtlieutenant, ein ſchöner Mann von etwa 36 Jahren, ein längliches, gutgefärbtes Geſicht, bebartet, ſchöne ſchwarze Haare. Etwas Bürgerliches drückte ſich in ihm aus; er ſchien mir daher ein Mann der Kanzlei zu ſein, aber ein Muſter von Beſcheidenheit, Ordnung und Rechtſchaffenheit. Die Bruſt, mit Orden bedeckt, wurde mir nicht ſichtbar, weil er ſich nie ganz umwendete. Wer war er? Der Serbenführer Stratomirovich! freilich kein Muſter von „Solidität;" aber ein Kanzleimann war er doch vor wenigen Jahren noch, nämlich Advokat.) — Ein anderer Serbe, Fürſt Obrenowitſch, 30 Jahre alt, vermählt ſich mit einer Gräfin Hunyady. Dr. Gr. iſt Vertreter des letzteren Hauſes, und wie er neulich die gänzliche Scheidung einer Jüdin bewirken mußte, ſo muß er hier die Copulation vermitteln. Der Bräutigam iſt griechiſch-nichtunirt, die Braut iſt katholiſch. Die Katholiken riethen ab und trauern, auch die Griechen riethen ab und trauern. Baron Sina meint, die Rückkehr des Fürſten zur Herrſchaft ſei dadurch ſehr erſchwert. In's Politiſiren laſſe ich mich weiter nicht ein. „Et fatis monstratus Vespasianus" ſagt einmal Tacitus; ſo ſcheint mir Kaiſer Nikolaus ſich zu begnügen, als Protektor der griechiſchen Kirche, mit dem Kreuze auf der Bruſt, von Armeen umgeben, aufgetreten zu ſein und ſich dargeſtellt zu haben. —

Ein Kleinkrieg wurde neulich auf der Akademie eröffnet. Staatsſekretär Helfert hat in einem Büchlein über Vaterländiſche Geſchichtſchreibung geäußert, in Oeſterreich ſei die Geſchichtſchreibung noch vom Einzelgeiſte der Länder inſpirirt. Selbſt die Akademie ſei einer ſolchen Einſeitigkeit verfallen, indem die Preisfrage für eine geſchichtliche Abhandlung über Ottokar und Rudolph den Erſteren als einen Mann bezeichne, der ſich deutſcher Länder (Oeſterreich und Steiermark) bemächtigt und ſie als Uſurpator behalten habe, als einen Mann, der den Slavismus gegen den Germanismus in's

Feld rief, während doch diese Behauptungen erst aus der
geschichtlichen Abhandlung resultiren könnten, und selbst dieses
kaum, da Beides in Abrede gestellt werde, indem Ottokar jene
Länder auf ihre Bitte überkommen habe, die Deutschen aber
so sehr begünstigte, daß er die Slaven dadurch vielfach be-
leidigte. Dieß war ein hingeworfener Handschuh. Chmel
war der Verfasser jener Preisfrage. Am Dienstage trat er
nun gegen Helfert vor und suchte zu beweisen, daß Ottokar
ein Usurpator war, weil er die Länder nicht als Lehen ansehen wollte, und daß er die Polen als Blutsverwandte gegen
die Deutschen zum Kampfe aufrief ꝛc. ꝛc. Helfert kann wohl
in Einigem mit Grund repliciren, aber wenn er klug ist, trite
er gegen Chmel zurück. — Ein eigenes Abenteuer begegnett
neulich dem Professor Hye. Er ging über den Mehlmarkt
und gähnte (hiabat), da steckte ihm ein frecher, fremder
Schalk den Finger in die Mundhöhle. Vielleicht zu einer
andern Zeit — —

Heute Nacht hatten wir in Klosterneuburg ein
furchtbares Wetter. Der Horizont brannte von Blitzen gewiß
vierzig Stunden weit. Einmal krachte es — wie naher
Kanonenschuß. Hier ist überhaupt zu viel Regen. Das
Heu verfaulte.

Wien, den 18. Juli 1853.
Innigstgeliebter Freund!

— Daß ich vom Kaiser bereits für Rom ernannt bin,
weißt Du durch meinen Bruder. Das Dekret ist geschrieben,
aber mir noch nicht zugestellt.

In Rom geschah in meiner Angelegenheit ein köstliches
Mißverständniß. Das Ministerium des Aeußeren schrieb an
die Gesandtschaft in Rom, ich sei, da man des längern
Zögerns müde geworden, Sr. Majestät als deutscher Prediger
in Vorschlag gebracht. Der Gesandte war eben von
Rom abgereist oder befaßte sich jedenfalls nicht mehr mit den
Geschäften. Graf G., der Gesandtschaftsrath, mißverstand in
eiliger Lesung die Depesche und eröffnete der Congregation
von dell'Anima, ich sei von Sr. Majestät zum deutschen
Prediger ernannt und die Gesandtschaft ernenne mich zugleich zum Rector der Anstalt. Die Congregation beeilte sich,

ein Dankschreiben an die Gesandtschaft zu senden, und macht mir die glänzendsten Complimente. Das Dankschreiben ist nun hier angekommen, und bei dem Ministerium des Auswärtigen herrscht die heiterste Stimmung. So eben läßt mich der Minister des Unterrichtes rufen, wahrscheinlich um mir benselben Spaß zu eröffnen. Ich speise nun zu Mittag und gebe diesen Brief auf die Post, während ich auf dem Wege zum Minister bin . . . . .

Ich muß nun schließen. Mein Bruder soll meine Bücher und Schriften zusammenlegen, die Bilder und Uhren aufbewahren, die Einrichtung versteigern. — Grüße mir die lieben Freunde, und sei umarmt von Deinem getreuen

A. Flir.

Berichtigung zu Seite 27 (Anmerkung):
Joh. Aler. Mayr starb als Frühmeß-Benefiziat in Rattenberg am 15. Nov. 1821, — 43 Jahre alt.

Erklärung einiger in diesen Briefen vorkommender Namens-Abkürzungen.

Seite 69. B. — Herr Beer, Univ.-Stud. in Wien.
" 72. B. — dto. dto.
F. — Herr Ferd. Trebisch.
" 75. B. — Herr Beer, Univ.-Stud.
L. u. L. — Herr Leopold Trebisch.
P. — Herr Pfefferkorn, Univ.-Stud. in Wien.
M. — Herr Murel, Univ.-Stud. in Wien.
" 76. B. — Herr Beer, Univ.-Stud.
W. — Herr Wiesner, Stud.
K. — Herr Keßler, Stud.
" 82. B. — Herr Beer, Univ.-Stud.
" 88. B. — dto.
L. — Herr Leopold Trebisch.
" 93. F. — Herr Ferd. Trebisch.
Sch. — Herr Georg Schenach, nachh. Univ.-Prof.
M. — Herr Mayerl.
R. — Herr Reinechus.
" 96. B. — Herr Beer.
" 99. Sch. — Herr Joh. Schuler, nachh. Univ.-Prof. in Innsbruck.
" 105. Th. — Herr Thanner, Prof. b. Theol. in Salzburg, Verf.
b. Aphorismen der kath. Dogmatik.

Seite 120. L. — Herr Leop. Trebisch.
Sch. — Herr Georg Schenach.
" 123. F. — Herr Dr. Felber.
W. — Herr Winter.
Z. — Herr Zangerle, Gutsbes. in Pians und Landtagsabg.
" 124. W. — Herr Weißkopf.
F. — Herr Falkner, Prof.
" 125. Sch. — Herr Georg Schenach.
" 127. L. — Herr Leop. Trebisch.
" 132. N. — Herr Netzer, Stud. in Brixen.
" 152. P. — Herr Adolf Pichler, Prof.
" 154. P....r. — Herr Adolf Purtscher.
" 155. T....sch. u. T. — Herr Ferd. Trebisch.
N. — Herr Adolf Purtscher.
B. — Herr Graf Brandis, Gouverneur in Tirol.
" 165. Sch. — Herr Dr. Joh. Schuler.
F. — Herr Dr. Feßler, damals Theolog.-Prof. in Brixen.
" 166. R. — Herr Seb. Ruf, Irrenhaus-Caplan.
" 167. B. — Herr Graf Brandis.
G. — Herr Dr. V. Gasser, damals Prof. d. Theol. in Brixen.
A. — Herr Amberg, damals Stadtpfarrer in Innsbruck.
N. — Herr Dr. Baumgarten, k. k. Univ.-Prof.
" 168. Sch. — Herr Dr. Georg Schenach, k. k. Univ.-Prof.
G. — Herr Dr. V. Gasser.
A. — Herr Amberg.
" 170. Sch. — Herr Dr. Georg Schenach.
H. — Herr Dr. Haßlwanter, Dikast.-Advokat.
" 172. Sch. — Herr Dr. J. Schuler.
F. — Herr Dr. Feßler.
G. — Herr Dr. V. Gasser.
" 175. F. — Herr Freudenthell, Mitgl. d. Frankf. Parl.
" 176. G. — Herr Dr. Grebler, k. k. Hof- u. Gerichts-Advokat.
A. — Herr Dr. Albert Jäger, k. k. Univ.-Prof.
" 178. J. — Herr Dr. J. Schuler.
" 182. Fr. — Herr Oberst Frossard.

Seite 183. Sch. — Herr Dr. Georg Schenach.
Sch....g. — Herr Schilling, österr. Dep. im Frankf. Parl.
W. — Herr V. Wassermann, landsch. Sekr.
K. — Herr v. Kern, k. k. Gub.-Rath.
G. — Herr Ganahl, Fabriks-Dir.
M. — Herr J. Mösmer, dam. Katechet an der k. k. Muster-hauptschule.

„ 184. K. — Herr v. Kern.
St. — Herr Stöckl, damals k. k. Apell.G.Rath.

„ 185. Gr. — Herr Dr. v. Grebler.

„ 186. H. — Herr Dr. Haßlwanter.
K. — Herr Dr. v. Klebelsberg, dam. Bürgerm. v. Innsbruck.
St. — Herr Dr. A. Strasser, damals k. k. Landrath.
Dr. M. — Herr Dr. med. Matzegger.
H. — Herr Fürst Hohenlohe, Bischof v. Sardica.
M. — Herr Ritter v. Mitis, damals k. k. Finanz-Rath.

„ 187. P. — Herr Adolf Pichler.
J. — Herr Dr. Alb. Jäger.
G. — Herr Ganahl, Fabriks-Dir.
Pf. — Herr Dr. Pfaundler, Dicast.-Advokat.
W. — Herr Dr. Waser, k. k. Univ.-Prof.
L. — Herr Dr. Lange, k. k. Univ.-Prof.

„ 189. K. — Herr v. Kern.
B. — Herr v. Barth, damals k. k. Gub.Sekr.

„ 190. H. — Herr Dr. Haßlwanter.
K. — Herr v. Kern.

„ 195. A. — Herr Dr. A. Jäger.

„ 196. Tr. — Herr Leop. Trebisch.
A. — Herr Dr. A. Jäger.
Dr. Kr. — Herr Dr. Kroy.
Br. — Herr Bruno Schön, Irrenhaus-Caplan.

„ 197. —r. — Herr Dr. Erhsar, k. k. Univ.-Prof.

„ 198. A. — Herr Dr. A. Jäger.

„ 199. K. — Herr Kohlgruber, Domherr in Wien.

„ 202. Sch. — Herr Dr. Georg Schenach.
H. — Herr Dr. Höfler, k. k. Univ.-Prof.
B. — Herr Dr. Balzer, Prof. in Breslau.
Br. — Herr Seb. Brunner.

Seite 202. E. — Herr Erner, k. k. Ministerial-Sekr.
L. — Herr Dr. Lott, k. k. Univ.-Prof. in Wien.

„ 203. Tr. — Herr Leop. Trebitsch.
Kr. — Herr Dr. Kroy.
B. — Herr Bruno Schön.
G. — Herr Gärtner, k. k. Univ.-Prof. in Pesth.
R. — Herr Rauscher.
F. — Herr Dr. Feßler.

„ 205. T. u. L. — Leop. Trebitsch.
H. — Herr v. Hock, k. k. Sekt.-Chef.

„ 206. H. — Herr Dr. Emanuel Haas.
K. — Herr Dr. Kaiser, k. k. Univ.-Prof.
X. — Herr Dr. Kunzek, dto.

„ 207. T. — Herr Leop. Trebitsch.
R. — Herr Dr. A. Jäger.
Dr. H. — Herr Dr. Emanuel Haas.

„ 214. Gr. — Herr Dr. Ritter v. Grebler.
„ 220. Gr. — dto. dto.
„ 221. G. — Herr Graf von Goëß.

Berichtigung.

Seite 155 Zeile 2 von unten lese „Luftiges" statt „Lustiges".

Im gleichen Verlage sind von demselben Hrn. Verfasser
früher erschienen:

Briefe aus Rom. Mit einem kurzen Lebensabrisse des Verfassers herausgegeben von L. Rapp. 2. Aufl. 8. 1864.
80 kr. ö. W.

Die Manharter, ein Beitrag zur Geschichte Tirols im neunzehnten Jahrhundert. 8. 1852.   fl. 1. 6 kr. ö. W.

Bilder aus den Kriegszeiten Tirols. Geschichtliche und poetische Erzählungen. 12. 1846.   fl. 1. 6 kr. ö. W.

Predigt zur Sekundizfeier des Jubelpriesters Jakob Meßmer, würdigster Pfarrer zu Vomp. 8. 1849.   10 kr. ö. W.

Rede vor der Fahnenweihe der vereinigten beiden Bataillons der Innsbrucker Nationalgarde am 2. Mai 1849.
8.   5 kr. ö. W.

Anrede bei dem von dem Radetzky=Vereine veranstalteten feierlichen Jahrestage für den am 6. Okt. 1848 hingeopferten k. k. Kriegsminister F.M.L. Grafen Latour. 1849.
5 kr. ö. W.

Demnächst werden von Dr. A. Flir erscheinen:

Regnar Lodbrog, oder der Untergang des nordischen Heidenthums. Eine Tragödie in fünf Aufzügen. Min.=Ausg. circa 6 Bog. in 12.

Briefe über Shakspeare's Hamlet. kl. 8. circa 10 Bog.

Wagner'sche Universitäts=Buchhandlung
in Innsbruck.

www.ingramcontent.com/pod-product-compliance
Lightning Source LLC
Chambersburg PA
CBHW021822230426
43669CB00008B/840